中国经济文库·应用经济学精品系列（二）

杨 琦
张洪波 ◎编著
杨 卓

丽江市经济发展研究

Research on Economic Development of Lijiang City

中国经济出版社
CHINA ECONOMIC PUBLISHING HOUSE
北 京

图书在版编目（CIP）数据

丽江市经济发展研究／杨琦，张洪波，杨卓编著.
—北京：中国经济出版社，2018.12
ISBN 978-7-5136-5414-2

Ⅰ.①丽… Ⅱ.①杨…②张…③杨… Ⅲ.①区域经济发展—研究—丽江 Ⅳ.①F127.743

中国版本图书馆 CIP 数据核字（2018）第 244748 号

责任编辑　张利影
责任印制　巢新强
封面设计　久品轩

出版发行　中国经济出版社
印 刷 者　北京九州迅驰传媒文化有限公司
经 销 者　各地新华书店
开　　本　710mm×1000mm　1/16
印　　张　16.75
字　　数　240 千字
版　　次　2018 年 12 月第 1 版
印　　次　2018 年 12 月第 1 次
定　　价　52.00 元
广告经营许可证　京西工商广字第 8179 号

中国经济出版社 **网址** www.economyph.com **社址** 北京市西城区百万庄北街 3 号 **邮编** 100037

“丽江发展蓝皮书”丛书编委会

序

党的十九大报告指出，实践没有止境，理论创新也没有止境。经过长期努力，中国特色社会主义进入了新时代。新时代开启新征程，新时代呼唤新作为。面对日新月异的发展态势、错综复杂的发展环境以及人民群众对美好生活的向往和对各方面的更高要求，我们迫切需要智库充分发挥在理论创新、理论阐释、理论传播、舆论引导等领域的作用，承担起新时代智库的历史使命。

近年来，在丽江市委、市政府的重视和关心下，丽江的智库建设取得了长足发展，形成了政府智库、高校智库、民间智库“三驾马车”齐头并进的良好局面。尤其是相关职能部门和高校紧密配合，发挥各自优势，紧紧围绕丽江市经济社会发展的重大问题和人民群众普遍关注的热点问题，扎实开展研究，每年立项实施的课题硕果累累，成效显著。《丽江市经济发展研究》当属亮点之一。它由丽江市经济发展研究中心具体实施，集合了市委宣传部的政策优势、市社科联的团结优势、丽江师范高等专科学校的学术优势。该书立足丽江市经济社会发展实际，就当前经济发展过程中的一系列问题进行了深入研究。其中的子课题的设置，涉及丽江市经济建设的方方面面，对丽江市经济发展现状进行全景式的分析与梳理，对丽江改革发展与建设全局的诸多热点难点展开了深入研究，分析了存在的问题和不足，提出了许多切实可行的对策建议。《丽江市经济发展研究》展现的科研成果，为丽江市在新的历史背景下，如何抓住新机遇，迎接新挑战，开拓新局面，提供了非常有价值的决策参考，充分发挥和体现了智库应有的作用。

改革开放四十年来，丽江市经济社会发生了翻天覆地的变化，经济实力得到空前增强，人民群众生活水平得到空前提高，尤其是旅游和文化产业取得了举世瞩目的成就，成为全国行业发展的标杆。这些成绩的取得，在很大程度上得益于思想的解放、观念的更新，究其实质，则是发展理论与发展实践深度融合的结果。这些成绩的取得告诉我们，在实践中解放思想、更新观念、验证理论至关重要，用新的理论、新的思想、新的观念指导实践，同样不可或缺。党的十八大以来，以习近平同志为核心的党中央，举旗定向、谋篇布局，发出全面建成小康社会，努力实现中华民族伟大复兴中国梦的伟大号召，提出一系列新理念新思想新战略，形成了习近平新时代中国特色社会主义思想。如何实现党的路线、方针、政策在丽江这片土地上生根发芽，如何用习近平新时代中国特色社会主义思想指导好丽江的改革、发展和建设，是摆在全市每一个党员干部和人民群众面前的现实问题。市委审时度势，科学谋划，提出了“深入实施生态立市、旅游强市、文化活市、人才兴市、依法治市‘五大战略’，着力建设金沙江绿色经济走廊、丽攀经济走廊、空中经济走廊和大香格里拉旅游圈，着力打造双创高地、人才洼地、财富宝地、康养福地、旅游胜地，努力把丽江建设成为绿色发展先行区、民族团结进步示范区和世界级旅游目的地”的发展思路。在当前和今后一个时期，“五大战略”“三廊一圈”“五地建设”“二区一地”的目标将是市委团结和带领全市党员干部和各族人民群众努力奋斗的主攻方向和重要目标，也是事关丽江经济社会全面繁荣发展的核心与关键所在。希望丽江的智库和所有专家学者紧紧围绕市委提出的发展思路和全市中心工作，深化理论研究、优化决策服务，积极投入、主动作为，充分发挥智囊团和思想库的作用，为决战脱贫攻坚、决胜同步奔小康注入更多的社科力量。我相信，有了丽江智库的深度参与和专家学者的集体智慧，丽江的发展将会越走越远，越走越好，丽江的明天一定会更加美好。

何玉兰

中共丽江市委副书记、市委宣传部部长、市委党校校长

2018年10月11日

目　录

智慧旅游篇

文化产业篇

县域经济篇

园区经济篇

社会发展篇

智慧旅游篇

丽江市全域智慧旅游可行性研究

一、项目概述

（一）项目背景

《云南省旅游产业“十三五”发展规划》中明确指出，全省要紧紧围绕习总书记对云南的“三大战略定位”和国家“五大发展理念”，深入贯彻落实省委、省政府产业发展的“二型三化”总体要求，按照“转型升级、内聚外融、品牌引领、项目带动、跨越发展”的思路，以旅游市场需求为导向、满足旅游消费供给为准绳、转型升级为主线、深化改革开放为动力、聚集和融合发展为重心，优存量、强增量、调结构、补短板、重品质、优服务，全面构建旅游综合实力强、市场竞争力强、带动功能强和产业贡献强的现代旅游产业综合体系，实现从旅游大省向旅游强省的新跨越。“十三五”期间，努力把云南建成国内一流、国际著名的旅游目的地和面向南亚、东南亚的旅游辐射中心，把旅游产业打造成稳增长、调结构、促就业、惠民生的新支点，把旅游产业培育成全省经济社会发展的重要战略性支柱产业和人民群众更加满意的现代服务业。

《云南省旅游产业“十三五”发展规划》中明确提出推进智慧旅游，提升科技应用水平，积极推进“互联网+旅游”融合，加快建设旅游大数据中心和区域旅游网络交易平台，建设全省统一的旅游应急指挥平台，建立智慧旅游营销系统，完善智慧旅游服务体系，强化旅游研究，促进新技术运用，实施创新创业行动计划。

2016 年 1 月 29 日，国家旅游局局长李金早在全国旅游工作会议上所作的

《从景点旅游走向全域旅游——努力开拓我国“十三五”旅游发展新局面》的工作报告，所提出的从景点旅游模式走向全域旅游模式，是一个具有深远意义的理念指引，是能够引领“十三五”乃至更长时期我国旅游发展的总体战略，必将成为下一阶段全国旅游工作的重点取向。

丽江是一个多民族聚居的地方，除汉族外，共有12个世居少数民族，22种少数民族；旅游资源丰富，有旅游风景点104处，有丽江古城、玉龙雪山、虎跳峡、老君山、束河古镇等知名旅游景点，先后被评为中国旅游竞争力百强城市、中国十大休闲城市、中国优秀旅游城市、中国十大魅力城市等。

为深入贯彻落实《云南省人民政府关于印发云南省加快推进旅游产业转型升级重点任务的通知》（云政发〔2017〕39号）精神，全面推进云南旅游数字化建设工作，以实现“一部手机游云南”为建设目标，以“游客旅游体验自由自在、政府管理服务无处不在”为出发点和落脚点，积极运用现代数字技术，着力打造“世界一流、国内领先”的云南旅游大数据中心、旅游综合服务平台、旅游综合管理平台（以下简称“一中心两平台”），率先推出数字旅游“云南版”。

为实现“一部手机游云南”的总目标，丽江市全域智慧旅游建设项目将依据“一部手机游云南”的标准要求进行方案设计和建设实施。丽江市全域智慧旅游项目的建设，将基于丽江市旅发委现有信息化设备设施，对接涉旅部门各方数据，加大对信息化设备中数据的挖掘和应用。在全力保障旅游稳定局面的同时，树立良好的旅游目的地形象，吸引更多的游客来丽江旅游，全面提升智慧旅游项目建设的经济效益、社会效益和行政效益。

经济效益：智慧旅游的经济效益主要体现在改善发展环境、促进经济增长方式，促进旅游发展重心调整，提升财政收入水平，促进旅游行业成员协作共赢，引领区域经济快速发展等方面，从而更好地适应世界经济发展变化的新格局。

社会效益：智慧旅游的社会效益主要体现在将有力推动区域可持续发展，不断促进人们的思想观念变革，形成健康文明生活，从而构建和谐先进文化，全面提升城市的品牌形象和国内外影响力。

行政效益：智慧旅游的行政效益主要体现在数据共享互通，促进行业纵向部门、横向涉旅部门、涉旅企业之间的信息共享交换，提高信息传递效率、行政办事效率，释放旅游行业数据红利，促进智慧城市的全面发展。

综上，为贯彻国家、云南省政府及旅游主管部门对智慧旅游发展建设要求，落实《云南省旅游产业“十三五”发展规划》，丽江市全域智慧旅游建设工作迫在眉睫。通过本项目的设计，发挥丽江的区位优势和引领效应，构建丽江市全域智慧旅游顶层框架，指导各个区县、各涉旅企业进行智慧旅游项目的建设，推进智慧旅游行业与智慧城市中各项数据的共享互通，充分利用云服务资源池，避免重复建设，严防信息孤岛，将丽江市全域智慧旅游做出亮点。

（二）设计原则

1. 统一规划和分步实施原则

丽江市全域智慧旅游建设是一个长期的、渐进的、不断创新优化的过程，需要在统一规划的前提下分期分批建设。总体规划为建设进行阶段划分，并规划各阶段的目标和任务，建议针对基础性的、建设周期短、见效快以及对经营管理有重要作用的项目要优先建设，从而使丽江市全域智慧旅游的建设迅速见效，有助于推动信息化建设进程。

2. 前瞻性和适度超前性原则

本次设计，在实地考察和分析丽江市全域智慧旅游实际业务的同时，还结合全国范围内的先进经验和行业技术发展趋势，对旅游的业务和应用的发展进行前瞻性的规划设计，在实现业务创新的同时，也对一些前瞻性的业务和技术方面进行探索，从而能够帮助和推动旅游业务和技术层面创新，有效推动丽江市旅游行业的发展。

3. 可靠性和先进性原则

在规划过程中，采用了业界成熟的解决方案、成熟的技术体系以及成熟的技术架构，从而在技术层面保证了规划的可靠性、先进性、成熟性以及可操作性。规划设计要考虑到丽江市旅游未来发展的需要，满足未来业务扩张、业务改革的需要；在选择技术解决方案过程中，充分考虑系统运行时可能发生的情况，采用高可靠性的技术和架构，提高整体架构的安全能力、应变能力和容错能力。

4. 标准化和开放性原则

制定统一标准，实现资源共享。丽江市旅游信息化建设需遵循上级部门相关标准进行规划，体现统一标准、统一规范、统一接口、统一编码的原则，保证资源共享的无障碍性，实现与丽江市各委办局、各个区县、各涉旅企业之间的数据共享对接。

坚持开放性，实现业务扩展和变化的需要。考虑到业务的发展和信息化分步实施的需要，采用开放的业务和技术的架构，按照服务化、模块化、协同化为中心的理念，突出技术体系松耦合的特点，方便未来应用系统和业务之间的协同和扩展，为相关数据共享方预留接口，从而能够保证丽江市旅游发展委未来业务的政策变化和发展的需要。

5. 实用性和低成本原则

立足业务、务求实效。丽江市全域智慧旅游建设需注重业务实际，规划设计，追求实用性，切合丽江市旅游的实际情况，契合国内旅游目的地行业的实际，规划设计考虑易于使用、便于维护，应用系统设计考虑相关硬件、网络、平台软件等的相互关联。在保证系统能够安全、可靠运行的前提下，要充分考虑与现有软硬件系统的兼容性，尽可能利用现有资源，充分利用已有环境的价值，保护计算机设备及软件的原有投资，最大限度地降低建设费用，提高丽江市全域智慧旅游建设的整体效益。

（三）项目建设必要性

建设智慧旅游城市顺应了现代旅游业发展的要求和趋势。智慧旅游是以游客为中心，以新一代信息技术为支撑，实现游客与自然、社会的相互感知，并在感知中产生智慧服务，提升游客在旅游活动中的自主性、互动性，为游客带来超出预期的旅游体验，为旅游企业创造更大的价值。在当前旅游业开始加速由信息化向智能化转型的大趋势下，发展智慧旅游已成为旅游业发展的必然选择，丽江建设智慧旅游城市意义重大，势在必行。

1. 建设智慧旅游是建设智慧丽江城市的有效载体

建设智慧旅游城市，涉及住宿、餐饮、交通、娱乐、购物、城建、国土、公安、金融、银行等众多行业和部门，通过推进智慧旅游城市建设，能够有效提升丽江市众多行业和部门的信息化建设水平，搭建好智慧城市发展框架，为全面推进智慧城市建设打好坚实基础。

2. 建设智慧旅游是建设国际旅游名城的重要途径

通过创建智慧旅游城市，按照国家关于智慧旅游的要求和标准，实施一批技术含量高、关联带动强的智慧旅游重大项目，建设好智慧景区、智慧酒店、智慧交通、智慧购物、智慧娱乐等智慧旅游业态，能够有效完善旅游功能，提升城市形象，进一步提高丽江市国际化程度，为建设国际旅游名城打下基础。

3. 建设智慧旅游是加快旅游产业转型升级的重要抓手

通过建设智慧旅游城市，能够全方位提高旅游主管部门、旅游景区、旅行社、旅游星级饭店、旅游商品企业等行业单位的管理、运行效能和服务质量，提高中外游客、本市市民的旅游满意度，全面提升丽江旅游产业的核心竞争力，实现旅游产业向信息化、智能化、高端化转型升级，打造人民群众更加满意的现代服务业。

4. 国内智慧建设浪潮为丽江市全域智慧旅游建设起到示范和促进作用

近年来，全国各省市涌现出一批智慧旅游的成功典型。截至目前，我国已有62个（19个省+43个市）省市提出智慧旅游发展计划，其中16个省市出台了相关规划，分别是浙江省、福建省、四川省、吉林省、河南省、青海省、广西壮族自治区，以及北京市、上海市、南京市、苏州市、温州市、奉化区、无锡市、佛山市、宜兴市。智慧旅游在提升景区管理与服务水平、提升景区品牌影响力、提升游客满意度方面的作用已经开始显现。典型的城市如：北京推进A级旅游景区无线上网工作，河北启动了全省智慧景区试点建设，江苏南京实施智慧景区工程，安徽黄山景区开展“智慧黄山”示范应用项目建设，四川青城山—都江堰景区建成统一的数据处理和智能指挥中心等。这些典型省市开展智慧旅游建设的做法，为丽江市全域智慧旅游建设提供了发展思路和宝贵经验，增加了丽江市全域智慧旅游建设的紧迫感，也增强了丽江市全域智慧旅游建设的后发优势。

二、项目总体设计方案

（一）项目建设依据

1. 政策依据

《国家信息化领导小组关于我国电子政务建设指导意见》（中办发〔2002〕17号）。

《关于加强信息资源开发利用工作的若干意见》（中办发〔2004〕34号）。

《国家信息化领导小组关于推进国家电子政务网络建设的意见》（中办发〔2006〕18号）。

《国务院关于大力推进信息化发展和切实保障信息安全的若干意见》（国发〔2012〕23号）。

《关于进一步加强政务部门信息共享建设管理的指导意见》（发改高技〔2013〕733号）。

《关于促进智慧旅游发展的指导意见》（旅发〔2015〕10号）。

《关于促进旅游业改革发展的若干意见》（国发〔2014〕31号）。

《国务院关于加快发展旅游业的意见》（国发〔2009〕41号）。

《关于做好国家旅游局应急指挥平台数据对接相关工作的通知》（旅办发〔2016〕109号）。

《国家旅游局办公室关于做好国家旅游产业运行监测与应急指挥平台建设工作有关事项的通知》（旅办发〔2016〕194号）。

《国务院关于促进信息消费扩大内需的若干意见》（国发〔2013〕32号）。

《国务院关于积极推进“互联网+”行动的指导意见》（国发〔2015〕40号）。

《2016年全国旅游工作会议工作报告》（2016年1月）。

《中国旅游业“十二五”发展规划信息化专项规划》。

《中共中央国务院关于深入实施西部大开发战略的若干意见》（中发〔2010〕11号）。

《云南省旅游产业“十三五”发展规划》。

2. 法律法规

《中华人民共和国旅游法》（2013年）。

《中华人民共和国突发事件应对法》（2007年8月）。

《国务院办公厅关于印发突发事件应急预案管理办法的通知》（国办发〔2013〕101号）。

《国家信息化发展战略纲要》（2016）。

《旅游者安全保障办法（初稿）》（2009年10月）。

3. 标准规范

《云南省旅游条例》。

《旅游服务质量提升纲要（2009—2015）》（旅办发〔2009〕49号）。

《旅游业标准体系表》（2000年11月）。

《旅游业标准化工作管理办法》（旅办发〔2009〕149号）。

《旅游资源分类、调查与评价》（GB/18972—2003）。

《旅游景区质量等级管理办法》（旅办发〔2012〕166号）。

《计算机软件需求说明编制指南》（GB9385—1988）。

《中华人民共和国行政许可法》。

《国家电子政务总体框架》。

（二）总体设计思路

1. 统一领导，加强协调

由于项目涉及面广、涉及部门多、建设周期长，项目成功的关键不在技术，而在沟通；难点不在工程，而在协调。项目建设要在项目领导小组的统一领导下，按照统一的规划方案，协同配合，保证项目建设的顺利进行。

2. 统筹规划，整合资源

依托现有的信息化建设成果和成功经验，整合丽江市旅游各方的信息资源，通过本项目的建设，实现资源共享，真正为政府决策、综合研究、企业单位和公众提供服务。在保护既往投资的基础上，最大限度地发挥资源整合的放大效应。

3. 强化服务，讲求实效

系统建设要始终以管理、服务为主线，强化服务职能和应用，强调服务用户群体的广泛性和应用服务方式的多样性。通过信息采集、信息共享、信息发布等多种方式为旅游主管单位、涉旅企业及游客提供全方位、多角度的服务，充分发挥平台的服务功能。同时，项目建设将建立在前期广泛调研的基础上，结合实际业务需求，讲求实效，明确效益指标，确保项目建设应用达到预期的效果。

4. 注重内容，高效实用

要防止重建设、轻应用，既要重视平台的硬件建设，更要重视应用开发和信息资源建设，项目建设应围绕需求迫切的业务管理和领导科学决策需求，有选择地开展应用开发工作，并通过系统应用的成果不断推进项目建设的完善和深入发展，使平台做到高效、适用；既要立足应急响应，又要满足平时工作需要，充分发挥平台在应急管理和日常监管工作中的作用。

5. 技术先进，安全可靠

要依靠先进科学技术，借鉴国内外先进经验开展建设工作，注重平台系统的可靠性、实用性和先进性，采用符合当前发展趋势的先进技术，并充分考虑技术的成熟性。加强核心技术的自主研发和成果应用，建立安全防护和容灾备份机制，保障平台安全、平稳运行。

6. 立足当前，着眼长远

系统建设要以需求为导向，以应用促发展，分步实施，逐步完善，把当前和长远结合起来，既要满足当前工作需要，又要适应未来技术和应用的发展，不断提升平台的技术应用水平。

（三）总体设计目标

以“旅游+互联网”为引领，用新的发展理念引领旅游业发展，按照政府统筹、资源整合、协同共享、分步实施的原则，通过建设丽江市全域智慧旅游项目，努力做到泛在化的信息基础设施比较完备、智能化的管理服务系统协同有效、便捷化的旅游综合服务体系保障有力，促进旅游资源信息共享，优化旅游环境，提升旅游产业整体素质，推进丽江市全域智慧旅游的建设，创新旅游大数据应用服务，力争打造一个全域智慧旅游体系，推动丽江市旅游在“创新管理、提升服务、促进营销”方面迈出新的步伐，促进全市旅游行业转型升级、提质增效。

1. 构建安全、有序的行业服务体系

面向旅游管理机构，以“基于大数据的产业服务型管理”为核心理念，基于“大数据”，实时获取旅游景区、旅行社、酒店的运行状态信息，并面向旅游管理机构、各大景区管理部门，提供不同级别的旅游产业全链条的数据统计与智能数据挖掘界面，在大数据洞察、大数据分析与大数据预测机制上，实现基于旅游产业全链条的科学管理与决策模式，实现旅游管理科学化和智慧化。

2. 全面提升丽江市旅游公共服务品质

面向旅游消费者，以“至繁归于至简”为核心理念，建设完全面向游客需求的公共服务体系，使游客获取服务方式更加多样化，增加服务的互动性和实时性，从而进一步优化游客旅游全过程的游览体验，促进游客在旅游信息获取、旅游计划决策、旅游产品预订支付、享受旅游、回顾和评价旅游等方面方式的转变，享受无处不在的全方位的智慧旅游服务。

3. 大力推广丽江市精准化营销

面向旅游企业，以“全面感知、全面互通与公平竞争”作为核心理念，通过建成全面感知的智慧旅游感知体系、互联互通的公共支撑体系，实现旅游管理机构与企业之间、企业与企业之间、企业与游客之间旅游信息数据的最大化流通，让信息真正成为丽江市全域智慧旅游体系的基础设施。并通过积累游客数据和旅游产品消费数据，逐步形成自媒体营销平台，挖掘旅游热点、游客兴趣点，引导旅游企业策划对应的旅游产品，制定对应的营销主题，挖掘更多潜在游客，聚集人气，从而实现旅游企业营销的精准化，从而最大化促进旅游产业的发展。

4. 打造丽江市支柱产业

丽江市旅游资源丰富，有旅游风景点104处，有丽江古城、玉龙雪山、虎跳峡、老君山、束河古镇等知名旅游景点，先后被评为中国旅游竞争力百强城市、中国十大休闲城市、中国优秀旅游城市、中国十大魅力城市等。通过本项目的建设，整合丽江市包括旅游产业的上游、中游、下游所有要素，打通丽江市全域智慧旅游产业链，形成信息产业+服务产业融合的新型产业。

5. 构建全方位旅游安全应急救援体系

遵照国家及云南省应急指挥平台建设相关标准规范，依托互联网、电子政务外网或专线网络，以空间地理信息和日常监测采集的业务数据为基础，采用协同模式，面向各类突发事件，实现旅游应急指挥和决策分析，打造以提升市旅发委应对各种突发事件的快速反应能力、指挥调度能力和防范处理能力为目标的一体化系统。

实现突发事件发生时能按事件处置流程为依据，采取合理的预案和有效的措施，在最短的时间内对突发事件做出最快的反应，实时快速地动员和调度各种资源进行应急事件处置。通过应急指挥系统建设，有效应对各种旅游突发灾害和突发事件，全面提高处理旅游突发应急事件的组织指挥能力，确保为丽江旅游环境的安全提供有力保障。

6. 打造区域城市智慧旅游示范点

本次智慧旅游建设目标即是将丽江打造成为区域城市智慧旅游建设示范点。通过建设智慧景区示范工程、示范电子商务工程、智慧乡村示范工程、智慧虚拟体验示范工程，在全市范围内起到带动示范作用，为智慧旅游在全市范围内的建设推广提供建设经验。

（四）技术目标

在“丽江市全域智慧旅游项目建设”的整体原则下，实现项目建设总体目标如下：

着力做好顶层架构设计和数据基础平台规划，基于云服务模式进行智慧旅游云平台建设，为上层的应用和服务提供强有力的支撑，并为平台的有效运营和将来的持续发展提供坚实的基础。

建立统一的旅游业务数据库服务，充分整合横向、纵向旅游数据资源，以数据为基础，为公众提供旅游信息服务，为管理部门提供决策服务，为旅游单位提供管理服务。

建立统一规范的数据交换接口，完成景区视频数据、运营数据的接入，行业管理数据的采集，政府横向部门数据的聚汇，兼容国家旅游产业运行监测平台及云南省旅游产业监测平台的要求，保证数据接口统一规范的一致性，并为三方服务的接入提供标准。

在重视平台的 PAAS 层服务支撑体系的同时，实现丽江旅游管理部门所要求的各类应用服务，并具备良好的开放式数据和应用开发接口，以备未来业务的扩展性要求。

建立管理运营体系，并构建服务生态系统。以丽江旅游云应用为中心，做好项目的建设和推广工作，按期完成监测数据接入、应用体系建设、管理及公众服务推广工作，并辅助管理部门建立丽江旅游云标准管理、服务、运营、支撑体系。

构建面向公众旅游服务的生态系统，以全域旅游资讯网、微官网、移动 APP 为平台，做好整个区域的旅游资源宣传推广、本地化旅游服务、可持续化运营工作，不断构建和挖掘新的营运服务模式，打造丽江市旅游目的地品牌魅力，提升旅游服务水平。

平台建设充分考虑扩展性和技术前瞻性，利用云计算、大数据等新兴技术，满足未来区域性服务扩展能力。

（五）项目建设内容

表1　丽江市全域智慧旅游建设具体内容
（包含应用系统建设和业务支撑数据购买）

序号	系统名称	数量
1	旅游业务数据库（旅游云数据中心）	1套
2	旅游产业运行监测调度系统	1套
3	旅游行业管理系统	1套
4	旅游团队服务管理系统	1套
5	旅游资讯网站集群（含APP客户端）	1套
6	旅游大数据分析系统	1套
7	旅发委内部办公OA系统	1套
8	微信公众服务号	1套
9	全域旅游产品分销系统	1套
10	游客集散中心信息化管理系统	1套
11	智慧景区示范工程——数据对接	1套
12	示范电子商务工程——全域旅游目的地营销系统	1套
13	智慧乡村示范工程——美丽乡村游管理系统	1套
14	智慧虚拟体验示范工程——虚拟体验展示系统	1套
15	业务支撑数据购买	1套

（六）技术运用原则

1. 易用性

界面友好，操作简便，提升效率，切实适用于最终用户管理软件；界面的规划应力求易用性，在满足用户业务功能的前提下，简化用户操作步骤，缩短用户操作流程。

2. 稳定性和可靠性

系统经过完善的设计和充分的测试运行，具备在较长时间内连续无故障高效运行的能力；能提供全面、有效的系统安全机制；具备开放的标准化体系结构，方便与其他业务系统衔接，实现与其他业务系统间的无缝集成。

3. 兼容性和易用性

系统在安装、配置、升级、维护等管理方面应该简单快捷；具备易操作的特点，好记易学、实用高效；具备强大的容错、数据恢复与稳定运行的能力；易于扩展和升级，能够根据用户的具体需求快速、方便地定制、扩展原系统的功能。

4. 系统性能

系统具有海量数据存储和管理能力。数据库结构设计良好，具有迅速地检索数据的能力。具有较强的稳定性，能稳定运行。系统能提供 7×24 小时的连续运行，平均年故障时间<24 小时，平均故障修复时间<30 分钟。

（七）关键技术运用

结合 J2EE 规范，应用 B/S 与 C/S 相结合的模式，发挥各自的优势，构造具有高可用性、高可靠性的综合应用。主要业务系统采用 B/S 模式，方便部署和维护；系统须采用组件开发技术，以及 SOA 的设计思想；采用 MVC 方式开发，数据层采用持久层技术框架。提供基于 XML 的数据交换接口，实现与现有各业务系统之间的数据交换、共享。开发语言及环境：JDK1. 6（及 JDK6. 0）以上开发环境，语言版本 Java2，系统运行环境支持 Linux。

1. 信息处理：基于多源异构数据的数据处理技术

在信息处理上，本项目使用了核心的多源异构数据融合技术。多源异构数据融合技术是指在本项目各系统中，信息的来源是多种多样的，既包括不同的部门与机构，如信息来源可以是政府机关、旅游企业，也可以是游客自身；还包括不同的数据类型格式，如文本、图片、视频等。

异构特点是指在本项目各系统中，各种数据来源，具有明显的结构不统一、含义不统一、时序不统一、协议不统一、编码不统一等特点。例如，各个部门、各个企业的数据，有的是XML格式，有的是JSON格式，有的是文本文件格式，有的是数据库格式，有的是自定义格式，有的是数据流格式，结构各异，互不相同，是典型的异构数据。

多源与异构的特点，为本项目的数据采集、处理带来了技术困难，同时也为后续的数据融合带来了困难。在本项目中，我们将使用公司已成型的、针对多源异构数据融合的相关技术，以实现有效的数据采集、清洗、处理与融合，这些技术包括：Java消息服务、数据总线技术、基于XML的数据交换、高性能数据存储、多源信息融合等。

（1）Java消息服务。在不同系统之间交换信息的一大障碍是如何在精确交换和格式化数据方面取得一致。Java消息服务（Java Message Service，JMS）通过提供一种与J2EE应用程序或传统系统交互的方法部分解决了这个问题。

JMS的通用接口集合以异步方式发送或接收消息。异步方式接收消息显然是使用间断网络连接的客户机，诸如移动终端的最好选择。另外，JMS采用一种宽松结合的方式整合企业系统的方法，其主要目的就是创建能够使用跨平台数据信息的、可移植的企业级应用程序，而把开发人力解放出来。

（2）数据总线技术。数据总线技术提供可靠消息传输、服务接入、协议转换、数据格式转换、基于内容的路由模式等功能，屏蔽了服务的物理位置、协议和数据格式。

"总线"一词是对在一台电脑的不同设备间运输比特的物理总线的引申。数据总线技术在更高抽象层次上提供类似的功能。在一个使用数据总线技术的系统中，应用将通过总线交互，而总线扮演着应用间的信息调度（Message Broker）的角色。这种方法的主要优点是减少了应用间交互所需的点对点连接的数量，使得对主要软件变化带来的影响进行分析更简单、更直观了。通过减少一个应用系统的连接点数量，对这个系统中的一个组件的改造过程变得简单了。

（3）基于XML的数据交换。XML是Extensible Markup Language（可扩展的标记语言）的缩写，是W3C组织于1998年2月发布的一种标记语言标准。XML解决了在不同平台/系统之间的数据结构/模式的差异，使得数据层在

XML 技术的支持下得到统一。在国际互联网上，服务器与服务器之间、服务器与浏览器之间有大量的数据需要交换，特别是在电子商务、公共卫生、远程教育、电子金融等领域中。这些被交换的数据，都需要对数据的内容和表现方式进行说明，用 XML 标记语言处理这类工作最为合适。

本项目需要整合丽江市各旅游主管单位及各景区已有信息系统的数据资源，接入气象局、交管局等相关数据资源，通过 XML 可以有效保证对各系统中各种异构系统的数据接口需要，实现数据资源的最优整合。

（4）高性能数据存储技术。本项目旅游业务数据库作为全市涉旅数据的归结点和数据转发共享数据源，数据量存储需求巨大，建成信息交换平台后，由于加大了对各涉旅行业的数据采集和共享，信息量将以平均上亿条/年的速度增长，数据存储的设计变得至关重要。其数据库存储设计如下：

一是分区表存储行业数据根据不同的行业用户，建立独立的数据区域是比较理想的方式。独立的数据区域有几个优点：不影响检索速度、简化开发难度、易扩展、增强数据安全性。

二是实时数据和历史数据隔离采用实时表和历史表对数据进行存储，设置定期转移实时表数据至历史表，其优势在于：实时表只存储最近几天甚至当天的数据（依据实际情况而设置），能够很好地满足用户对实时数据的查询速度响应时间快、信息准确而不出现冗余的要求；历史表负责对历史数据的存储，用于进行综合性的统计分析和辅助决策。历史表中的数据量较大，进行数据挖掘、统计分析耗时较久，运行于后台，对普通用户相对透明；实时表中的实时数据，通过定期转移功能自动转移实时数据到历史表。这样处理保证了实时数据和大规模历史数据的隔离，既满足了普通用户对查询的快速响应需求，又为决策分析提供数据支撑。

2. 信息分析：基于大数据、统计模型、图像识别的分析技术

大数据技术是指系统基于云计算平台，采集、处理、存储、分析旅游行业中的各种相关数据，形成海量、复杂、交叉的各种旅游大数据，并且利用各种数据分析处理手段，对旅游大数据进行分析、处理，从而寻找到对旅游行业监管与应急指挥具有意义的有效数据。

大数据技术是对旅游行业纷繁复杂的各种数据进行分析与处理的基础技术，是进行统计模型预测的基础。

统计模型预测是根据数据的内在变化规律，基于对历史数据的数学模型建立，从而预测数据未来变化的一种技术。统计模型还具有在多种影响因子中寻找到系统最核心的影响因子的功能。

利用统计模型，可以实现：对旅游行业历史运行状况的数学建模，利用历史数据验证模型的准确性，避免出现欠拟合与过拟合。利用已经建立好的统计模型，还可以对未来可能出现的游客情况、道路交通情况、餐饮住宿情况进行预测，并在运行期间与实时监测数据进行对比。在应用已经校准的统计模型的基础上，如果发现实时监测数据与预测数据出现较大偏差，就意味着系统中出现异常状况，需要予以注意。

在本项目建设中，我们将充分应用图像处理技术进行游客人数智能识别，实现了对景点负荷数据的自动采集，避免了由景区闸口单一来源统计景区人员负荷方法的局限性，并融合景区闸口人员统计数据，体现了多源异构数据融合统计的优势。

3. 信息服务：基于人工智能的智能机器人

（1）智能机器人。随着互联网的发展，基于人工智能技术的虚拟机器人崭露头角，客服系统也迎来了人工智能时代。对进行咨询的用户而言，最基础的需求就是优良的客服体验。很显然，如果在咨询问题的时候，等待时间太过漫长，或者客服的回答不能很好地解决所咨询的问题，甚至答非所问，对于用户而言，就是一次糟糕的客服体验。只有客服体验越好，用户满意度才越强，用户黏性才越高。智能机器人客服不需要休息，可以更加快速并标准化地利用知识满足访客的需求。以自然对话或文字聊天的形式进行客服咨询，将客服人员从以往的大量重复性问答和散漫的对话过程中解放出来。对于智能机器人客服而言，准确理解客户提问的诉求无疑是最关键的。针对旅游行业进行算法优化和个性化定制的知识库、领域词库、语音识别引擎和自然语言处理引擎是本项目的核心竞争力。智能机器人应用在客服工作中有着显而易见的优势。一是提高用户感知，为在线客服、新媒体客服等提供统一智能的自助服务支撑，减少了用户问题得到解决的难度和复杂度；二是提升服务效率，缩短咨询处理时限，分流传统人工客服压力，节省服务成本；三是收集用户诉求和行为数据，支撑产品迭代优化。除了以上三项基础技能，系统还具备语义分析、自主学习等功能。智能客服机器人通过精准的语义分析、自主学习能力、节省人工训练成本、快速准确识别用户意图、自组答案并预回答，能大幅提升客服工作效率。

（2）智能化运维。智能化运维是用机器来代替运维人员，在最少人工干预下，结合运用脚本与第三方工具，保证业务 7×24 小时高效稳定运行，这也是运维工作的终极目标。智能化运维要做到事前预警、事中恢复和事后存档，实际上有大量的工作要完成。智能化运维不仅可以将运维人员从烦琐的工作中解放出来，而且还大大提升了运维工作的效率。

具体的技术实现如下：

一是多边系统集成。基于 IaaS/PaaS 的运维模式，通过一个运维平台来统一集成多方平台。

二是多运维平台的闭环对接。实现资源管理、业务信息管理平台、自动化平台、监控平台、IT 数据运营平台等多个平台闭环对接，提供一站式的运维服务。

三是场景化的智能模式。基于变更/故障/异常分析/预测等各个运维场景，实现了对应的智能化的模型。

四是 IT 大数据分析。通过大数据实时分析，提供实时的变更和调度智能决策。

五是更智能化的技术架构。技术架构为系统提供了自治的底层保障。

4. 技术架构：基于 J2EE 的 C/S 和 B/S 混合模式的技术架构

J2EE 是一个标准中间件体系结构，旨在简化和规范多层分布式企业应用系统的开发和部署。J2EE 方案的实施可显著地提高平台的可移植性、安全性、可伸缩性、负载平衡和可重用性。

J2EE 的核心是一组规范和指南，定义了一个使用 Java 语言开发多层分布式企业应用系统的标准平台。开发人员在这些规范和指南的基础上开发企业级应用，同时由 J2EE 供应商确保不同 J2EE 平台之间的兼容性。由于基于规范的各 J2EE 平台之间具有良好的兼容性，因此 J2EE 应用系统可以部署在不同的应用服务器上，无须或只需进行少量的代码修改。

综合考虑 J2EE 在保留现存 IT 资产、高效开发、支持异构环境、可伸缩性以及稳定可用性等各方面因素，本项目基于 J2EE 架构进行构建。

B/S 是目前很多项目都应用的架构，浏览器的方式使得用户的使用十分方便，用户可以在任一时间任一地点通过互联网访问 URL 而进行相应的工作，升级维护也比较集中。其缺点在于浏览器的表现能力受限以及常常受非议的安全性问题，如果软件的应用范围区域不集中，而且用户经常变换地点进行访问，那么这种架构是非常适合的。

C/S 架构的 C 端有非常强的处理能力，所以在交互表现和安全方面可以做得比浏览器强，但缺点也是非常明显的，安装部署、升级维护、版本兼容都是比较复杂的事情，一般的适用场景是集中的办公室场所，用户使用范围相对稳定，以及一些对业务处理非常复杂的场合，为了降低服务器的负荷，同样需要 C 模式的支持。

本项目系统庞杂，使用对象多。各应用系统对数据的安全性、交互性、时效性等要求都各有千秋。利用 C/S、B/S 模式不同的优点来构建设项目的各应用系统，利用 C/S 模式的高可靠性来构架一般性业务应用（包括输入、计算和输出），利用 B/S 模式的广泛性来构架服务或延伸应用（主要是查询和数据交换）。

5. 平台架构：基于云计算技术构建的“多级一体”平台

云计算技术是基于计算机技术、网络技术构建的一种新型计算技术，其核心特点是在中心建立供用户使用的可变化云资源，而终端用户无须自己建设系统，就可以使用云中心提供的各种资源与服务。

系统监管行业动态，实现对企业的视频监控、客流量、房态、电子行程单的数据汇集；应急联动处置，纵向联动［国家、省（市）、旅游企业］，横向联动（公安、交通、医疗等涉旅部门），向公众发布旅游公共安全信息，实现“平急结合，多级联动”。

在云计算中，系统充分利用了两个核心的技术要求。

首先，基于 SOA（Service-Oriented Architecture）的系统功能服务提供。通过 SOA 系统，向各级用户提供系统的功能，并提供系统功能应用的标准，从而实现“中心建设，整合使用”的目标。

其次，基于 Web Service 的已有各级应用系统整合。利用此技术实现对“县（区）—旅游企业”各级已有旅游相关信息系统的整合，从而实现“引领发展，共同繁荣”的目标。

（1）基于 SOA（Service-Oriented Architecture）的系统功能服务。SOA（Service-Oriented Architecture），即面向服务的架构，是一种面向企业级服务的系统架构。简单来说，SOA 就是一种进行系统开发的新的体系架构。在基于 SOA 架构的系统中，具体应用程序的功能是由一些松耦合并且具有统一接口定义方式的组件（也就是 Service）组合构建起来的。

利用基于 SOA 的系统构建方法，一个基于 SOA 架构系统中的所有程序功能都被封装在一些功能模块中，我们就是利用这些已经封装好的功能模块组装构建我们所需要的程序或者系统，而这些功能模块就是 SOA 架构中不同的服务（Services）。

SOA 架构具有一些典型特性，主要包括松耦合性、位置透明性以及协议无关性。松耦合性要求 SOA 架构中不同服务之间应该保持一种松耦合的关系，也就是应该保持一种相对独立无依赖的关系；位置透明性要求 SOA 系统中的所有服务对于其调用者来说都是位置透明的，也就是说每个服务的调用者只需要知道自己调用的是哪一个服务，但并不需要知道所调用服务的物理位置在哪里；而协议无关性要求每一个服务都可以通过不同的协议来调用。

（2）基于 Web Service 的应用系统整合。Web Services 技术已经开始广泛用于不同网站之间的应用系统协作，随着 Web Services 相关技术标准的日渐成熟，大型系统架构设计中将越来越多地考虑 Web Services 因素。Web Services 技术具有下列优点：

一是松散耦合。SOAP 是面向消息的，消息的格式为 XML，这就确保了连接的两端能正确地理解消息的内容。连接中的任何一方均可更改执行机制，但却不影响应用程序的正常运行。

二是实时整合。Web 服务的协作在平台运行时实时绑定。服务请求方描述所需服务的性能，并通过服务代理方提供的应用程序接口找到相应的服务，用返回的服务描述文档中的信息最终绑定。服务的动态搜索、绑定和面向消息的服务连接使 Web 应用程序实时整合。这样的平台也提高了自调节、自适应能力及稳定性。

三是通过封装减少复杂性。平台中的任何对象、组件对外都封装成由 WSDL 描述的服务，屏蔽了业务逻辑的复杂性、开发平台的异构性、后台技术的多样性；同时能在运行时实现后台替换服务，增加了灵活性。

四是可扩展性。通过使用类似的服务描述可实现服务的升级、扩展。

五是向下兼容性。现有的 Web 应用程序面向服务的体系结构相当于服务提供方的角色，因而对现有的模块接口用 WSDL 进行封装，并在 Web 服务器与后台实现之间设置中间件，该中间件负责建立 SOAP 请求与后台实现之间的通道；最后把服务的描述在网络上发布，就能实现向新系统的转变，有效保护已有资源。只要将其服务的基本结构统一成 Web 服务，微软的分布式组件对象模型（DCOM）、对象管理集团的公用对象请求代理程序体系结构（CORBA）或 Sun 的远程方法调用（RMI）就能在 XML 平台上相互调用。

六是互操作性。依靠 SOAP（简单对象存取协议），任何 Web 服务都可以与其他 Web 服务进行交互，避免了在 CORBA、DCOM 和 J2EE 等规定的相关协议之间转换的麻烦。可以使用任何语言来编写 Web 服务，开发者无须更改他们的开发环境就可生产和使用 Web 服务。

七是普遍性。Web 服务使用 HTTP 和 XML 进行通信。因此，任何支持这些技术的设备都可以拥有和访问 Web 服务。

八是低进入屏障。Web 服务背后的概念易于理解，并且来自 IBM 和微软这样的供应商的免费工具箱能够让开发者快速创建和部署 Web 服务。此外，其中的某些工具箱还可以让已有的 COM 组件和 JavaBean 方便地为 Web 服务。

九是行业支持。所有主要供应商都支持 SOAP 和周边 Web 服务技术。例如，微软的 .NET 平台就基于 Web 服务，因此用 Visual Basic 编写的组件很容易作为 Web 服务部署，并由使用 IBM Visual Age 编写的 Web 服务使用，反之亦然。

丽江市全域智慧旅游项目建设总体设计架构将依照“资源整合，信息共享”“架构统一，业务协同”的原则，采用云服务体系架构，以信息资源库和公共服务为基础，实现资源和服务的共享，业务和展示的分离。最终实现统一服务平台、统一旅游业务数据库、统一交换标准、统一业务管理、统一对外门户、统一应用推广的系统建设目标。

三、应用系统建设

（一）旅游业务数据库（旅游云数据中心）

项目建设紧紧围绕丽江市“智慧旅游”的核心与实质（信息汇聚、交换共享、数据分析、公共服务），按阶段、分步骤进行建设，以信息汇聚为基础，以大数据分析为支撑，为游客提供优质的公共服务，为丽江市全域智慧旅游建设提供准确的决策支撑。

针对丽江市旅游业务数据库，通过建设数据处理中心、数据交换中心，实现网上业务流程及各种业务应用，并集中管理和整合核心业务数据。全面汇聚旅游企业、相关机构、从业人员、游客等旅游行业信息，吃、住、行、游、购、娱等旅游服务资源信息，制定统一的数据采集标准、进行数据采集、编目、分级，实现旅游数据分类归档、授权应用；打破“信息孤岛”，建立数据共享机制，解决信息交换和共享问题，实现旅游有关领域、体系和各业态单位数据的集中统一采集、存储、处理，以及相互之间信息的互通互联和信息共享查询，为上层应用系统进行分析和决策提供支撑。

适应智慧旅游发展需要，构建满足互联网和移动互联网信息共享、满足市旅发委、区县局和旅游企业信息共享和交换，整合全市旅游景区（点）、宾馆、酒店等旅游企业信息资源，创新和促进丽江旅游推广、营销、运营新形态，创新和发展丽江旅游经济新生态基础平台。

结合丽江旅游发展实际情况，明确目标任务，构建丽江旅游产业基础数据库，并提供一个可接入、可长期使用、可扩展的旅游数据资源共享交换和应用平台，按照统一的数据标准和规范整合各类涉旅数据。同步完成相关应用模型、软件系统的研究、开发、建设工作。

通过丽江市旅游业务数据库建设，为丽江市旅游应用服务建设及信息资源整合提供数据支撑。夯实丽江市各个管理部门信息化网络系统应用和硬件基础设施，全面提升当地旅游信息资源采集整合应用能力和旅游行业监管应急科学管理水平，强化旅游公共服务能力建设，为游客提供及时有效的出行指南服务，营造智慧旅游发展良好环境。

除此之外，旅游业务数据库还能提供丰富的统计功能，包括两个方面：一方面，要能够汇聚旅游基础数据和旅游企业运行数据；另一方面，切实考虑丽江旅游局日常管理工作的需要，提供对数据的智能检索引擎，实现对数据的检索与排序功能，除提供分类查询、分级查询、关键字查询等较为常用的检索功能外，还可以提供各种组合式、关键字等高级查询功能，查询结果可按照用户的要求进行自由组合排序显示。

（二）旅游产业运行监测调度系统

应用现代计算机技术、网络技术和通信技术，构建丽江市旅游行业运行监管体系，推进旅游行业运行监管向数字化、网络化、自动化、标准化迈进。通过平台的建立，及时、有效地整合丽江市旅游信息，为日常管理、应急指挥调度、辅助决策提供服务，促进旅游业的管理更加规范化、科学化、智能化；强化行业监管，为旅游业服务质量的提升打下坚实基础；结合云南省旅游委的旅游团队数据提供的游客分析数据，有效进行景区客流分析、预判及预警，在提高旅游品质的同时，降低旅游突发事件的发生概率；全面提高各类旅游突发事件应急处置能力，保障游客的生命财产安全。

平台的建立，注重平急结合，把监管、指挥始终贯穿于日常的运行管理中，平时作为地方旅游的综合管理平台，注重完善信息采集机制，整合各类旅游相关信息；紧急时作为各级旅游管理部门旅游应急指挥的控制中心，注重应急指挥协调，提高处置应急事件的能力；平急结合，从而打造具备行业管理、监管调度、监测预警、应急指挥、信息发布等多种功能的综合应用平台。

本系统支持客户端、业务端展示，并根据相应的展示端进行了客户端功能、业务端系统、移动端应用设计。

（三）旅游行业管理系统

旅游行业管理系统旨在借助信息化软件系统应用，提升旅游管理部门对旅游城市、旅行社、景区、饭店、乡村旅游等各种旅游业态及旅游业务工作的综合管理能力和效率。通过对诚信管理及信用评估系统、旅游投诉执法管理系统、综合统计系统、节假日填报系统、在线申报审批系统、旅游项目管理服务系统的建设，为构建旅游产业运行监测体系奠定基础，促进旅游业的提质增效、转型升级。实现对出境游、入境游、国内游3个旅游市场的有效监管和服务，为旅游行政管理部门提供信息化管理支撑，为旅行社企业提供工作管理平台，从而全面提升旅游服务和监管工作水平，提升旅游行业应对突发事件的处置能力，增强旅行社管理的科学性、有效性、时效性。

1. 诚信管理及信用评估系统

通过该系统发布区旅游诚信建设组织管理机构信息（含机构名称、人员、职务等），发布旅游诚信评价制度、诚信激励与惩罚制度等政策规定，发布通知公告，发布游客满意度调查信息，发布旅游行业诚信新闻（本区旅游企业、从业人员以及到本区进行旅游经营、服务活动的境外、区外旅游企业和从业人员的诚信状况），诚信企业分类排行榜。以上信息（含文字、图片、视频）可供社会公众从网上查阅和下载。

建立旅游企业及从业人员诚信等级查询、管理系统，支持将企业及人员类别、诚信等级等信息进行发布、登记、统计功能。结合政务网前台渠道，可对企业和人员进行诚信评价，可以进行有关旅游诚信方面的咨询投诉，并能进行在线处理，反馈处理意见。主要功能模块有综合显示、诚信管理、业务参数。

以建设旅游诚信数据库为基础，逐步建立健全旅游行业诚信管理体系，形成比较完善的旅游诚信记录、评价、激励和惩罚机制。

2. 旅游投诉执法管理系统

旅游综合执法管理系统要以《行政处罚法》《旅游法》《旅游行政处罚办法》《旅游投诉管理办法》为依据，将旅游投诉事项、投诉赔偿依据、投诉赔偿标准和旅游违法情形、旅游处罚依据、行政处罚步骤、行政自由裁量幅度以及所形成的执法文书格式、执法文书样本通过网络研发，将旅游案件的交办、转办、合办、督办功能全部在网上实现，进一步固化旅游投诉处理程序、旅游行政处罚程序、旅游行政执法检查程序，规范旅游行政执法行为，全面提高丽江市旅游行政主管部门依法行政、依法监管的服务水平。主要的功能需包括综合显示、旅游投诉、处罚管理、政策法律、业务参数。并实现与市旅游电子政务网、旅游诚信管理系统进行数据对接，实时展播。

3. 综合统计系统

旅游综合统计系统按照“市局统筹、部门分管”的原则实现了对旅游体系范畴下各级管理部门、涉旅企业等基本信息的汇聚，对丽江市各涉旅企业的接待/收入状况、市内旅游教育情况等数据的适时采集。通过系统建设，可帮助丽江市旅游局轻松掌握全市涉旅企业的分布情况和日常经营状况及花费情况，为分析市内旅游业未来发展趋势、制度发展策略提供数据支撑。

市级核心用户包括法规处、管理处、规财处、产业处、人教处、市场处—研究中心、协会等部门，各部门从不同维度（业务）管理涉旅企业的信息。业务涵盖丽江市住宿设施、旅行社、景区景点、休闲度假、特色旅游购物点、旅游等级餐馆、旅游教育等的接待和财务等相关信息，实现对吃、住、行、游、购、娱等旅游六要素企业的日常运营监管。

旅游统计系统将通过统计方式获取丽江市旅游企业、涉旅游单位的基础信息、经营信息，摸清全市旅游行业家底，反映全市旅游企业管理、接待情况、财务状况、新增业态、旅游教育情况等，为全市旅游数据积累、分析挖掘提供数据支撑。同时将获取的统计数据，在旅游业务数据库进行存储，与云南省旅游委综合统计管理系统进行对接，实现数据填报对接。以《国内旅游接待统计指标体系方案》为指导，以旅统基 1-10 表、旅统综 1-3 表和旅统专1-2 表为基础，构建全市统一的旅游统计系统，形成纵贯全市、区县、企业三级（3类使用对象）的旅游统计数据汇聚、管理体系。

主要的功能包括综合显示、企业管理、接待状况、财务状况、新增业态、旅游教育、报表统计、项目状况等，基于多年数据的积累，实现对丽江市旅游产业的经济贡献率分析。

节假日填报系统。通过本系统，旅游局可以及时掌握景区、宾馆、农家乐节假日的接待人数和收入情况，同时生成相应的统计报表进行同比、累计。建立专门的节假日统计模块，实现黄金周、节假日景区接待数量、收入数据的上报、统计分析，并能够在黄金周、节假日当天进行旅游接待人数发布。

4. 在线申报审批系统

在线申报审批系统的主要目标是为丽江市旅行社申报审批、饭店评星、景区评级等，收集涉旅企业数据提供服务，同时为各类涉旅企业产品的营销宣传提供平台。在线申报审批系统提供强大的表单样式定义、表单数据项定义、表单提交与接收、表单的流程化审核，以及表单的发布和状态查询。将建立企业申请、审批、复核流程，包括：星级宾馆、旅行社、农家乐、景区等涉旅企业的在线申请、复核等系统，通过流程管理系统，将申报流程定制化。同时，实现与云南省旅游委旅游综合服务平台的对接。

5. 旅游项目管理服务系统

为了提高丽江市旅游项目管理服务水平，丽江市旅游产业将通过建设旅游项目管理系统对丽江市的旅游项目进行有效的管理。在有限的资源约束下，运用项目管理系统的观点、方法和理论，对项目涉及的全部工作进行有效管控。

旅游项目管理系统是市、区县以及项目建设单位进行旅游项目动态管理的现代信息工具。系统采用先进的网络传送方式，采取一点上报多点使用的流程设计，实现对丽江市各级的旅游项目进行分类、分区域、分权限管理。从而完成丽江市所辖区域的旅游项目申报、项目立项、合同管理、项目汇报、科研成果、项目评估、项目经费和各种统计分析的计算机处理和规范化管理，实现本地业务处理全过程的电子化、自动化。

项目管理模块设置旅游项目信息的录入、审核、上报、查询等功能。前期项目和在建项目分别录入管理。前期项目管理包括对处于招商、签约、规划设计、审批等阶段的项目进行动态监控管理；在建项目管理包括对已开工建设项目的年度计划、进度上报情况、项目图片信息等进行管理。竣工项目是在建项目管理中的一个环节，经过竣工处理后，结束项目管理过程，其信息数据应通过综合查询等功能查阅、统计。为了保证项目信息搜集、管理的完备性，本系统需和丽江市发改委相关系统进行对接，获取其在旅游项目方面的数据。

旅游项目管理系统还需实现项目流程管理、综合查询、统计分析、系统管理等功能。

6. 抽样调查系统

以国家旅游局下发的“旅统调 4 表”和“旅统调 5 表”为基础，实现对丽江市国内旅游抽样调查的统一管理。提供任务发布、数据重用、数据校验、报表审核等多种优化操作，提升各级旅游管理部门的问卷录入、审核效率。

第一，综合展示。展现问卷调查整体数据，及各地问卷调查情况数据汇总展示。第二，问卷管理。新增调查问卷及编辑调查问卷信息。支持不同条件快速查询调查问卷信息。第三，统计分析。对各类旅游数据进行统计分析，包含国内旅游总人数、国内旅游停留时间、国内旅游基础情况、游客人均花费等。第四，业务参数（任务管理）。通过抽样数据评估、填报任务管理、填报时间管理，对业务数据进行有效管理。

（四）旅游团队服务管理系统

系统运用信息化手段和方法，建设旅游团队信息监管系统，实现对涉旅企业、涉旅人员、旅游车辆等进行有效管理，提升旅游服务质量，保证游客的合法权益。通过系统建设，从旅行行程前、行程中到行程后进行全程管理，不仅做好源头监管，也注重过程监管，并且将事后纳入监管内容中，对旅行各个环节进行把控，最大限度地保证游客体验。

旅游团队服务管理系统包括 Web 端后台管理系统和移动端 APP 应用，系统采用国家数据标准，统一数据标准、统一数据接口，为各地填报旅游团队数据提供了统一的入口，方便国家旅游局对旅游团队数据进行统一分析。

（五）旅游资讯网站集群（含 APP 端）

建设丽江市旅游资讯网集群，以满足游客需求、旅游目的地形象展示，向游客提供全面、立体的丽江旅游信息和旅游咨询服务，为游客提供旅游前的旅游资讯、旅游资源推介、旅游行程规划、旅游交通、旅游景区、旅行社、酒店、住宿、购物、娱乐、旅游帮助、旅游地图服务、互动评论等贯穿游客旅游全过程的一体化优质旅游公共服务。让用户可以及时了解丽江市的旅游文化、历史文化、民族文化、饮食文化、旅游产品、旅游企业等各种旅游信息。同时通过消息、评论、分享等方式让消费者与资讯网进行互动，加强游客与丽江旅游的联系，拉近游客与丽江的距离，体现丽江旅游特色，从而加大宣传丽江旅游形象，灵活开展旅游品牌活动，扩大旅游品牌影响力，使得丽江旅游能够快速提升发展。同时开发多语言版本，包括英语、汉语、俄语三种语言，并支持移动端（安卓、苹果）的资讯网服务，根据散客的行为需求特点，向散客提供包括食、住、行、游、购、娱、休闲等全面、精准、快捷的旅游信息服务。

资讯网集群通过后台管理、前台推送的集群网模式，通过集群系统能够对 8 个区、县进行资讯网信息推送，区、县也能将资讯信息上报到集群系统后台，实现了丽江旅游局与各区、县之间信息的互联互通，方便游客更好地了解旅游资讯，为其出游提供有力的数据支撑和良好的数据保障。通过了解具体的旅游信息，在出游前准备好出游、出游中享受好出游、出游后对旅游过程满意，真正实现系统的管理服务功能，同时通过信息的互联互通，实现数据的共享功能。

（六）旅游大数据分析系统

本系统的大数据广泛采集于涉旅部门（气象、测绘地理、交通、公安、卫生、环保等）、旅游管理部门（丽江市旅发委、各区县旅游局）、旅游企业（主要来源于景区相关的物联网感知系统、移动设备应用、各单位云数据共享、游客反馈、网站访客行为统计、人工采集工具）以及涉旅企业（有条件的接入运营商数据、OTA 数据、12301 数据、搜索引擎数据），根据数据挖掘、分析，构建数学模型，为实现景区的游客分流、宣传营销以及丽江市旅游局在进行日常运行监管、安全应急指挥调度以及制定宣传营销策略时提供科学的数据支撑。

通过对旅游数据的分类、汇总，为旅游局量身打造数据实时分析和决策支持系统，分类、汇总景区的真实管理数据，系统自动分析生成图表，实时展现，帮助旅游管理部门实时掌握旅游企业的日常运营状态，提升管理效率。实现丽江市旅游大数据实时动态监测及分析的功能。监测及分析的内容能满足旅游局管理的需要，能够反映丽江旅游当前的发展趋势。能从区域、行业、人群等角度综合分析。呈现结果包括丽江市旅游形象评估、消费情况、客流情况、自驾车情况等。

通过科学的数据分析，大数据的利用为旅游管理部门提供了更真实、更可靠、更直观的决策依据，为旅游目的地解决旅游信息数据的全面感知、快速处理、高效存储问题，并运用“大数据”体系在智能数据挖掘方面的强大优势，帮助旅游管理部门、旅游企业真正实现智慧旅游的目标。

（七）旅发委内部办公 OA 系统

本次将为丽江市旅发委建设内部办公 OA 系统，以满足丽江市旅发委的日常办公，通过设定流程的方式进行公文管理发布及领导审批工作，实现丽江市局内部公文流转、事项审批、协作沟通等功能。为局领导和各科室工作人员提供快速、便捷的办公业务处理平台、资料查询平台，快速提升局内部业务办理效率。同时系统支持移动终端信息处理，领导通过移动终端即可实现公文发布和审批工作。

通过本系统的建设，可以实现以下功能：收文管理，如收文登记、收文处理、收文查询；发文管理，如发文拟稿、发文处理、发文查询、发文统计、发文督办等；档案管理以及资料库管理等工作；同时提供待办事宜提醒、会议安排以及行政、个人事务处理等内容。

（八）微信公众服务号

丽江市旅发委官方微信公众服务平台以丽江市旅游信息采编多媒体制作为基础，为来丽江市旅游人群提供便捷而快速的微信端服务，以提高游客对丽江市旅游的热情度为目标，从而达到营销、推广及管理丽江旅游信息的目的。

微信公众号将基于已建的旅游微信订阅号进行推广和宣传，用户只需要通过关注订阅号，即可链接到服务号，通过扫描二维码即可关注微信服务号。

丽江市旅发委官方微信平台除了为互联网、移动互联网以及线下相关渠道的游客提供旅游信息服务外，软件还将支持与丽江微信导览图进行的手机互动，即可通过输入微信导览图中关键字等方式，使游客在手机端获得相关旅游信息，该互动应用软件以景区旅游信息采集多媒体制作数据为基础进行设计开发，有较强的互动性、实用性。

（九）全域旅游产品分销系统

建设全域旅游产品分销系统。实现景区门票、交通、特色项目等产品的标准化，涉旅企业可在平台上对产品的价格、折扣、库存等进行自主定义。旅游产品分销商通过广泛在线旅游电子商务平台的数据交换接口，从平台上获取景区产品数据，将其与自有的机票、酒店等产品组合成新的旅游产品，销售给自己的客户群。解决网上直销难、内部管理难、分销发展难、多元增值难问题，为制定行业政策提供数据支撑，并进一步提升地区整体的旅游信息化水平。通过旅游产品分销系统，解决来自分销商的数据不能准确统计的问题，实现与票务中心、财务中心对接，整合电商、票务、售票系统、移动端订单数据，自动生成财务报表，解决一直困扰企业财务数据不能统一的问题，提高工作效率，减少企业运营成本，最终实现旅游市场细分、渠道分销、营销应用、智能电商、供销管理一体化，打造线上线下多渠道同步、多场景应用的旅游营销服务生态圈。通过帮助涉旅企业高效整合产品与服务，打通和解决产品交易、营销管理、供应链金融等问题，提升企业经营管理效率。

旅游上游商家可发布自己的旅游产品，并进行自主定价，平台提供广泛在线旅游电子商务平台的数据交换接口，最大限度地为旅游商家的产品提供分销渠道；分销商通过平台接入，可快速获得上游旅游资源，并可将平台中的旅游产品自由组合成新的产品销售给自己的客户群；普通消费者通过商家的自主销售渠道或分销渠道购买产品，并进行消费，因为渠道更短、更透明，从而获得实惠与便利；主管政府机关通过平台的管理，可以获得相关统计数据（如可获得客源地信息、客人年龄段、景区或酒店客流量等），为制定行业政策提供数据支撑，并进一步提升地区整体的旅游信息化水平。

主要实现如下功能：消费管理、订单管理、产品管理、供销管理、码上营销、用户管理、资金管理、统计报表、资源管理、客户管理、微信管理、消息管理、多媒体库、基础资源和系统管理功能。

（十）游客集散中心信息化管理系统

游客集散中心信息化管理系统为旅游行政机关、旅游服务机构、游客提供旅游信息服务，将游客集散中心打造成信息交换、有效沟通、整合规划的公共服务平台。通过基础信息管理、票务管理、车辆调度管理、自驾车辆（租车）管理、旅行社管理、统计分析，将丽江旅游集散中心建设成为游客服务中心、线路管理中心、车辆调度中心、旅游资源管理中心。根据丽江市旅游集散中心的运营需求，未来将吸引涉旅企业入驻集散中心进行旅游线路、旅游车辆、旅游特产、商铺等方面的运营。建设游客集散中心信息化管理系统，面向散客提供票务销售、车辆调度管理、线路指引、自驾游管理等服务，通过信息化的系统建设，解决丽江市散客旅游的监管问题。本次仅考虑管理软件系统的建设，涉及车辆调度终端、自助购取票机等设备由后期参与集散中心运营的主体自行配置。

（十一）智慧景区示范工程—平台对接

2016 年 4 月 22 日，国家旅游局发布了《关于做好国家旅游局应急指挥平台数据对接相关工作的通知》（旅办发〔2016〕109 号），要求各地旅游应急数据、视频会议系统及5A级景区的视频监控、门禁管理系统、停车场管理系统等数据均需接入国家旅游产业运行监测与应急指挥平台。截至2016年11月30日，实现了与31个省份227家5A级景区的视频和数据对接。2017年初国家旅游局启动全国4A级景区数据对接工作，目前已有500多家4A级景区实现数据对接，为保证2017年内实现全部4A级景区数据接入，4月24日，国家旅游局办公室发布了《关于加快国家旅游产业运行监测与应急指挥平台4A级景区数据对接工作的通知》（旅办发〔2017〕98号），要求在2017年12月31日前完成全国各地4A级景区视频数据、游客流量数据的互联互通。

（十二）示范电子商务工程—全域旅游目的地营销平台

全域旅游目的地营销平台，是基于云计算技术，利用SaaS模式，由政府主导、企业参与建设及运营的区域（全域）智慧旅游产业链协作平台，为政府旅游主管部门行业监管提供手段，为旅游企业开展营销提供营销渠道、工具及产品资源整合服务，为游客提供多样化、便捷化的信息服务。该平台可有效整合区域（全域）范围内不同旅游产品的供应商和分销商，便于旅游产品组合，创新分销与营销手段，实现区域（全域）旅游企业、旅游品牌整合营销，增加旅游品牌的影响力和美誉度，助力旅游目的地从“景点旅游”到“全域旅游”转变，打造出更具影响力的区域（全域）智慧旅游生态圈。

全域旅游目的地营销平台主要包括微官网、微分销、微活动、微问答和配置后台的功能。

（十三）智慧乡村示范工程—美丽乡村游管理系统

以丽江市旅游特色产品为基础，建设丽江市美丽乡村游管理系统，为入驻企业配置独立账号，帮助各个特色酒店、农家乐、特色旅游产品进行移动端精准营销，也为来丽江市的游客提供便捷的移动预定、购买服务体验。

同时，该系统也充分响应了国家号召的关于通过乡村旅游实现精准扶贫、构建“全域、全时、多元”旅游格局，真正实现了“处处是景点、全域皆旅游”的目标。

由采购方选取丽江市 10 家特色农家乐为试点，1 年内将旅游局认定的农家乐全部纳入平台，构建丽江市乡村旅游管理大数据体系。

平台具有以下特点：一是“小而全”。依托微信服务号建设“全域智慧乡村”信息服务及在线订购平台，重点服务用户为小商户、小商家。首页简洁明了、易于操作；内容覆盖全面，“星星之火可以燎原”，利用不断入驻的商家，更新平台信息，让平台成为商户信息最全的汇聚平台。

二是“差异化”。与各 OTA 平台、各自媒体平台等做定位区分，突出了其他平台所不能关注到的小商户、乡村旅游点、小客栈等群体，把平台信息全、商户多的优势突显了出来。

三是“易查询”。平台的查询功能实用、好用，能实现精准查询、模糊查询、分类查询、关键字查询等，具有一定的智能性，充分结合了用户的常用查询关键字进行自动匹配和推荐等。

四是“可订购”。平台有在线订购和支付功能，游客可通过平台购买景区门票、订购酒店客房、采购农家特产等，为此，平台已逐步开通翼支付、支付宝支付、微信等在线支付通道。

（十四）智慧虚拟体验示范工程—虚拟体验展示系统

1. 手绘地图及 AR

通过手绘地图推广丽江景区资源，为丽江制作手绘地图，进行宣传发放，增加游客的互动体验。

基于原始比例通过设计形象生动的丽江景区手绘地图，将丽江 4A 级及以上旅游景区宣传图进行扩展绘制，将范围内的景区信息以一目了然的方式展现出来，供游客互动展示使用，以便于游客更好地出游，为游客提供优质的旅游服务。

手绘地图可通过手机、电脑、触摸屏等终端进行呈现，可自由地进行放大、缩小操作；地图任意区域可以进行全方位拖动，便于查看未完整显示部分地图。

根据丽江市旅游资源的分布和特点，可以定制合理的游览线路，并采用实景、路线、标绘相结合的方式，为游客提供优质的旅游服务，从而提高丽江市的旅游形象。

将手绘地图与丽江市官方网站相结合，在网站内通过手绘地图形象直观地展示各个景区，激发游客的兴趣，吸引游客前来旅游。

将设计的手绘地图制作成明信片或者印刷到景区门票上，对丽江市的景区进行宣传推广，有效提升丽江市的形象和知名度。

将手绘地图与 GIS 地图进行叠加，在 APP 中可以在高德地图（或其他 GIS 地图）和手绘地图显示模式间进行切换，为每个景区录制 10 个景点的语音介绍，增加游客的互动体验，利用 APP 嵌套 AR 功能，游客可利用手机进行互动展示。

AR 嵌套进 APP 所发挥的功能性作用，不仅可以为游客提供更详尽的景区资讯，还能更好地帮助游客全方位地游览景区，使游客产生更有深度、更具乐趣的游览体验，是游览景区的好助手和好工具，有助于加强游客与景区之间的联系和沟通。

手绘地图及 AR 还可以衍生出景区门票、旅游宣传册、纪念明信片、纪念 T 恤等进行体验提升服务。

2. 体验展示系统

选取有特色的景区，制作体验展示系统，与触摸屏等体验设备配套使用，实现游客的吃、住、行、游、购、娱查询功能；实现与官网、微博、微信的互联和内容共享，实现游客与管理方的共同需求，更新发布内容，查询平台作为落地电子查询终端，具有独特的展示和传播价值，是移动终端的重要补充，更是精品旅游内容的良好载体。为游客提供旅游导游、导览以及虚拟旅游体验等服务，增加景区与游客之间的互动体验。本系统只需建设软件，配套设备由采购方提供。

（十五）业务支撑数据购买

表 2　业务支撑数据

序号	数据类型	具体需求	数量
1	运营商基站数据（移动）	提供如下数据：	1 年
		（1）客流量数据	
		旅游目的地每分钟/每小时客流量（分钟/小时）	
		旅游目的地每分钟游客数量及游客地理位置（分钟）	
		（2）接待游客客源地数据（每天）	
		每天接待旅游目的地下属各个区县的游客数量	
		每天接待境内各个省市的游客数量	
		每天接待境外各个国家的游客人数	
		（3）外出旅游目的地数据（每天）	
		每天外出各个省市旅游的总人数、每天外出其他各个省市下属城市旅游的总人数、每天出境旅游至各个国家的人数	
		每天出境旅游至各个国家下属城市的人数	
		（4）城市和景区热点数据（每天）	
		每个景区每天接待的游客总数	
		每个景区每天接待境内游客的总数	
		每个景区每天接待境外游客的总数	
		（5）游客行为数据	
		每天每个景区接待的游客人数（每天）	
		旅游目的地范围各类住宿场所每天接待的游客人数（每天）	
		每月旅游目的地接待游客在各个景点停留的时长（每月）	
2	经济数据	提供银联消费数据，具体如下：①提供本/外地用户在丽江市银联刷卡交易总笔数、刷卡消费总金额、刷卡人次；②提供本/外地用户丽江市银联消费刷卡的客源地，以及每个刷卡来源的消费刷卡金额、交易笔数；③提供本/外地用户丽江市每个区县的银联刷卡消费金额、交易笔数；④提供本/外地用户在丽江银联刷卡大型消费点（商场、特产市场等）交易笔数和交易金额排名；⑤提供本/外地用户在丽江市通过银联支付的公路客运类购票交易额排名、交易笔数；⑥提供本/外地用户在丽江市通过银联支付的餐饮类刷卡交易额排名、交易笔数；⑦提供本/外地用户在丽江市通过银联支付的旅行社、大型景区售票商户刷卡交易笔数；⑧提供本地用户在丽江市旅行社通过银联支付外地游路线交易笔数、消费额度排名	1 年

丽江市古城景区旅游发展研究

一、丽江市古城景区发展现状

（一）2016年发展现状

1. 重成效，推进5A级景区整改

2015年10月9日，国家旅游局对丽江古城景区进行了通报。针对存在的问题，丽江古城管理局除对通报的10个方面进行整改外，还从提升和规范加强5A标准等方面进行了整改。同时，充分发挥领导小组办公室的作用，协调市、区相关职能部门，深入落实整改措施，建立健全旅游景区管理长效机制。经过近一年的整改和巩固提升，各项工作取得显著成效。2016年春节黄金周、“五一”小长假、暑假旅游高峰期、“十一”黄金周，丽江古城景区秩序井然，无重大旅游投诉和安全责任事故，游客满意度、社会美誉度不断提升。2016年9月1日，国家旅游局全国旅游资源规划开发质量评定委员会正式撤销丽江古城5A级景区严重警告。10月9日，国家旅游局公布“十一”假日旅游“红黑榜”，丽江古城上榜综合秩序最佳景区。

2. 顺机制，推进依法治理

一是进行执法机制改革，制定出台《综合行政执法机制改革实施方案》，整合资源，实行划片区管理，实现对景区无缝隙、全覆盖监管。二是启动《云南省丽江古城保护条例》修订前期工作，已完成《条例》修订情况说明和条文对照表（征求意见第一稿）。

3. 优环境，完善基础设施

2016年，完成投资21258万元，实施了一批基础设施建设项目。其中，古城东郊环境整治原武警一中队改造项目完成投资749万元；丽江古城环城北路建设工程全年完成投资2000万元；大研片区供水及消防设施建设改造工程全年完成投资7983万元；丽江大研古城配电网改造工程完成投资1124万元；古城线路整治工程2017年完成投资150万元；星级厕所提升改造工程全年完成投资600万元；古城导览系统提升改造项目完成投资198万元；丽源文化广场项目全年完成投资7310万元；古城游客服务中心装修提升完成投资54万元；狮子山景区基础设施工程完成投资115万元；狮子山世行贷款项目基础设施完成投资950万元；其他零星工程完成投资25万元。积极开展景观、消防、城市及农业用水调度调配，2016年1—10月，拉市海应急调水1070万立方米，白水河应急调水653.5万立方米。

4. 重治理，加强精细化管理

提升执法监管的科学化、规范化水平。2016年，立案查处无证照经营、违法违章修缮、环境噪声污染等176件，收缴罚款34.75万元。修订完善《丽江古城准营证管理办法》，制定出台《民族文化行业扶持办法》和《文明诚信经营示范户评选管理办法》，开展首届文明诚信经营示范户评选活动。办理《准营证》年检换证、变更项目及变更法人换证907户，规范办证330户。加强民居修缮审批管理及行为监管，审查和验收民居修缮申请135份，施工队年检培训70家。强化消防安全监管，加大宣传培训力度，加强文保单位消防安全管理，配合消防部门开展检查整治，组织消防安全演练4次。

5. 搞配套，增强科技支撑

充实扩展丽江古城高清视频监控工程，新增监控点位35个；古城官方微信公众号改版升级，在景区内新增46块“丽江古城游”二维码智慧旅游导览牌；研究探索“互联网+旅游”实践，制定大数据应用解决方案；推进丽江古城综合管理指挥信息化建设工作，完成指挥平台招标工作；推进古城维护费征收智能化、科学化，拓展微信公众号和官方网站缴纳渠道，完成无觉察征稽辅助管理系统研发测试；推进大研古城用电状态全面管控，启动配电网安全监测预警系统研发测试；完成丽江古城世遗数字化与文化旅游综合服务示范项目和丽江古城保护数字化管理技术集成与应用项目审计，项目通过评审初验。

6. 强保障，筹措保护资金

积极做好古城维护费征收的宣传和查验工作，为游客提供古城各类便民服务，以服务促征收。截至 2016 年 10 月 17 日，丽江古城维护费累计征收 3.1 亿元，全年古维费征收入库 3.4 亿元。加强国有资产管理，提高企业自身发展能力。1—9 月，实现经营收入 3695 万元，其中：公房租金收入 3323 万元，狮子山门票收入 258 万元，广告承包收入 25 万元，其他业务收入 89 万元。全年公司实现经营收入 4008 万元。积极做好招商引资工作，共引进项目 3 个，完成引资 2.5 亿元，完成全年目标任务数的 62.5%。

7. 抓统筹，做好遗产监测准备

统筹兼顾 5A 级景区整改与遗产风貌保护工作，加强对丽江古城的真实性和完整性保护。组织开展居民结构调查、遗产本体信息数据采集、违章建筑及不协调环境风貌整治、旅游行业经营秩序规范等工作，完成《世界文化遗产丽江古城保护状况报告（2008—2015）》《丽江古城遗产监测年度报告(2015)》等。全面履行领导小组办公室职责，加强与 17 个市直成员单位的沟通联络，定期收集、汇总遗产监测准备工作开展情况，初步建立高效、科学的遗产监测联动机制。

8. 增魅力，建设文化古城

一是加大民族文化扶持力度。在原有基础上新增了“手道丽江”“纳西人家”等一批民族文化传承展演院落和门店，古城内文化体验展示景点已达 17 处。二是不断加大对外宣传推广力度。加强与主流媒体的合作力度，充分利用新媒体，全面展示丽江古城的历史文化、民俗风情和保护成效。用足、用活民族文化保护传承资金，鼓励支持民族文化创作、弘扬和传承。三是积极组织参加与遗产保护、文化传承相关的活动。协助筹备并参加“长江民族生态文化研讨会”，组织开展中国旅游日、第十一个“文化遗产日”等宣传活动，举办“爱在丽江·情定古城”中国丽江首届相亲文化节。参加“中国世界文化遗产监测中心2016年年会”“世界遗产与可持续旅游”和“国际文物保护与修复研究中心世界遗产监测管理”培训及在国内外召开的旅游推介博览会。

9. 提品质，提升服务水平

加大培训力度，开展讲解服务、古城文化、服务礼仪、应急救护等培训10余次。积极开展旅游接待、景区讲解、投诉受理、旅游宣传、文明引导和便民服务。2016年，游客服务中心接待游客32万余人。

10. 移关口，加强舆情防控

成立丽江古城社情民意与舆情调研中心，健全网络舆情监测防控体系，对古城热点、难点问题进行收集、调查和分析，对舆情热点进行提示和预警。2016年，有效监测丽江古城酒托、拉客欺客、关门停业、征收古维费、环境卫生和安全等10次网络舆情，处理应对16次。

（二）2017年发展现状

1. 基础设施建设提升

全年完成基础设施建设投资8030万元。完成大研片区供水及消防设施建设改造工程管网铺设；完成5个旱厕改造；完成狮子山围栏、挡墙、护坡改造工程；完成古城旅游综合服务亭提升工程，新增5个、搬迁3个旅游服务亭；完成古城夜景灯光维护维修工程；完成年度排污管网疏通工程；完成环城北路建设工程；完成丽江古城东北片区环境整治项目——原丽江武警支队营房拆除改造建设项目的可行性研究报告编制工作；白沙500立方米消防水池及10千米供水管网建设工程项目得到批复，并完成可行性研究报告；完成义尚文明村基础设施建设工程项目可行性研究报告、初步设计，进入施工招投标；持续推进丽源文化广场项目建设。

2. 保护资金筹措

积极克服古城维护费征收方式重大改变的不利因素，不断探索完善古维费征收措施和方法，多方面筹集古城保护管理资金。全年累计征收古维费2.24亿元、贷款2亿元、招商引资3.5亿元，为古城保护管理提供了坚实的资金保障。

3. 智慧古城建设

建设完成世界文化遗产丽江古城综合管理指挥平台，构建了统一管理、统一调度的信息资源集成管理平台；建设完成丽江古城游客大数据流量统计分析使用平台，通过平台查看实时数据分析，引导游客合理规划路线，辅助管理部门进行预测研判；建设完成丽江古城管理有限责任公司网站，为游客和群众直观、便捷地提供服务信息；完成“丽江古城电子票管理及智能查验系统采购”第一批设备部署及上线工作；完善丽江古城视频高清监控点达297个，基本覆盖丽江古城保护区所有街道范围；在丽江古城二维码智慧旅游导览平台增加旅游投诉及常用电话、各类旅游服务机构场所寻址、投诉咨询功能；完善微信、微博、官方网站等自有平台建设。

4. 丽江古城5A级景区整改工作

充分发挥领导小组办公室的作用，协调市、区相关职能部门，深入落实各项整改措施。经过整改，古城景区投诉数量明显减少，投诉率明显下降；社会治安状况平稳有序，未发生造成严重不良影响的案（事）件；原住居民与旅游经营人员法制观念和履约意识明显增强，沟通联系和矛盾化解的渠道进一步畅通；景区商品质量和服务水平显著提升，文化内涵进一步深化；旅游服务设施设备得到有效补充完善，智慧化景区建设稳步推进。2017年“五一”和端午小长假，景区秩序井然，无重大投诉和旅游安全责任事故，游客满意度不断提升，整改工作取得了阶段性成效。

5. 丽江市旅游市场整治工作

坚持将景区整改与旅游市场秩序整治、旅游产业转型升级同谋划同部署，形成强有力的组织领导保障，认真对照国家旅游局通报问题、景区标准、督查反馈情况、专家评估意见，进行全面整改。一是进一步理顺古管局与古城区、玉龙县的职能职责，推动建立“1+5+N+1”的旅游综合监管模式。二是加大对各类扰乱旅游秩序、景区秩序行为的综合执法力度，提升服务质量，营造良好环境。全年共出勤14500余人次开展综合执法工作，安装1000块旅游温馨提示牌；查处37家存在违法经营行为的商户；开展13次消防、反恐、地震应急等演练培训；检查各类商户 2440 户，重大消防安全隐患整改率为 100%；清理 59 家客栈低俗文化标语标牌 103 块；查获 4 起烟草制假售假案；办理临时通行证 888 张，处理违反规定车辆 24 辆；协助处理治安案件 11 起，协助处理酒托案件 13 起；立案查处无证照经营、违规违章修缮、环境噪声污染等案件 153 件，收缴罚款 43.74 万元；排查古城内不协调风貌 825 处，95% 以上均完成整改。三是发布 3 批次“丽江大研古城旅游经营服务不良信息”，上榜 3 户不良信息名单，发布 3 批次“丽江古城文明诚信经营示范户”名单，继续保持 69 户、撤销 5 户。四是实施丽江古城经营项目准入制度，进一步规范古城内经营行为，保护传统商业文化。2017 年 4 月起实施《世界文化遗产丽江古城经营项目准入证》准入标识制度，《丽江古城内经营项目目录清单》，清单中经营项目共计 51 项，包括扶持鼓励、倡导鼓励两类 29 个经营项目，6 个不鼓励经营项目，16 个禁止经营项目。经过整改，景区市场管理、游览环境、服务水平、旅游秩序得到了提升，游客满意度、社会美誉度不断增加。

6. 遗产监测准备工作

一是开展了 16 次“丽江古城人为活动影响状况监测”、1 次“春节黄金周旅游状况监测”、1 次“国庆黄金周旅游状况监测”等专项监测业务；二是利用丽江古城世界文化遗产监测预警系统，开展系统监测和预警管理，重点对大研古城的人流量情况进行持续监测；三是编制完成并实施《世界文化遗产丽江古城遗产监测专项规划》；四是完成“丽江古城世界文化遗产监测预警体系遗产本体信息采集项目”第二阶段任务，并组织专家对项目成果进行了验收；五是定期收集、汇总遗产监测准备工作的开展情况，编制完成 5 期《丽江古城遗产监测准备工作简报》，及时报送领导小组及各成员单位；六是在丽江古城三个片区的遗产区和缓冲区边界全面安装遗产界碑和标识牌，完善丽江古城遗产标识标牌系统；七是顺利通过国家文物局对世界文化遗产丽江古城保护状况的实地调研、评估和检查。

7. 古城文化宣传工作

一是圆满完成申遗成功 20 周年宣传活动，加强与国内、国际专家和遗产地交流学习，提高古城知名度。具体开展了“八个一”系列活动，即召开一场纪念大会、开展一次交流研讨、签订一项战略合作协议、形成一份《丽江共识》、举办一场遗产摄影展、拍摄一部纪录片、出版一本古城宣传专著、举办一套遗产知识讲座。二是深度挖掘、保护、传承、弘扬和宣传传统民族文化，新增“天地院”文化展示点，推进周霖艺术纪念馆建设工作，古城内民族文化院落和展示点达19处。三是认真做好“丽江讲坛”“大研文化讲堂”以及“和美大研”系列文化活动的宣传报道工作，不断推进丽江古城传统文化的宣传展示工作。四是加大对外宣传推广，积极对接中央、省以及丽江本地网络新闻媒体开展宣传，完成全球华语广播网采访、《喜迎十九大，行走彩云南》直播等宣传。五是加强自有宣传平台能力建设，提高舆情处置能力。官方微博全年编发信息1000余条，公众微信号粉丝超过20万。舆情平台作用彰显，制作《舆情简报》252期，收集相关信息3100余条，舆情回应3次，微博回应200余次，舆情预警4次，舆情处置能力不断提高。

8. 景区服务工作

2017年，丽江古城游客服务中心共接待游客60.86万余人，提供免费咨询服务38万余次、讲解服务1478次、行李寄存3287件，发放古城景区宣传资料和免费地图15.62万份，开展综合便民服务2万余次，开展志愿服务活动210余次，丽江古城志愿活动项目荣获国家旅游局“旅游志愿服务先锋项目”称号。切实做好游客投诉处理转办、信访和纠纷调处工作。2017年，丽江古城综合管理指挥平台累计受理问题反映、咨询、投诉和求助3322起，办理“书记市长信箱”网上交办信访24件、“96128”专线交办2件、其他相关部门转办3件，均按时办结，办结率为100%，投诉案件处理游客满意率达100%，问题反映案件处理满意率达99.39%。

二、丽江市古城景区发展存在的问题

1. 管理体制机制不顺畅

丽江古城管理存在条状分割、多头管理、管理行政手段未能实现有效整合等问题，影响了景区的规范有效管理。

2. 民族文化保护传承困难

随着游客及外来经商户的大量涌入，传统民族文化受到强烈冲击，如何提升文化内涵、增加文化服务内容迫在眉睫。

3. 消防安全保障任务繁重

古城特有的建筑风格形成的耐火等级低、防火间距小、消防通道窄等问题，仍是古城消防安全的制约因素，需要通过人防加技防的方式加以保障。

4. 古城维护费征收面临困难

受游客出行方式改变、客栈酒店数量激增、行业恶性竞争等不利因素影响，古城维护费征收难度加剧。

5. 景区基础设施建设亟须完善提高

丽江古城供水、消防、排污等存在管网老化、经常性渗漏、覆盖面有限、消防水压不够等问题，无法满足景区旅游发展的需要。

6. 按照国家5A级景区标准建设投入还不足

在基础设施建设、旅游服务保障和公共服务等方面还存在投入不足，影响了5A级景区的品质。

7. 公众遗产保护意识淡化

随着旅游经济发展、外来文化冲击的加剧，公众对文化遗产的知晓认同及保护参与意识淡化，导致对遗产重要性认识出现偏差。

三、丽江市古城景区发展路径及对策

1. 做好顶层设计

加快编制《世界文化遗产丽江古城保护和管理规划》《丽江古城创建国际水平特色城镇总体规划和修建性详细规划》《丽江古城提升改造规划设计方案》。

2. 巩固提升丽江古城品牌价值

加强协调联动，全力以赴做好丽江古城5A级景区整改、丽江市旅游市场整治工作，推动丽江市旅游产业转型升级。

3. 保护古城遗产风貌

提高文化遗产保护专业化水平，加强文化遗产知识的普及和教育，加大古城历史文化的宣传和推广，树牢遗产保护意识，恢复古城“水景观”，维护建筑古风貌。

4. 推进旅游市场监管联动机制有效运行

通过进一步加强法规政策解读运用、加强地方立法建设、制定地方行业规范、创新执法方式、加大执法力度、强化法制宣传等不断推进依法行政、依法治旅工作，继续加快推进《丽江古城保护条例》修订进程，积极争取出台与古城保护管理相适应的政府规章和规范性文件。有效运行联席会议制度、联合巡查反馈制度，整合各方执法力量，构建“范围无死角、时间无缝隙”的执法网络，切实维护旅游市场秩序。

5. 加大基础设施及科技项目建设力度

以完善基础设施和优化周边环境为重点，加强景区旅游配套设施和科技支撑项目建设，进一步提升景区管理水平。

6. 加大民族文化扶持和对外宣传力度

加强对古城文化内涵的挖掘、整理和扶持，做好传统民族文化的保护和展示工作，持续开展抵制和整顿“低俗文化”活动。实施好名人故居遗迹修复、人文景观建设和民俗文化展示等项目建设。不断拓宽宣传渠道、丰富宣传内容，进一步加大对外宣传力度，组织好遗产保护、文化传承等相关的艺术展演、文化产品展览推广活动，实现品牌价值的永续利用。

7. 推动古城产业转型升级

调整优化产业布局，提升旅游产品品质，丰富旅游产品供给，扶持文化产业发展，开发特色文化产品。

8. 提高古城管理服务水平

进一步细化和划分世界文化遗产丽江古城保护管理局、古城区人民政府和玉龙县人民政府履行丽江古城保护管理的职能职责，按照“政企分开”的原则，推动“景区管理公司化”。切实巩固好“两学一做”专题教育活动成果，进一步加强古城保护管理人员的素质和能力建设。

9. 改进古维费征收方式方法

创新征收方式，充分利用科技手段，不断提升古维费征稽队伍征收服务水平，建立更人性化、便利化的征收查验古城维护费的措施。继续加大宣传力度，努力营造自觉依法缴纳古城维护费的良好氛围。

丽江市老君山风景区发展研究

老君山景区位于玉龙县西部，与大理、迪庆、怒江接壤，距丽江古城120多千米，海拔在2100~4500米，面积1324平方千米。1988年被列入国务院第二批国家级重点风景名胜区；2003年，三江并流区域被列入世界自然遗产名录，老君山是三江并流遗产地八大片区之一。2004年，国土资源部批准成立“云南玉龙黎明—老君山国家地质公园”。2009年云南省政府批准成立丽江老君山国家公园。老君山遗产地是全球生物多样性最丰富的热点地区之一，也是高山地貌类型和演化过程的杰出代表地区之一，生物多样性、地质地貌多样性和民族文化多样性突出，原始森林、冰川遗迹、丹霞奇峰、高山湖泊、江河峡谷、高山草甸、珍稀动植物等自然景观以及多民族人文景观聚集于一体，具有突出的科学、环境、文化以及独特的风景审美价值。

老君山处于金沙江与澜沧江之间，属滇西北重要的生态功能区域和生态安全屏障，其生物多样性保护关系到长江流域的水土涵养，影响着长江中下游地区的生态安全；老君山是滇西北旅游热点区域，是滇西北旅游以及“中国香格里拉生态旅游区”的重要连接点和支撑极。老君山还是边疆少数民族聚居地，区域及周边居住有近10万名社区居民，社会经济欠发达，人民生活贫困。景区既是保护区，又是旅游区，还是生产生活区，生产、生活、生态有机交织在一起，是“资源富集、生态脆弱、经济贫困”的典型区域。

一、景区保护开发基本情况

基于遗产地既要保护又要展示还要发展的现实要求，丽江老君山保护管理局在认真分析现状与问题的基础上，提出了建设世界自然遗产保护管理先进区、中国生态旅游精品景区、丽江民族团结进步示范区的目标，坚持“保护优先，适当开发，社区参与，共管共建”的发展理念，全面实施“136”资源保护管理举措，即“一个核心引领”：把资源保护作为核心和最高目标统领景区各项工作；“三个方面联动”：严格的资源保护、适度的旅游开发、和谐的社区发展；“六项措施并举”：建机制、抓规划、重保护、强管理、兴产业、树品牌，把老君山建设成为生态山、安全山、文明山。

（一）有效理顺体制机制

2011年10月成立丽江老君山保护管理局，实行“三块牌子、一套班子”的运行机制，对老君山遗产地、风景名胜区、国家地质公园、国家公园实行统一规划、管理、保护、经营。与区域所属地玉龙县人民政府建立老君山保护发展联席会议制度，综合协调解决问题矛盾，形成了管理机构主体管、职能部门配合管、乡镇政府协同管的共管机制，合力推进老君山的保护发展。

老君山景区保护建设在老君山管理局的统一管理下，初步形成3个片区同步开发的格局。

1. 着力理顺黎明片区开发机制

基于目前世博集团无法实现对老君山国家公园整体统一开发和推进旅游开发进展缓慢无法实现规模效益的客观实际，2017年8月20日，丽江市委、市政府与世博进行会商会谈，达成了世博集团整体退出老君山国家公园建设一致意见，使多年来影响老君山开发建设的主要制约因素得到有效解决，老君山景区投资机制取得了重大突破。

2. 积极理顺九十九龙潭片区开发机制

按照相关程序和有关要求，完成九十九龙潭片区开发建设合作协议的起草、专家论证、风险评估、合法性审查等工作，并按丽江市政府要求配合玉龙县人民政府做好九十九龙潭景区协议修改完善工作。

3. 完成格拉丹片区招商工作

完成格拉丹片区招商工作。按照有关程序，完成格拉丹片区综合开发协议起草工作，2017年8月17日，丽江市人民政府与丽江七星建设工程集团有限公司签订了《格拉丹片区综合开发建设协议书》。根据协议书，七星集团将在5年内投入不低于5亿元的资金，将格拉丹片区初步建成高端生态旅游景区。协议首次实践了生态和风景名胜资源有偿使用费的征收，约定乙方应按全部经营收入的1%作为生态和风景名胜资源有偿使用费；确保了协议项目实施资金的到位，协议约定在自签订本协议之日起30日内，付给1亿元项目前期启动资金。协议的实施将打破老君山整体开发进展缓慢的僵局，形成分片推进的格局，推动老君山旅游发展。2017年12月，该项目首次尝试设立了老君山管理局与七星集团的资金共管账户，目前共管账户内已打入项目前期启动资金约1.19亿元，圆满完成了年初丽江市政府下达完成招商引资引进到位资金1亿元的工作任务。

（二）建立健全规划体系

在规划上狠下功夫，做到规划先行，树立规划权威，统领和引领保护建设工作。近年来投入近1000万元先后完成了老君山景区（遗产地）规划、格拉丹和九十九龙潭片区修建性详细规划、黎明片区控制性详细规划及红石街旅游小镇详规等景区片区及重点建设区域不同层级规划编制报批工作，完成丽江老君山国家公园总体规划，玉龙黎明老君山国家地质公园规划等不同体系法定规划编制及报批工作，建立完备的老君山景区保护建设规划体系，有力地保障了保护利用工作的程序化、合法化、规范化。

（三）资源环境保护深入有效

开展资源保护巡护和巡查，注重动态监管，及时处理了金丝厂违规占用林地等事件。制作400多块树木保护警示牌，开展珍稀植物挂牌保护工作。与丽江师专合作编制老君山遗产保护科普读本，与大自然保护协会（TNC）等合作推进金丝厂保护管理站建设项目，与玉龙县林业局、绿基金等共同开展老君山滇金丝猴专项调查。发挥“丽江老君山保护与发展志愿者协会”社会参与作用，筹资15万元，完成石头利苴村活动中心建设，成立利苴“弥司子”合作社，扶持发展手工艺、种养殖业等，帮助社区发展经济。编制丽江老君山景区传统民居修建指导手册，与玉龙县人民政府联合发文对景区内村民建房实施并联审批管理。组建当地社区巡查巡护队，对格拉丹景区高山草甸核心区进行严格管控，严禁机动车辆进入。从2015年5月1日开始，格拉丹景区资源社区管护在没有专项经费的情况下，持之以恒地坚持工作，管护队累计拦截进入景区核心区的车辆860辆，宣传和引导游客文明旅游3500人次。由丽江老君山管理局起草的《丽江老君山国家公园千龟山索道生态资源补偿资金管理办法》于2016年经丽江市政府批准，并按要求收取了生态资源补偿资金100多万元，老君山景区资源保护资金短缺问题有了解决的基础。由于因地施策，措施得当，成效明显，老君山保护管理工作得到了住建部和国土资源厅的充分肯定，《中国风景名胜》专文刊登了《丽江老君山：重保护、强管理，实施“136”保护举措，当好遗产资源守护人》专题文章，《云南日报》也专版给予了报道。自2003年三江并流成功申报世界自然遗产以来，老君山景区没有发生过重大破坏环境资源事件。

（四）依法履职，强化管理

建立专家咨询和部门联席审查会议制度，严把项目活动审批初步审查关。制定出台《老君山景区〈风景名胜区准营证〉实施细则》，实施风景名胜区准营证许可制度，目前景区共有92户经营户申领了老君山风景名胜区准营证。按照省市有关旅游市场整治要求，深入开展老君山旅游市场综合整治工作，规范景区旅游经营活动，全面提升景区旅游服务质量。协同相关部门对景区进行综合治理，集中整治了红石街不协调建筑、千龟山违规栈道等破坏资源和影响景观事件。编制《丽江老君山景区传统民居修建指导手册》，与玉龙县人民政府联合发文对景区内村民建房实施并联审批管理。印制《虫草采集指导手册》等科普资料，入村入户入学校，开展宣传教育活动。2015年7月，国家住建部对老君山风景名胜区进行了综合执法检查，老君山保护管理工作被评定为优秀。

（五）齐心协力发展经济

在保护好资源的基础上，提倡和鼓励低碳、环保的环境友好型业态，重点推进遗产旅游业发展，以体验旅游为主，开展适合老君山资源特点的场地旅游、体育旅游、自然旅游等，以最小的环境代价为公众提供不同于古城、玉龙雪山以及周边景区的遗产旅游产品，把旅游业建设成为遗产地支柱和支撑产业。目前已形成了黎明飞拉达攀岩、黎明帐篷酒店、户外运动基地、格拉丹帐篷营地、老君山徒步探险、山地骑行、汽车越野穿越等具有一定影响力的特色旅游产品，景区旅游业初具规模，获得了良好的经济、社会和生态效益。2016 年景区接待游客 17.8 万人次，2017 年景区共计接待游客 10.74 万人次，旅游经济发展稳中有进。

实施黎明特色旅游村、石头绿色生态村、组建旅游等专业合作社等，组织和引导群众有序参与旅游。推广丽江雪桃、核桃、药材等种植业，开展生态养蜂、土鸡养殖、土著鱼驯化等养殖业。支持玉龙县人和社会发展促进会等在石头乡利苴村实施高山生态产业项目，推行“公司+合作社+基地+农户”模式，与农户签订生态环境保护协议书，发展绿色产业。优先安排社区居民就地就业，从 2014 年起协调景区企业对黎明黎光 2 个村委会、7 个村民小组、700 人执行旅游反哺政策，标准为每人每年补助 2400 元，补助资金实行动态调整，每两年上调 10%，2014—2015 年共兑付 168 万元。2016 年按照 10%调整兑付 184.8 万元，2017 年旅游反哺资金正在积极协调中。加大与丽江市旅游投资有限公司协调，优先安排社区居民就地就业，解决合同制工人 76 人，社区零工 59 人，非派遣人员 18 人。通过多措并举，积极推动社区生产生活方式的转变，促进区域经济社会健康发展。

（六）旅游市场整治初见成效

一是成立了旅游市场专项整治工作领导小组，对旅游市场专项整治工作进行周密安排部署。二是通过充分自查，找清问题，对重点环节、重点部位及存在的突出问题进行逐一排查摸底，景区存在 8 个方面的突出问题，制定了《丽江老君山国家公园管理局关于严格贯彻全市旅游工作推进会精神专项行动方案》。三是结合实际，先后 14 次深入景区开展联合整治工作，对 96 户经营户进行实地检查。对经营证照不全的 12 家景区经营户分别下达了整改通知书。对商铺、客栈、酒吧存在的电线杂乱、“三合一”“多合一”以及门前乱堆垃圾等问题进行整治。对食品安全、消防安全隐患较大、环境卫生较差的 15 家经营户，下达了整改通知。对过期食品问题严重的 3 家经营户，分别处以200~300元不等的罚金，对整改效果不合格的3家经营户由管理局依法吊销了准营证。四是在黎明景区布设62个监控探头，基本实现视频监控全覆盖。五是大力整治景区安全生产隐患。配合市、县相关职能部门先后23次深入景区开展安全生产专项联合检查。对黎明红石街私搭乱建不协调构筑物的12户商户拆除了彩钢、瓦棚等不协调构筑物，共计拆除不协调构筑物750平方米。拆除黎明景区安七尼栈道入口处市旅游投资公司自建的15扇大型红色铁质框架。六是开展专项督查，督促丽江市旅游投资公司以项目推动专项整治工作，累计投入资金800多万元。加快推进红石街三线入地、路面改造、临街面建筑改造、消防管网、污水管网等环境综合整治项目的开工建设，大力提升黎明景区旅游环境。完成4160平方米黎明红石街路面改造项目工程；完成黎明红石街旅游小镇987米消防管网工程；完成600平方米临街铺面六合门的更换安装、打磨上漆2200平方米，安装灯带3000米；完成黎明红石街旅游小镇污水处理站及配套污水管网埋设。七是联合黎明乡政府发动7个村委会、118个村民小组开展10多次环境卫生综合整治工作。累计投入人力400余人，资金10余万元，对景区外围中兴至黎明公路及景区内部道路边沟、杂草进行清理，完成景区道路沿线30千米清理工作，清理超过160吨废弃物。

（七）投资建设稳步推进

2016年，老君山景区固定资产投资计划为1亿元，1—12月已完成投资10650万元，完成计划的107%，实现了既定投资计划。主要实施了红石街旅游小镇、黎明景区提升改造、黎明河谷景观带项目、服务区生态停车场、门禁系统、游客服务中心、红石街三线入地土建工程、黎明小学搬迁新建、红石街小镇供水工程等项目和九十九龙潭片区提升改造、格拉丹景区基础设施等项目。

老君山景区资源富集、景点分散、瓶颈未解、管理散弱，发展迟缓。2017年，老君山景区固定资产投资任务为5000万元，到12月完成投资6623万元，完成计划的132%。主要实施了生态停车场、门禁及厕所、管理用房及配套设施主体工程、红石街道路改扩建、临街铺面改造等红石街旅游小镇项目，黎明帐篷营地扩建项目，堆美至格拉丹公路（本石咀段）改造工程，黎明管理所等项目建设。

（八）扶贫特色尽心有效

多方筹措和争取资金，确保“挂包帮、转走访”扶贫攻坚工作落到实处。选派驻村扶贫工作队员，以黎明管理所为阵地，对挂钩联系黎明村委会自然条件、基本公共工程、社会事业、农业生产等情况有针对性地制订帮扶计划。采取多种形式开展了送温暖、献爱心、办实事、扶贫济困活动。2017 年老君山管理局通过向上争取、单位筹措、干部职工个人捐款等方式筹集了 822.58 万元资金，帮助相关村社和贫困户解决交通出行、产业发展等具体需求。全体干部职工对挂钩的黎明村委会海立子、安那普、劳务爬、安哭开展经常性的走访，制订帮扶计划和措施，成效较为明显。全力冲刺“百日行动”、落实“五整洁”“四个一”专项行动取得实效。筹集 796 万元帮助挂钩的黎明村委会修建堆美至本石咀 7.6 千米的柏油道路建设，于 2017 年 10 月 27 日完成初步验收；为改善贫困户生产生活状况，为接对的 31 户贫困户每户规划一分菜地；多渠道筹资为挂钩联系户 33 户发放已孕母猪 36 头，并配发每户两袋 100（斤/袋）的猪饲料，在养殖项目帮扶上成效明显。同时还开展了春节慰问、金秋助学等活动。

二、老君山景区发展存在的主要问题

（一）保护管理方面

一是管理权限散弱。管理局实施的主要行政管理权只有建设项目的初步审查和风景名胜区准营证核发两项，其他职能都以综合协调为主，不具有行政处罚权限，“看得见的管不了”问题突出，许多工作只能依靠人为协调和主观努力，管控能力不足。

二是保护资金保障不足。老君山没有固定的国家保护经费来源，加之近年来国家正在进行生态文明建设体制改革，对各类保护区进行整合理顺，相关政策和资金投入尚未明确，对上争取资金更加困难，保护资金的紧缺使老君山保护管理工作无法做到深层次、全方位，保护工作仍面临艰巨挑战。

三是管理能力滞后。由于保护经费不足，无法实施相应的保护管理设施建设和开展科学研究活动，管理手段落后，科研支撑不足，保护管理能力还不能完全适应遗产地保护管理和展示的要求。

（二）旅游开发方面

一是基础设施落后。由于老君山景区面积广，基础条件薄弱，需优先实施基础设施建设。多年来，开发企业主要侧重于经营性项目的投资，景区道路交通、给排水、垃圾处理、电力电信等基础性投资仍未取得实质性突破，制约景区发展等主要因素尚未得到有效解决。

二是旅游开发进展缓慢。由于投入不足，以及开发企业理念和人才支撑不足，难以创新发展与遗产资源相匹配的高品质旅游，老君山旅游业仍处在低层次阶段，缺乏吸引力和影响力，游客数量增长缓慢，出现了连年亏损，无法实现规模效益，没有实现共赢的目的。

（三）社区建设方面

一是区域经济贫困。老君山景区地处丽江西部贫困地区，社会发育程度低，自身发展能力严重不足，当地群众通过参与旅游脱贫致富的愿望迫切，旅游减贫，旅游扶贫任务艰巨。

二是景区社区协同管理难。老君山景区内群众对自然资源依赖性强，偷砍盗伐、毁林开荒等不适当的生产生活方式对遗产资源保护带来的威胁和影响仍很活跃；另一方面是随着旅游不断推进，在征地、拆迁、就业、利益分配等方面引发的矛盾冲突等问题逐渐凸显，景区社区协同和谐发展面临挑战。

三、老君山景区的发展路径及对策

（一）加快世博退出后续工作

世博集团整体退出老君山开发建设涉及人员、资金、建设、经营等各方面，尤其是过渡期间社会维稳安全问题敏感度高；关键核心问题资产处置、人员安置、后续经营等无法从管理局层面理顺完成，请丽江市政府从市级层面成立工作机构，尽快组织相关部门加快开展世博退出相关工作，尽早平稳、安全、有序地完成交接工作，确保景区稳定发展。

（二）加强对老君山保护管理统筹协调力度

老君山景区保护开发关乎丽江旅游西线建设，涉及玉龙县西部众多乡镇，还牵涉到大理、怒江、迪庆等地州，推进景区建设需开展大量统筹协调工作，建议在市级层面建立统筹协调机构，加大对老君山区域保护管理建设工作的统筹协调力度，形成全市上下共同支持老君山，保护老君山，建设老君山格局。

（三）加大景区基础设施建设投入

由于老君山景区面积广，基础设施建设滞后，制约景区发展的问题尚未得到有效解决。请市县政府加快有关涉及老君山区域雄古至维西、大丽高速九河下口、214 国道至九十九龙潭连接线、石头桃花至利苴公路等重大交通基础设施项目申报及建设工作，切实提升景区通达条件，为进一步加快老君山旅游开发奠定坚实基础。

（四）准确定位老君山旅游开发的目标

旅游地生命周期理论是由加拿大学者巴特勒（Butler，1980）提出的，他把旅游地生命周期分为探索期、参与期、发展期、稳定期、停滞期、衰退或复苏期六个阶段。从丽江旅游发展的总体情况看，目前处在“发展”阶段，但从丽江市“一体两翼”的旅游规划布局看，中心景区的丽江古城、玉龙雪山进入“发展、稳定”阶段，泸沽湖正进入“发展”阶段，老君山还处于“探索”阶段，未来的发展空间很大。因此，要有效阻止丽江旅游衰退期的到来，必须加快“两翼”的开发和建设，其开发建设目标应该是：旅客到丽江后，看世界文化遗产到丽江古城，看世界自然遗产到老君山。

（五）老君山旅游开发要立足可持续发展，坚持开发与保护并重

强化生态保护。围绕建设中国生态旅游区目标，加强生态环境保护，加快发展生态旅游经济，加快完善规划和项目审批步伐，加快景区开发和国家公园建设，尽快形成以旅游开发公司为主体的生态旅游经济网络和国家公园管理局为主的公共管理体系。加强对森林生态系统、湿地系统和珍稀动植物的保护，景区内的开发避免大兴土木、严格保护自然景观，旅游交通除主干道和防火通道外，以步行为主，尽一切可能将旅游对生态环境的影响降至最低；推广节能、节水措施，构建生态环保型社区。

参考文献

[1] 张洪波. 丽江老君山国家公园建设现状调研 [J]. 云南社会科学，2013 (3).

[2] 周靖翔. 丽江市老君山旅游开发问题研究 [J]. 中共云南省委党校学报，2013，14 (2).

泸沽湖风景区发展研究

一、泸沽湖风景区发展现状

泸沽湖位于云南省北部的滇川交界处，湖面海拔 2690 米，流域面积 272.45 平方千米，其中云南部分 117.71 平方千米，占总流域面积的 43.2%；水面面积 57 平方千米，其中宁蒗部分 30.3 平方千米，占湖泊面积的 53%。最大水深 105 米，平均水深 45 米，全湖库容 22.52 亿立方米。湖水水质达地面水环境质量Ⅰ类标准。沿岸居住着摩梭人、彝族、普米等 7 个民族，独特的民族文化与秀美的自然景观珠联璧合，和谐统一。摩梭人独特的母系文化和民族风俗神秘而丰富，在全国乃至全世界都是绝无仅有的，至今仍沿袭男不娶、女不嫁的走婚习俗，是独特的旅游人文资源。

1982 年，泸沽湖经国务院批准为玉龙雪山国家级风景名胜区重点片区。1986 年，泸沽湖被列为省级自然保护区，1994 年被列为省级旅游区。但由于各种原因，泸沽湖保护管理和旅游发展缓慢，直到 2003 年 10 月，丽江市委、市政府成立市政府直属的丽江泸沽湖省级旅游区管理委员会（2010 年 10 月加挂丽江泸沽湖风景名胜区管理局牌子，实施一套班子两块牌子），全面启动丽江“一体两翼”旅游发展战略中东翼泸沽湖的保护开发工作，推动泸沽湖景区生态文化旅游可持续发展。丽江泸沽湖省级旅游区管委会按照市委、市政府的安排部署，认真做好泸沽湖保护管理和开发建设各项工作。

随着国家经济的快速发展，泸沽湖景区在中央的大力支持下，省、市、县科学布局，在加大道路交通、民航通信建设的同时，把财政投入重点转移到泸沽湖生态修复和环境治理上。旅游接待服务在加强政府引导服务和强化规范管理的基础上由市场调配建设。通过努力做好泸沽湖保护管理和开发建设各项工作。

（一）高位推动，全面推进保护治理工作

2004年和2011年，云南省人民政府先后两次在泸沽湖召开现场办公会。特别是2011年的省政府泸沽湖保护与治理现场会，按照“14410”的思路，推进泸沽湖保护治理。随着保护治理项目工程的实施，沿湖修建完成了45千米的污水收集管网，景区污水日处理能力达到4000吨，沿岸治理了13.5平方千米的水土流失面积，完成栽种陆生、湿生乔灌木草被带2000亩，建设恢复了湖滨带55.5公顷的植被，修建湖滨栈道8.4千米，人工造林3.5万亩，封山育林15万亩，使景区森林覆盖率从原来的55%提高到65%。目前，群众的爱湖护湖意识也普遍增强。随着保护力度的加强，泸沽湖水鸟也日益增多，10多年前，来泸沽湖的红嘴鸥数量极少，现在已达2000多只，野鸭、鸳鸯等数量由几百只发展到10万余只。泸沽湖自然生态环境得到有效改善，泸沽湖面源污染得到有效控制，泸沽湖水质稳定保持在地表Ⅰ类水质水平，泸沽湖已被列为全国良好湖泊保护试点。

（二）坚持规划先行，努力做到高起点、高标准

泸沽湖管委会积极探索高原湖泊保护与开发双赢之路，坚持走生态文化旅游可持续发展道路，始终坚持“保护第一、开发第二，先规划、后建设”的原则，建立了景区总体规划、建立了景区详细规划、建立了重点控制区域的控制性详细规划（《泸沽湖景区蒗放接待服务区控制性详细规划》和《泸沽湖景区落水接待服务区控制性详细规划》），同时与国内知名咨询机构合作完成了泸沽湖文化旅游市场发展战略、旅游对景区生态环境影响对策等课题研究。根据2016年4月15日陈豪省长来泸沽湖调研时作出的“高起点规划、高标准建设、高水平管理”重要指示精神，泸沽湖会同市规划局通过国际招标后委托上海同济规划设计院开展了《丽江泸沽湖片区规划》《丽江泸沽湖景区竹地接待服务区概念性规划设计》《丽江泸沽湖景区蒗放接待服务区概念性规划设计》等规划编制工作。

（三）筑巢引凤，积极推进项目建设

改善内部投资环境，积极配合帮助投资商协调各方关系并办理相关手续。加快旅游交通建设，完成泸沽湖机场、丽江至县城至泸沽湖二级路、永胜至宁蒗二级路建设；建成永宁坝环路、泸沽湖环湖路，推进狮子山女神洞、阿夏幽谷等景点开发；推进花楼恋歌旅游文化项目；按照“一湖一城一坝”“中间游，两头住”的旅游发展思路，引导游客从传统的环湖游转向县城游、永宁坝游，引导民族餐饮、民族歌舞、摩梭家访等接待项目从沿湖村落向竹地乃至永宁坝转移。

（四）着力保护传统民居，有效整治违章建筑

随着泸沽湖旅游业的发展，部分泸沽湖景区群众片面追求经济利益，忽视对传统摩梭文化的传承保护，有的村民在建房中大量使用现代建筑、装修材料，导致原有古色古香的摩梭民俗民居面目全非，人文景观与自然环境受到严重威胁与破坏。为切实加大摩梭文化和民居建筑保护力度，2004 年以后市属泸沽湖管委会按照省委、省政府和丽江市委、市政府的总体部署及要求，结合环境保护整治工作的开展，积极配合宁蒗县委、县政府及市、县相关部门，拆除里格、洛水等村寨的各种不符合规划和违规违章建筑 78 户，面积 3.15 万平方米，并实现了里格村整体拆迁后移 80 米，使其成为“十二”期间泸沽湖景区的一个亮点。随着 2006 年省政府滇西北旅游现场办公会确定的泸沽湖女儿国项目和环湖公路等一批重点项目的启动建设，泸沽湖沿湖群众在利益的驱动下非法利用非建设用地和违反景区规划建设行为屡禁不止。为此，2013 年 2 月至 2014 年 6 月，宁蒗县委、县政府和泸沽湖管委会通过一年多的整治，让 87 户（89 处）违建得到有效整治，新增“违建”行为得到有效遏制，整治工作取得了阶段性的成效。2015 年 11 月起，开展了泸沽湖环境综合整治和项目推进工作，有手续的 64 户风貌整治，已全部整改完毕并通过整改验收，共拆除超建建筑面积 20931.1 平方米，恢复土地面积 17719 平方米；无手续 45 户“两违”整治，已全部整治完毕，拆除建筑面积 4569.53 平方米，恢复土地 3519.15 平方米。泸沽湖水污染防治工作，对泸沽湖湖周 6

家存在环境违法行为的酒店、客栈进行处罚、整改，通过环保部门验收；存在环境安全隐患问题的33家酒店、客栈、餐饮店等经营户，均已完成整改。2017年2月起，泸沽湖管委会会同宁蒗县政府开展了泸沽湖旅游市场秩序综合整治，通过重拳打击“四黑”、规范景区经营秩序、开展旅游安全检查和环境综合整治等，泸沽湖旅游市场秩序明显规范，取得了“涉旅非法营运车辆下降、旅游企业和从业人员违法违规的行为下降、旅游市场‘四黑’下降、旅游投诉率下降”等“四个下降”的初步成效。

（五）切实加大摩梭文化保护弘扬工作，泸沽湖景区品牌形象得到进一步提升

摩梭文化是泸沽湖旅游发展的核心和灵魂，泸沽湖旅游业的发展离不开摩梭母系文化这一品牌的支撑和拓展。为了切实加大对摩梭母系文化的保护和弘扬，推动旅游文化产业发展。近年来，泸沽湖景区先后实施完成了“三个二”的外宣工程，出版发行了《女儿国传奇之旅》和《泸沽湖4A级景区创建画册》，制作完成了《泸沽湖女儿国》宣传片。2011年7月1日，管委会和丽江泸沽湖摩梭文化演艺公司与北京保利演出公司以及云南红土情工作室历经3年共同打造的《花楼恋歌》——走进摩梭母系大家庭原生态歌舞展示项目，正式对外公演，得到了社会各界的一致好评。与此同时，景区先后支持成立了泸沽湖摩梭文化研究会和云南东方摩梭文化研究中心，并积极规划建设“泸沽湖永宁坝摩梭生态文化保护区”。近年来，景区先后获得“中国十大最佳生态文化旅游景区”“中国十大最美湖泊”和“中国十大生态名湖”等称号，泸沽湖景区的品牌形象得到进一步树立。

为切实加大对摩梭母系文化的保护，泸沽湖管委会组织实施摩梭母系家庭重点民居保护工程，对泸沽湖沿湖和永宁坝区内的摩梭村寨进行严格的调查筛选、建卡立档、整改审核，评定120户为“摩梭母系家庭重点保护民居”，借鉴四川经验，适当提高重点保护民居补助标准，每年实施检查验收，符合条件的，继续给予资金补助。

（六）发动群众，依靠群众，形成保护“母亲湖”的合力

泸沽湖景区采取多种形式，广泛开展景区保护开发宣传教育活动，使广大干部职工和人民群众自觉参与到泸沽湖的保护与治理工作中，营造了全社会共同护湖的良好氛围。创新管理手段，制定《泸沽湖沿湖全民保护母亲湖工作实施方案》，成立“泸沽湖沿湖全民保护母亲湖”工作领导小组，构建管委会副主任、永宁乡党委书记为组长，泸沽湖管委会相关科室、乡党委成员、村委会干部为副组长，村委会成员、各村小组组长为成员，全民参与的工作格局。分落水、里格、蒗放等 3 个片区工作组，统筹管理、协调、监督各片区各村小组做好湖滩保洁、河道保洁、村庄保洁、田园保洁、污水监管及民族文化建筑保护等工作。通过广泛动员沿湖村民，发挥沿湖村民自治作用，提高村民的爱湖护湖的责任意识。

（七）合作共赢，共同推进滇川保护工作

为进一步加强泸沽湖的保护开发工作，形成科学合理有效的工作机制，2011 年 12 月 13 日，丽江泸沽湖管委会和凉山州泸沽湖景区管理局召开联席会议成立滇川泸沽湖保护管理委员会，并通过了《滇川泸沽湖保护管理公约》，每年滇川泸沽湖管理机构举行一次联席会议，委员会主任由两地管理机构负责人轮流担任，一年一任，办公室则由轮值方设立，形成了统一的长效协商管理合作机制。保护管理委员会成立以来，通过共同实施封湖禁捕、保护候鸟、环保联合行动等活动，在泸沽湖的保护方面发挥了应有的作用。2016 年 2 月 16 日、3 月 13 日，滇、川两省泸沽湖景区管理机构经协商决定，在继续抓好各自原有截污治污项目的同时，共同成立泸沽湖环湖截污治污系统建设领导小组，积极向上级有关部门汇报争取政策、项目、资金支持，努力推动滇、川两省环保部门统一规划、统一建设泸沽湖环湖截污治污工程，建成后统一管理运营。

（八）努力推动旅游产业发展

在丽江市委、市政府的坚强领导下，泸沽湖景区紧紧抓住景区保护开发

与旅游发展的核心问题，多渠道筹措资金加大投入，配套完善景区环保、供电、道路和接待服务设施，旅游管理和服务水平得到了加强，2009 年泸沽湖景区成功申报为国家 4A 级景区。

目前，泸沽湖景区（云南片区）共有宾馆、饭店和民居接待户 225 户，客房 4350 间、床位 7760 张；泸沽湖景区日接待力达 8000 余人；景区（云南片区）现有停车场面积 7030 平方米，大巴车位 52 个，小车位 105 个；现有公共厕所 12 个，面积 999. 8 平方米。2015 年从云南方向进入景区 38. 14 万人，同比增长 14%，门票收入为 3322. 9 万元，同比增长 11. 95%。随着旅游收入稳步提高，里格村、落水村较早发展旅游的村落，每年户均纯收入超过了 10 万元。

目前，泸沽湖水质稳定保持 I 类标准，泸沽湖湖体断面达标率为 100%，入湖河道断面达标率为 87. 5%；水土流失和面源污染得到有效治理，泸沽湖流域生态环境有效改善，旅游开发与生态环境保护相得益彰，2016 年从云南方向进入泸沽湖景区的游客人数为 42. 13 万人，同比增长 10. 54%；门票收入达到 3568. 3 万元，同比增长 10. 07%。2017 年，从云南方向进入泸沽湖景区的游客量突破百万人次，同比增长 164. 29%；门票收入 1. 015 亿元，同比增长 101%。

二、泸沽湖景区发展存在的主要问题

1. 景区规划相对滞后

泸沽湖景区与社区、风景名胜区和自然保护区交叉，存在风景名胜区规划、土地利用规划、自然保护区规划、环境保护规划、集镇和村庄规划等不衔接的问题。景区供排水、道路、服务设施、民居建筑风格等专项规划滞后。由于专项规划滞后，尤其是民居建设缺乏统一规范的要求，新的建筑大多以现代建筑风格为主，摩梭传统文化保护压力大。

2. 环境保护与治理压力不断加大

随着泸沽湖机场通航、丽宁二级公路建成，泸沽湖流域经济发展速度加快，泸沽湖流域的环境承载力受到严峻的挑战，保护治理任务更加艰巨。

3. 滇川协同一致保护力度有待提升

泸沽湖属滇、川两省共有，由于在流域功能定位、产业空间布局、经济社会发展等方面很难做到规划统一，致使保护治理统筹困难、资源配置浪费。

4. 环保等基础设施项目协调难度大

由于泸沽湖区域土地基本私有化，集体土地储备少，土地价格高，加之项目未配套土地补偿费，导致项目实施中土地占用协调难度大。

5. 旅游基础设施、管理服务水平、经营管理体制等，与旅游业不断发展的态势和要求还有差距

由于财政困难，旅游投入不足，造成旅游基础设施建设滞后。泸沽湖正在迎来旅游高峰期，大量的车辆和游客井喷式涌入，而泸沽湖景区现有的住宿、餐饮、停车场等公共服务设施，难以满足旅游接待服务需求。“五一”“十一”、春节等节假日期间，景区人满为患、车满为患，带来了极大的接待压力和环保压力。

三、泸沽湖景区的发展路径及对策

（一）实施景区综合整治工作

针对泸沽湖景区存在的问题，继续开展综合整治。一是整治“两违”建筑。二是整治不协调建筑。三是整治污染环境行为。依法严厉打击环境违法行为，加大对沿湖的酒店、客栈、餐饮店监管力度，凡不符合环保要求的一律停止经营。四是整治违法违规经营行为。五是开展旅游市场综合整治，规范旅游市场秩序。

（二）建立省级层面滇川泸沽湖保护管理和开发建设联席制度

目前，丽江泸沽湖管委会和凉山州摩梭家园暨泸沽湖旅游景区管理局每年举行一次联席会议，已形成长效合作机制。但随着旅游的发展，需建立更

高层次的磋商合作机制。为此，建议：一是成立省级层面滇川泸沽湖保护管理和开发建设联席会议制度，定期研究泸沽湖保护管理和开发建设中的各类问题，促进泸沽湖保护发展。二是通过省级层面的滇川泸沽湖保护管理和开发建设联席会议制度，推动泸沽湖环湖污水收集处理建设工程。目前，通过与四川方面协调，计划将泸沽湖流域内收集的污水集中在四川方向处理，拟在泸沽湖出水口下游建设日处理规模 1 万吨的污水处理厂一座，配套建设污水收集干管 52 千米，项目计划投资 1.8 亿元。鉴于项目需两省共建，组织滇川两省环保部门统一规划、统一建设，建后统一运营管理。“十三五”期间要进一步完善景区内外管理体制机制，积极推动建立健全滇、川两省各级各部门泸沽湖协同保护管理体制机制，形成两省泸沽湖保护管理和开发建设的工作合力。

（三）认真推进泸沽湖生态环境保护与治理“十三五”规划项目

针对景区存在的问题，“十三五”期间，云南泸沽湖生态环境保护与治理项目共分为三大项，即控源截污治污、生态保护修复、监管能力建设，包括“十个一”工程，即一网：实施总投资 1.8 亿元的泸沽湖（云南境内）环湖污水收集处理建设工程，将沿湖尚未建设污水收集系统的村落纳入建设范围。一厂：实施总投资 1.3 亿元的宁蒗县泸沽湖镇女儿国供水工程。一带：实施总投资 1.5 亿元的泸沽湖湖滨生态带建设工程。一路：实施总投资 8000 万元的泸沽湖沿湖生态路修复工程。一场：实施总投资 8000 万元的泸沽湖垃圾减量化及填埋场建设处置工程，解决泸沽湖垃圾填埋场剩余容量不多的问题。一站：实施总投资 1200 万元的环境应急监管能力建设工程。一山：实施总投资 450 万元的面山生态林管护工程，修复面山管护林 6 万亩。一村：实施总投资 1.5 亿元的环湖村落整治工程，进行村落雨污分流改造和村落环境综合整治，拆除环湖村落两违建筑。一治理：实施总投资 1200 万元的入湖河道生态治理工程，进行泸沽湖主要入湖河道山垮河、蒗放河生态治理，包括水源林恢复、河道清淤、河岸生态隔离带建设及入湖河口生态湿地修复。一规划：编制完善景区各类规划，解决规划滞后问题，总投资 800 万元。

（四）滇川联动加强旅游市场整治

目前，虽然滇川联动整治力度较以往更大，但目前成效还不明显。尾随兜售、摆摊设点、家访银器销售等流动性较强，给旅游市场监管带来了难度。建议：建立滇川联动旅游市场整治长效工作机制，就如何正确认识当前旅游市场形势、破解治理旅游市场秩序中的问题达成共识，定期组织和实施联合执法工作，督办解决旅游市场管理存在的突出问题，推动旅游市场整治工作常态化，确保泸沽湖景区旅游服务质量的提升。

（五）完善泸沽湖旅游环保基础设施

积极采用 PPP 模式，推动旅游基础设施建设。加快推进泸沽湖摩梭特色小镇项目建设，扎实推进滇川泸沽湖污水处理厂共建工作，提高景区旅游接待能力、污水处理能力。加强旅游基础设施建设，解决景区旅游接待服务能力不足的问题。进一步整合风光旅游、民俗文化旅游、生态旅游、乡村旅游资源，加强旅游景区及配套设施建设，丰富旅游产品。

（六）加快理顺景区管理体制机制

一是规划管理体制。由泸沽湖管委会、丽江市规划局负责，组织完善景区各类专项规划，强化规划引领，严格按照规划保护开发。二是执法管理体制。由丽江泸沽湖国家级风景名胜区保护管理综合执法局履行有关行政执法权及有关行政强制、监督检查职责，协调联系市、县相关执法部门，开展景区保护管理综合行政执法工作。三是社区管理体制，主要由宁蒗县政府负责，承担泸沽湖社区的社会综合管理职责。四是生态环境保护管理体制。主要由市、县环保部门负责，进一步完善生态环境保护有关规划，强化对泸沽湖生态环境保护工作的监督管理。

（七）转型升级

把泸沽湖景区打造为世界级示范景区，按副厅级的标准建制或高配，以便于利用区域优势与四川省联合治理，核心是泸沽湖的保护和治理，周边有关乡镇划归泸沽湖管委会进行管理，建好泸沽湖，对标美丽中国而努力，实行“七大行动”。

（1）流域“违规”整治行动。规划泸沽湖流域水生态保护核心区，全面开展违章建筑及餐饮客栈违规经营整治行动，实现泸沽湖周边农村建房规范有序、餐饮客栈等服务业得到有效管控。

（2）村镇“两污”整治行动。要整治村镇污水。全面排查已建污水处理设施和污水收集管网，对排查发现的问题要及时整改，确保原有环保设施正常运行并发挥效益。要整治村镇垃圾。巩固提升泸沽湖流域“户清扫、组保洁、村收集、乡镇清运、县市处理”的城乡一体化垃圾收集处理工作机制，深入开展流域“三清洁”环境卫生整治活动，完善长效机制，确保流域内的垃圾得到全面收集处理。

（3）面源污染减量行动。规划禁种禁养区，将城市建成区和泸沽湖周边500米、流域主要入湖河道周边200米的范围划定为规模化畜禽禁养区。“禁养区”内对手续齐全的养殖场，确保在一定时期内完成搬迁，对手续不齐全的一律取缔；其他区域为限养区，限养区实行总量控制，只减不增，推行适度规模化集中养殖，按规定配套污染收集处理设施，发现违法排污的，一律关停。发展高效生态农业。加大农业产业结构调整力度，积极发展绿色生态、观光休闲农业，把泸沽湖流域建成高效生态农业示范区、农业面源污染防治示范区。

（4）节水治水生态修复行动。严格水资源管理，推进节水灌溉工作，开展无序取水整治，增加清水入湖补给量，推进河道生态治理、湖滨湿地恢复、面山绿化等生态系统建设，增强水源涵养保持能力，促进流域生态环境得到根本改善。

（5）截污治污工程提速行动。按照“目标倒逼、工期倒排、挂图作战”的工作要求，通过细化工作任务，强化施工管理，全力加快流域截污治污工程，争取提前实现截污治污全覆盖。

（6）流域执法监管行动。突出各级党委、政府在泸沽湖保护治理中的主体作用，严格落实“党政同责、一岗双责”，形成齐抓共管合力。严格执法监管，整合执法力量，对违章建筑、环保违法行为“零容忍”，铁腕执法，确保泸沽湖流域各类违法违规行为及时发现、有效处置。

（7）全民保护泸沽湖行动。要突出各级党组织、各级政府、村民自治组织基层主体作用、创新全民保护机制、实施宣传教育工程，充分依靠基层组织和广大人民群众，建立全民参与泸沽湖保护治理机制，深入实施泸沽湖流域保护治理宣传教育工程，动员全社会力量参与泸沽湖保护治理，提高全民生态环境保护意识，变“要我保护为我要保护”，努力营造“保护泸沽湖，共建生态文明”的良好社会氛围。

玉龙雪山风景区发展研究

一、玉龙雪山风景区现状

（一）地理位置概况

玉龙雪山位于云南省丽江市西北部，距离市区约 15 千米。整座雪山由十三峰组成，由北向南呈纵向排列，绵延近 35 千米，东西宽约 25 千米，主峰扇子陡是长江以南的最高峰，终年积雪，发育有 19 条温带海洋性冰川，冰川面积约 12 平方千米，浓缩了全球中低纬度山岳冰川的精华，有丰富的现代冰川和古冰川遗迹，是亚欧大陆距离赤道最近的现代冰川雪山，也是世界上少有的城市雪山。

玉龙雪山景区总体规划面积为 415 平方千米，地理位置独特，景观资源富集。450 多千米的金沙江从雪山脚下环绕而过，从山脚河谷到峰顶具备了亚热带、温带到寒带完整的 7 条垂直自然景观带。玉龙雪山动植物资源种类繁多，种子植物有 3200 余种，占全国种子植物种数的 23%。以玉龙山命名的植物有 139 种，作为种子植物模式标本产地的植物有 800 种左右，列入国家重点保护的珍稀濒危植物有 20 多种。药材植物资源有 800 多种，素有“药物王国”之称。动物区系主要成分属横断山脉—喜马拉雅山分布型种类，主要经济动物有 59 种，其中，国家保护动物 23 种，鸟类占云南省鸟类种数的 37. 6%。兽类占云南省兽类种数的 20%，占全国种数的 12%。

景区还具有绚丽多姿的少数民族文化，玉龙雪山社区隶属玉龙县大具乡甲子村委会，共有 19 个自然村（组），635 户，2490 人，世代居住有苗族、纳西族、彝族、藏族和汉族 5 个民族，使玉龙雪山成为集观光游览、生态旅游、科学探险旅游和民俗旅游等于一体的旅游景区。景区开发建设 20 多年来，始终坚持环境效益、生态效益、社会效益和经济效益的统一，在开发建设与环境保护方面均取得了较好的成果。

（二）玉龙雪山景区建设发展情况

玉龙雪山于 1988 年被列为国家重点风景名胜区，1993 年经云南省人民政府批准成立省级旅游开发区，通过借款 15 万元，编制完成了景区规划，促成了省政府于当年在丽江召开的第一次旅游现场办公会，迈出了玉龙雪山景区旅游开发建设的第一步。在历届丽江市委、市政府的正确领导下，通过近 24 年来的不懈努力，景区累计投资 20 多亿元，除了水、电、道路、通信等基础设施，还先后完成了甘海子、冰川公园、云杉坪、牦牛坪和蓝月谷等一批精品旅游景点的开发建设，投资建设了玉龙雪山冰川公园旅游索道、云杉坪旅游索道、牦牛坪旅游索道等一批知名旅游服务设施，打造了玉龙雪山高尔夫球场、“印象·丽江”等一批旅游文化品牌。其中，2001 年 10 月组建的丽江玉龙旅游股份有限公司，于 2004 年 8 月 25 日在深交所成功上市，成为云南旅游第一股。24 年来，景区旅游接待人数从 1994 年的 4700 人增长到 2016 年的 384 万人次，总产值从 24 万元增长到 10. 5 亿元；上缴税金从 2 万元增加到 1. 36 亿元；社区群众人均综合纯收入由 200 多元增加到 17000 元（其中旅游直补资金已达到平均每人每年 13000 元）。旅游区曾先后获得多项品牌建设殊荣，其中，2007 年 5 月，玉龙雪山被评定为国家首批 5A 级旅游景区；2010 年 6 月，被国家旅游局确定为全国首批旅游标准化试点单位；2011 年 12 月，荣膺“全国文明单位（景区）”荣誉称号；2012 年 9 月，被命名为“全国知名品牌示范区”，2015 年获“旅游行业全国文明旅游先进单位”等。玉龙雪山已经成为宣传丽江、云南乃至中国的一个重要窗口，曾先后获得省、市优秀文明旅游区、云南省“拥军优属先进单位”、云南省“旅游产业发展突出贡献先进集体”、云南省“海内外游客最向往的景区”“欧洲人最喜爱的中国十大景区”等多项荣誉称号。

（三）2016年综合经济指标及固定资产投资完成情况

2016年，玉龙雪山景区共接待游客384万人，同比增长5%，门票收入4.137亿元，同比增长5%。

2016年，丽江市人民政府下达管委会的固定资产投资任务是4500万元，全年累计完成固定投资5830万元，完成全年固定资产投资任务的129.6%。

（四）2017年发展情况

1. 综合经济指标

2017年，玉龙雪山旅游景区共接待游客376万人次，比2016年同期下降2.34%；实现景区门票收入3.9亿元，比2016年同期，下降5.2%。

2. 固定资产投资

2017年，丽江市人民政府下达管委会的固定资产投资任务是4000万元。上半年完成固定投资2255万元，完成全年固定资产投资任务的56.38%。主要建设项目有：一是完成了玉龙雪山智慧化旅游景区分控中心和数据机房的详细设计工作；二是完成了云杉坪景点和蓝月谷景点的步行栈道、观景台、游客休息设施、第三卫生间及标识系统等提升改造项目；三是完成了甘海子景点的环线道路修缮、停车场硬化、交通标线完善等提升改造项目；四是完成了4个新建A级卫生间的土建工程；五是完成了甘海子办公用房主体工程改造项目。

3. 旅游市场秩序整治

按照云南省委、省政府旅游市场秩序整治22条措施，丽江市委、市人民政府28条措施要求，做到以问题为导向，聚力整改，根据整改任务分解，制定了玉龙雪山景区贯彻落实《丽江市贯彻落实云南省旅游市场秩序整治工作措施实施方案》的工作方案，同时，与各部门签订了《旅游服务质量责任书》，明确了对服务质量的要求和管理，并按要求做到一日一报。一是景区新铺设光纤3条，新建和接入各企业及经营场所292个视频点，整个景区接入监控平台的视频点达到592个，购物场所、收银台和售票处共安装拾音器47

个，做到了游客活动集中区域监控无死角的硬性要求。二是由管委会牵头，玉龙山办事处、玉龙山派出所、雪山交警大队、社区工作组配合，对景区内喊客拉客、非法运营、围追兜售小商品、销售氧气、出租防寒服等违法违规行为进行严厉整治，共出动巡逻1660余人次。三是管委会相关科室积极配合市县有关职能部门对景区内的所有购物场所强制推销、假冒伪劣、以次充好、“三无产品”上柜、虚假宣传，诱导购买和强迫消费等行为进行了专项整治，共出动277人次。四是采取“走出去，请进来”的培训方式加大对干部职工服务质量提升的培训力度，围绕“旅游服务质量提升”“提高处理突发事件能力”及“新媒体时代的舆论引导”等课题内容开展了5期内部专业培训，参训人数达700余人次。

4. 扶贫攻坚“挂包帮”“转走访”

按照省、市委有关文件精神，管委会挂包村为玉龙县甲子村委会，通过开展旅游扶贫、就业扶贫、产业扶贫、教育扶贫和文化扶贫等7方面的工作，目前，玉龙雪山社区19个村民小组，635户，2490人，人均年纯收入已超过17000元，甲子村委会已退出贫困村行列，实现脱贫出列。

二、玉龙雪山景区发展存在的问题

（一）管理体制上的问题

玉龙雪山景区因地域的原因，管理体制上存在的主要问题有以下两方面：一是景区与相邻周边乡镇、社区在旅游管理上，与各主管职能部门、政府部门协调难。存在管理体制不健全，管理权限不明确，多头管理等问题，在规划和管理权属、区域位置上相互重叠、交叉，较难实现统一管理，出现各自为政、多头管理、多头审批、衔接难，处理问题难，职责不明，整改落实措施不力。如在云大旅游学院至景区公路收费站沿线的拉客、违规无序广告牌、乡镇建筑垃圾堆放等问题的处理上，经常出现无人管理的情况，即使经过一段时间的治理，也会出现周期性、反复性反弹。另外，相关部门在白沙片区大量设置的广告牌、宣传栏，以及附近村民搭建的简陋马棚，也极大地恶化了玉龙雪山外围旅游环境，游客端起相机满眼都是杂乱的广告牌。二是建立健全和谐长效的社区稳定机制工作难度较大。社区和谐稳定是景区正常旅游经营秩序的关键前提条件，以说服、劝阻、制止等方式治理景区内违规兜售商品、租衣、售氧、非法营运等扰乱景区正常经营秩序的行为有较大的反复性，难以长期巩固。

（二）旅游乱象问题

主要旅游乱象问题有以下几方面：

一是旅游秩序方面。随着玉龙雪山旅游业迅速发展，受经济利益驱使，偷逃景区门票和扰乱景区旅游经营秩序的现象时有发生。

二是交通秩序方面。社区个别群众受利益驱使，即使在每年享受大额旅游补贴的情况下，也通过行驶便利，经常通过喊客、拉客等渠道，将游客在甘海子、蓝月谷间来回运送，造成景区交通秩序混乱、拥堵，目前景区已经大力加以整顿。

三是景区外围旅游环境不断恶化。如前所述：在云大旅游学院至景区公路收费站沿线的拉客、违规无序广告牌、宣传栏、乡镇建筑垃圾堆放、村民搭建的简陋马棚等问题即使经过一段时间治理，也会出现周期性、反复性反弹。

（三）玉龙雪山旅游文化的深度挖掘和开发工作不足

目前玉龙雪山旅游文化的深度挖掘或开发工作仍不足。国家旅游局在2007年全国5A级旅游景区审核过程中就提出了“民族文化深度挖掘不足”的问题，主要是指目前玉龙雪山景区的特点仍以自然观光为主，游客缺少旅游文化体验。2017年度，景区将编制《玉龙雪山旅游区文化提升规划》《云杉坪景点文化提升规划》并组织实施。依据纳西族三大史诗均典出于玉龙雪山的情况，在对景区的营销定位上必须逐步从国家级风景名胜区、国家地质公园、省级自然保护区、省级旅游开发区等自然资源型定位向“文化玉龙”文化品牌定位转变。针对目前玉龙雪山旅游文化深度挖掘工作仍处于不足状态的现象，编制《玉龙雪山旅游区文化提升规划》《云杉坪景点文化提升规划》并组织实施，解决景区仍以观光为主，游客缺少旅游文化体验的短板，提升景区文化内涵，扩大游览空间，增强游客文化体验，促进文化消费创收。

（四）景区提升改造投入资金不足

玉龙雪山在 20 多年的开发建设过程中，因景区建设需要和丽江市政基础建设需要，造成了 10 多亿元的政策性负债。对景区门票资金未来 10 年收支测算，综合银行还贷、管理成本支出、投资建设等因素，景区门票资金还会形成较大的资金缺口。此外，旅游区在近几年的环境整治工程中，拆、撤、取缔所有不符合规划的低档次的酒店、餐饮、购物等服务设施后，因为资金缺位，新的项目很难落地，一则不能满足游客需求，二则流失了商机。由于政府投入的力度有限，建设资金短缺已成为制约景区提升改造和新景区开发建设的瓶颈。目前景区日均接待量超过 1 万人，最大接待量达到 2. 3 万人，接近景区接待量最大峰值，景区的旅游接待能力和环境压力不断加大，加之目前景区部分设施日益老化，维护成本加大。目前虽然加大景区硬件设施改造和投资建设工程，如智慧旅游项目、景区旅游卫生间改造以及云杉坪、蓝月谷等改造提升工程，但重点项目如牦牛坪索道新建、景区游客中心外移、景区观光列车等前瞻性、战略性项目，因资金缺口、土地审批、林地审批等问题，难以又好又快地推进，对真正建设玉龙雪山为国际精品景区造成不利影响。

（五）景区软件建设还有很大的提升空间

主要是景区在人才培养、员工素质提升、服务质量提升工作方面有很大的空间，这也是 2017 年管委会确定的重点工作任务之一。玉龙雪山旅游业机遇与挑战并存，人才的竞争将是实现旅游业二次创业的重要决定因素。要努力造就一支素质精良、专业齐全、数量充足、结构科学的复合型人才队伍，特别是要注重培养旅游文化、环境科学、旅游管理、市场营销、综合执法等方面的人才，为全力推进旅游景区建设提供强有力的人才保障。

（六）旅游市场动态不确定，市场营销工作艰巨

表现在对游客的体验重视不够、营销手段科技含量不高，没有建立立体化的市场营销网络。

三、玉龙雪山景区发展路径及对策

（一）不断推进全域旅游建设，提高景区综合实力

玉龙雪山管委会全力推进玉龙雪山景区整合工作。玉龙雪山景区在2007年成为全国首批5A级旅游景区，升级后的第一个动作是整合周边六个景区的经营权，做大丽江旅游核心品牌景区。从2008年1月1日起，游客只需手持一票，就可在两天内游览大玉龙旅游区。2009年4月，全国重点文物保护单位白沙壁画景区加入。自此，玉龙雪山从单一景区扩展为旅游产品集群。大玉龙旅游区包括八个景区，分别是玉龙雪山（5A）、玉水寨（4A）、东巴谷（4A）、白沙壁画（3A）、玉柱擎天（2A）、东巴万神园（3A）、东巴王国（2A）和玉峰寺（2A）。其中，大多数景区原来都是独立经营，大玉龙旅游区形成后，全部由玉龙雪山景区投资管理有限公司统一经营和管理。

通过“大玉龙”模式的推出，为了让游客获得更好的旅游体验，景区着手解决三个问题：一是旅游线路的合理设计；二是构建生态环保的便捷交通；三是做好游客旅游的安全保护。在这条旅游环线上，游客可根据自己的时间和需求，自主选择旅游方式和线路。可将玉龙雪山与其他景区组合，也可去玉水寨、玉峰寺和东巴谷等景点感受纳西文化，还可选择白沙壁画景点感受多元宗教文化的融合。

（二）不断完善景区管理体系，实现景区科学管理

发展是解决问题的“总钥匙”，全面推进转型升级：

（1）打造一流景区。做好5A级景区品质建设管理工作，加大巡查力度和整改力度，确保5A景区品质不滑坡，旅游市场整治力度不松懈。景区5A质

量管理由管委会统一组织，继续实行联席会议制度、主任现场办公会议制度、建立联合执法检查机制、服务质量监督量化考核机制，确保5A景区品质。

（2）提供一流服务。确保景区服务质量，设立机制，完善旅游市场主体准入退出机制。以《玉龙雪山国家风景名胜区<准营证>管理办法》为总纲，对旅游区企业和个体经营户进行双轨管理，依靠准营证核发和年检、市场准入和退出管理考核、市场主体分级分类管理三个抓手，对经营项目和经营区域等进行行政审批制度，建立完善旅游景区（点）企业和经营户准入、监管评价和退出机制，完善旅游市场监管，打造景区良好的旅游市场环境。标准为先，抓快抓细抓实抓好厕所革命建设工作。打造厕所革命实践的玉龙雪山样本，查找问题，优化布局，按照国家标准要求，严格遵循硬性指标和比例规定，大力推进旅游厕所建设。制定25项管理标准和痕迹记录表格，实行所长制度，完善管理和服务。将第三卫生间建设成为人性化服务标杆，与智慧旅游结合，创新管理服务环境，高位推动旅游厕所建设工作。

（3）实现一流管理。完善景区管理机制和设施建设，对标全国先进水平，完成景区指挥中心、云数据中心、呼叫中心网络基础设施建设，覆盖景区管理运营和行业服务两大主线，建设智慧管理、服务、营销、体验、环保、运行6大体系，指挥调度、旅游服务、电商营销、环境监测、运行保障、大数据分析、总集成7个平台，形成覆盖森防预警、客流统计、车辆调度、停车引导、视频分析、景管通、舆情监测、SOS求助、应急指挥、投诉管理，体验体系下的服务体验、数字展厅，环保体系下的环境监测、地质灾害预警，网站、自媒体、微信、WIFI、手机APP提升建设，协同办公、培训考核、设备管理、运维保障等的智慧旅游应用系统，达到巩固提升旅游服务质量，改善旅游体验效果，创新旅游管理方法，优化旅游资源利用的目标。多措并举，做好景区综合管理工作。加大巡查力度和整改力度，集合综合执法、社区办事处、社区工作组、交警、工商、安全巡逻、旅游警察等力量，对景区内扰乱正常旅游秩序的行为进行常态化治理，做到露头就打，维持正常的旅游秩序。治违打非，破解周边旅游秩序整治难题。依托丽江市旅游联合执法巡逻队平台，联合旅游、旅警、工商、运政、交警以及乡镇职能部门，加强沟通汇报工作，发现问题及时处理，对景区周边喊客、拉客、马帮、沙滩摩托、占道拍婚纱、黑车等无序行为进行治理，确保景区周边良好的旅游秩序。

（4）建设一流队伍。做好景区长远发展布局，将人才培养、员工素质提升、服务质量提升工作作为重点工作任务之一，努力造就一支素质精良、专业齐全、数量充足、结构科学的复合型人才队伍，为全力推进旅游景区建设提供强有力的人才保障。立足长远，高位谋划，站在景区今后的发展方向和品牌定位的角度，培养好人才。始终围绕建设国际知名品牌景区这一目标，依托人才和文化两种资源，紧扣质量、品牌、标准化三个抓手，推进资源配置、产业结构、增长方式、营销模式四个深度转变。以标准化、高端化、品质化、信息化为目标，以改善旅游环境为突破点，实施好新游客集散中心、智慧旅游、牦牛坪索道改建、雪山轻轨线路等投资数十亿元的高品质项目，提高旅游发展水平和综合竞争力，引领景区发展。

（三）不断推进旅游供给侧结构性改革，实现精准对接

玉龙雪山旅游景区要实现旅游产业转型升级的目标，需从以下几个方面来努力。

玉龙雪山景区是一个以风景观赏为主的景区，除了三条索道和“印象丽江”外没有更多的消费服务项目，要实现“门票经济”向“服务经济”的转化，就必须在符合景区规划和生态环境保护的条件下，增加一些消费服务项目。如：蓝月谷的提升改造，牦牛坪索道改造，通过认证后在甘海子建造一个滑雪场，建一个不低于300亩的樱花园和一个红枫谷，建一个体验馆以及打造甲子乡村旅游示范村等一系列服务消费项目。

重点打造好雪山高尔夫和“印象丽江”两个现有的文化旅游品牌。玉龙雪山高尔夫是亚洲唯一的雪山高尔夫球场，球场地处3100米海拔的高原上，由著名的球场设计师尼尔哈沃斯设计，特别设计的十八洞72杆8415码球道长度已经取得吉尼斯世界纪录，是一个很好的国际品牌。但由于受气候条件影响，冬季气温太低，加之营销手段单一等原因，经营状态不佳。要打好这个品牌就必须增加营销手段，如在雪山高尔夫球场举办一些具有影响力的国际赛事，增加游客体验活动等。“印象丽江”是由著名导演张艺谋、王潮歌、樊跃共同执导的原生态大型实景演出。近两年来由于丽江“宋城千古情”等

一系列演出活动的推出，加之演出节目长期没有大的调整，娱乐性与观赏性不足，再加之营销手段单一化，演出收入越来越少。为此建议调整节目，增加一定的娱乐性与观赏性。同时加大营销策划，实现淡季也能保持好的上座率。

加大智慧景区建设力度，通过智慧景区的建设可以提高服务水平和服务效率，降低管理成本。随着加快轻轨一号线的建设进度，两年后云大旅游学院上边的游客集散中心建成时，可以实现门票售检分离，进入景区游客可以达到自动刷脸和扫码，并做到进入景区人员有关信息的自动识别统计，门票中心运营成本将会大幅降低。

当然要实现玉龙雪山旅游产业的转型升级，还要丽江市各级政府相继出台一系列的配套政策和措施，还需加快旅游市场秩序的综合整治工作，让旅游业健康有序发展。我们坚信，只要玉龙山人紧紧围绕“打造一流景区、提供一流服务、建设一流队伍、实现一流管理”的目标，认真抓好各项工作的贯彻落实，那玉龙雪山旅游产业将会实现转型升级的目标。

（四）不断加强旅游市场秩序整治，提升景区良好形象

一直以来，玉龙雪山旅游区始终坚持“保护与开发并重”原则，加大对玉龙雪山旅游资源保护工作的投入，以打造国际精品旅游景区为目标，在软硬件两方面双管齐下，采取强有力的环保措施，把环境保护工作做在旅游开发的前面，有效避免盲目地开发造成资源浪费、环境污染和生态失衡。以建立“景区秩序优良、旅游服务规范有序、经济社会效益提高、生态环境改善、旅游和农业并重”的新机制为目标，全面实施旅游业反哺农业改革。共拆除白水河、云杉坪、牦牛坪等景点原社区群众经营的5000多间不协调建筑和摊点，取消由800多匹马组成的骑马经营项目，玉龙雪山景区内19个自然村组、2000多社区群众全部退出了无序参与旅游，符合用人条件的400多名群众安置到股份公司、样样红等景区企业上班，其余人员返回原居住地恢复农牧业发展。通过加强旅游活动监管，保护生态环境。根据景区规划，严格控制在自然保护区实验区范围的经营项目，确定了生产经营区、生态旅游区、生活办公区等区域划分，并建立和实施旅游区经营主体的准营证和准入退出

制度等，明确经营范围，将餐饮、住宿等旅游服务设施以及污水处理站、垃圾中转站等环保设施设置在甘海子旅游开发服务区，降低对生态环境的影响。在经营企业的经营区域实行生产责任区域划分，建立安全管理体系。与区内22个企事业单位签订安全、消防、环保和交通安全协议书，年均开展日常督查和专项检查30余次。

（五）不断加强融资能力，提升发展战略

玉龙雪山景区投资公司现金流充沛，信用额度大幅提升，融资能力不断增强，2016—2017年已累计融资1.5亿元，由丽江市政府统一安排用于重点项目建设，提升景区的发展战略。

玉龙雪山景区生态环境保护、社会建设、经济建设工作任重而道远，玉龙雪山景区在景区保护开发建设过程中，就如何走可持续发展道路进行了一些有益的探索。在今后工作中，景区要充分利用玉龙雪山得天独厚的资源优势和行业特点，紧紧围绕建设生态文明、美丽中国的精神，以提供更多优质生态产品为目标，促进旅游区经济社会文化和生态协调健康持续发展，努力打造国际精品旅游胜地。

文化产业篇

丽江文化消费试点城市建设研究

文化消费是指对精神文化类产品及精神文化性劳务的占有、欣赏、享受和使用等。文化消费是以物质消费为依托和前提的。文化消费需求的增长总是受制于社会生产力水平的发展，因而文化消费水平能够更直接、更突出地反映出现代物质文明和精神文明的程度。丽江市经济发展对文化消费产业的需求，丽江产业结构发展对文化消费产业的需求，丽江市旅游发展对文化产业的需求，体现了丽江市文化消费发展的必要性。文化消费总量较低、层次较低是当前文化消费产业建设的主要问题。丽江市通过文化产品建设、市民文化消费建设、文化消费基础设施建设、文化消费产业建设、区域建设，多方面加强文化消费产业的发展。

一、研究综述

文化消费是指用文化产品或服务来满足人们精神需求的一种消费，主要包括教育、文化娱乐、体育健身、旅游观光等方面。在知识经济条件下，文化消费被赋予了新的内涵，文化消费呈现出主流化、高科技化、大众化、全球化的特征。随着我国经济的发展，社会水平的提高，也刺激了我国文化消费迅猛发展，我国的文化市场开始逐步成长并繁荣起来。据国家统计局发布的数据，2005 年我国人均 GDP 达到 1700 美元，而实际文化消费总量却只有 4186 亿元。《2007 年：中国文化产业发展报告》指出，中国居民的文化消费总量过低，居民文化需求的满足程度不足 1/4。在这样的社会背景之下，国内对文化消费的研究也开始逐步发展起来。我国最早关于文化消费的研究，见于 20 世纪 80 年代中期。如陶冶等（1985）在《上海城市家庭文化消费现状及分析》中比较详细地分析了当时上海家庭的消费构成，指出文化消费取决于家庭收入和生活费用的开支。任红葆（1986）在《文化消费简论》中对文化消费的渊源做了一个比较完整的分析。早期的这些研究，是我国文化消费研究的开端。20 世纪 80 年代中期，随着我国城乡居民收入的增加，开始有了一些文化消费，早期的这些学者从概念、构成、影响因素等对文化消费做了一定的研究，形成了早期研究的成果，但由于时代背景约束，研究没有深入。20 世纪 90 年代，我国的文化消费开始大量增加，也促进了学者对文化消费的关注。如施涛（1994）在《文化消费的特点和规律探析》中比较全面地分析了文化消费的特点和规律，从文化消费的范畴、概念、特点对文化消费进行了全面分析。研究也从综合研究开始细化，如鲁礼华（1995）的《论精神文化消费的特点、功能及引导》，从精神文化消费的角度，全面剖析精神文化消费。张启亮（1999）在《文化产业是 21 世纪世界经济中最具活力的产业》中明确提出了文化产业的地位。20 世纪 90 年代，每年都有几十篇文化消费的研究学术论文，从多个角度，大量论证了文化消费，取得大量研究成果。但是理论程度还不足，深入程度还不足。21 世纪，我国文化消费开始爆发，相互研究成果也进入了一个爆发的阶段。如王亚南（2011）的《全国乡村文化消费民生效应测评——“十五”以来各地景气指数排行》一文，研制推出“全国文化消费民生效应景气指数”评价体系，对各地文化建设和文化生产的发展成效进行可加验证的量化评价，具体检验文化消费民生需求增进的实际效应，已经用数据比较深入地开始进行乡村文化消费的研究。韩海燕（2012）在《中国城镇居民文化消费与经济增长关系实证研究》中运用 1993—2010 年城镇居民的相关数据在 Eviews6. 0 做了具体分析，表明我国城镇居民文化消费与经济增长呈正相关性，但也发现在经济转型期，文化消费在供需方面仍存在很多不足，从而影响对经济增长的贡献。吕寒（2013）的《城镇居民分项收入对文化消费的影响——基于 2002—2011 年省级面板数据》，使用 2002—2011 年省级面板数据，从心理账户的视角，考察我国城镇居民家庭人均全年分项收入对文化消费的影响，发现工资性收入对文化消费具有显著为正的“乘数效应”；财产性收入对文化消费的影响显著为正；经营净收入对文化消费的影响为负，但不显著；转移性收入对文化消费具有显著的负向效应。可以看到，当前我国文化消费研究已经进入一个比较深入的阶段，不仅成果丰富，而且是多角度、多数据分析的。

二、研究的理论和实际应用价值

1. 应用价值

通过对丽江这个全国典型的旅游文化消费试点城市做比较全面的研究，将为丽江文化消费的发展提供发展策略，并为我国旅游城市的文化消费发展提供借鉴。丽江现在已经出现了一批比较典型的旅游文化企业，丽水金沙、印象丽江、纳西古乐等是其中的优秀代表。通过对旅游文化企业、游客、居民的比较全面的调研，希望能掌握旅游文化消费的模式和规律，为全国旅游文化消费提供借鉴。

2. 理论价值

关于文化消费已经有了大量研究，但是实证研究，特别是比较全面的实证研究还比较少，旅游文化消费的实证研究数量更少，通过本项目研究，将为文化消费的研究提供比较全面的旅游文化消费的实证研究。

三、丽江市文化消费产业发展的必要性

1. 丽江市经济发展对文化消费产业的需求

表1　1995—2014年丽江市GDP及增长率

时间	国民生产总值（亿元）	增长率（%）	人均国民生产总值（元）	增长率（%）
1995	18.39		1744	
2000	31.72	4.3	2894	4.3
2001	33.40	7.6	3004	3.8

续表

时间	国民生产总值（亿元）	增长率（%）	人均国民生产总值（元）	增长率（%）
2002	37.4	9.7	3370	12.18
2003	42.90	12.6	3712	10.14
2004	52.17	14.5	4486	20.85
2005	60.33	10.8	5327	18.75
2006	70.18	12.9	6124	14.96
2007	84.82	13.9	7267	18.66
2008	101.15	19.25	8300	14.21
2009	117.44	16.10	9599	15.65
2010	143.59	15.2	11680	14.7
2011	178.5	16.5	14233	21.85
2012	212.24	15.8	16818	18.16
2013	248.81	14.2	19715	17.22
2014	261.80	4.6	20630	4.6

资料来源：《丽江市统计年鉴》。

表1显示了1995年以来丽江的经济发展状况，可以看到以下几个基本情况：一是丽江市经济发展水平起点较低，1995年，丽江市国民生产总值只有18.39亿元，远远落后于国内其他城市，在云南省内的排名也比较靠后；二是从2001年开始，丽江的经济开始迅速发展，特别是2003—2013年的这11年，是丽江经济发展的黄金11年，每年的发展速度都突破了两位数，使丽江经济快速崛起；三是2008年的全球金融危机，并没有直接影响到丽江经济发展，2008—2013年丽江的经济发展仍然非常有动力；四是2014年丽江经济发展遇到了特别的困难，全年经济发展速度降到了4.6%，原来黄金11年的发展势头被遏制，丽江经济发展遇到了新常态时期的困境。在新的经济发展形势下，丽江需要找到新的突破点，而文化消费契合了丽江本身的优势和未来社会发展需求，建设文化消费城市，将形成新的经济发展动力。

2. 丽江市产业结构发展对文化消费产业需求

表 2　丽江市产业结构发展状况分析　　单位：亿元

时间	第一产业	第二产业	工业	第三产业
1995	7. 69	4. 89	4. 22	5. 81
2000	10. 57	7. 42	5. 47	13. 72
2001	10. 83	7. 52	5. 38	15. 60
2002	11. 06	8. 37	6. 07	17. 97
2003	10. 84	12. 41	5. 99	19. 67
2004	12. 12	16. 01	7. 14	24. 01
2005	14. 34	17. 2	9. 87	28. 75
2006	15. 43	22. 15	12. 69	32. 6
2007	18. 45	28. 03	16. 15	38. 34
2008	20. 87	35. 21	20. 19	45. 06
2009	22. 13	44. 14	22. 61	51. 17
2010	26. 02	55. 05	33. 12	62. 52
2011	30. 49	74. 39	46. 64	73. 62
2012	36. 61	89. 74	56. 68	85. 89
2013	41. 14	112. 68	73. 11	94. 98
2014	44. 21	112. 74	69. 49	104. 89

资料来源：《丽江市统计年鉴》。

表 2 反映了丽江的产业结构，可以明显地看到，丽江三大产业有了极大的发展，第一产业从 1995 年的 7. 69 亿元发展到了 2014 年的 44. 21 亿元，第二产业从 1995 年的 4. 89 亿元发展到了 2014 年的 112. 74 亿元，工业从 1995 年的 4. 22 亿元发展到了 2014 年的 69. 49 亿元，第三产业从 1995 年的 5. 81 亿元发展到了 2014 年的 104. 89 亿元。但是，由于基础薄弱，丽江三大产业与省内发达地区和省外发达地区相比还有比较大的差距。从 2014 年三大产业的比值来看，比值为 16. 88：43. 06：40. 06，产业结构比逐步在进步。2014 年第一、第三产业比重分别比上年提高 0. 35 个和 1. 88 个百分点，第二产业比重比上年下降 2. 23 个百分点。农业基础地位不断得到加强，生态产业基地建设

成效明显，玛咖、螺旋藻、中药材、经济林果等特色农产业不断发展壮大，农产业结构进一步优化。受煤炭产业停产整顿政策性因素和水电产业因市场、输送通道制约产能未能充分释放的影响，工业化率有所下降，工业增加值占GDP的比重为26.54%，比上年下降2.85个百分点。非公有制经济继续发展，比重略有下降。非公有制经济增加值为140.23亿元，比上年增长4.1%，占GDP的比重为53.6%，比上年下降0.5个百分点。需要特别警惕的是，2014年丽江的第一、第三产业还在较快发展，但是第二产业发展速度明显变慢，这也是丽江经济速度发展变慢的关键问题。丽江由于远离我国经济中心区，工业并没有发展优势。而从表2可以看到，丽江的第三产业已经有了突破发展。加强文化消费城市建设，将强化现在已经形成的第三产业的优势，支撑丽江经济的发展，成为丽江经济发展新的动力和引擎。

3. 丽江市旅游发展对文化产业需求

表3　丽江市旅游业发展历程

时间	旅游总收入（亿元）	增长率（%）
1995	3.3	
2000	18.7	
2001	20.4	9.1
2002	23.4	14.70
2003	24.04	2.74
2004	31.76	32.11
2005	38.6	21.53
2006	46.3	19.94
2007	58.24	25.79
2008	69.54	19.40
2009	88.66	27.49
2010	112.46	26.84
2011	152.22	35.36
2012	211.21	38.75
2013	278.66	32.17
2014	378.79	35.94

资料来源：《丽江市统计年鉴》。

从表3可以看到，作为丽江的支柱产业，2001年以来，丽江旅游产业迅速发展，平均发展速度超过了20%，更是保持了30%以上的增长，为推动丽江经济的发展起到了重要作用。即使在丽江经济步入困境的2014年，旅游产业也保持了迅猛发展。2014年全年旅游业接待国内外游客人数达到2663.81万人次，比上年增长28.09%，实现旅游总收入378.79亿元，比上年增长35.94%。其中：接待国内游客2556.12万人次，增长29.10%；实现国内旅游收入353.84亿元，增长37.94%。接待海外游客107.7万人次，增长8.05%；实现旅游外汇收入4.06亿美元，增长13.45%。从以上数据可以看到，要在经济新常态中发展丽江经济，首先要保持丽江旅游产业的发展势头，优先促进丽江旅游行业的发展。但是2017年，云南旅游业发展变革，要把过去低价游、购物游的模式淘汰，形成新的高质量旅游的模式。这对传统的旅游业产生了重大影响，靠回扣的购物店没有了生存空间，如何进行改革创新是旅游企业新的挑战。而丽江市文化消费试点城市的建设为发展指明了方向。未来的旅游业，应该融入更多文化元素，挖掘丽江优秀的民族文化、传统文化，结合当前电子商务时代的技术和文化，把旅游业与文化更好地融合，带给游客更高层次的文化享受，提升整个旅游产业的质量。

四、文化消费建设中存在的问题

1. 文化消费总量较低

有研究显示，当人均GDP1000美元、恩格尔系数为44%时，城乡文化消费应占个人消费的18%，总量应该是10900亿元。根据国家统计局的修正数据，2001年我国就已达到人均GDP 1000美元，但2004年的实际文化消费总量只有3740.5亿元；当人均GDP达到1600美元，恩格尔系数为33%时，文化消费应占个人消费的20%，消费总量应为20100亿元。2015年中国国内生产总值为676709亿元，同比增长6.90%；2015年中国城镇居民家庭恩格尔系数为34.8%，中国农村居民家庭恩格尔系数为37.1%；2015年中国城镇化率为56.10%。可以看到，我国经济虽然有了飞速发展，但是恩格尔系数相比发达国家还比较高，总体文化消费总量还比较低。

2. 文化消费结构层次较低

从文化产业布局来看，全国消费格局不平衡。从消费支出结构来看，城市居民的学杂费、保育费支出占绝大比重，比例为82.88%，农村的比例为77.48%，文化消费支出较低。从文化消费支出结构看，城市消费书报杂志的比例为16.03%，文娱消费中耐用机电消费品的比例为61.73%，而农村消费书报杂志的比例仅为3.72%，其余的都用来消费耐用机电消费品，从文化消费热点看，非教育性知识文化消费较少，热衷于休闲消遣性、娱乐性、低俗、炫耀摆阔等消费。

五、丽江市文化消费试点城市建设模式

2016年6月，丽江市被列为第一批国家文化消费试点城市，也是云南省唯一的试点城市。丽江市为此建立了政府统一领导、相关部门分工负责的工作机制，探索出了“以民族特色文化为引领、实现文化与旅游深度融合发展”的试点模式，确定了33家文化消费试点重点企业、320家一般试点企业。

1. 文化产品建设

丽江已开发出一批具有鲜明地域和民族特色的服饰、披肩、东巴木雕、东巴纸、蜡染、银器、烙画、土布包、“丽永瓷”、白族刺绣和石木雕等产品，探索推广了融“游购娱教”于一体的文化消费模式。丽江宋城旅游区和丽江玉缘旅游文化公司的VR体验项目清明上河图、纳西文化体验中心等建成投产。在不断优化升级丽江古城、玉龙雪山等传统景点的基础上，开发出了户外乐园、民族文化体验等一批特色文化旅游休闲产品，进一步丰富了文化旅游的形式和内容，拓展了文化旅游的发展空间。

2. 市民文化消费建设

丽江市财政投入100万元，设立民族文化惠民礼包，通过发放文化惠民卡、优惠券等方式，鼓励市民观看电影、演出、展览并参加文化讲座，培育了市民的文化消费观念。全市33家文化消费重点企业，开展了丰富多彩的文

化消费惠民活动，宋城旅游区、玉水寨等景区，节日期间实行减免或优惠门票活动，激发了市民的潜在消费需求。

3. 文化消费基础设施建设

丽江市委、市政府不断加强文化消费基础设施建设，启动了总投资20亿元的丽江创意文化产业园项目，加快了丽江大剧院、市博物馆、文化馆、非遗馆、美术馆等文化基础设施建设的步伐。同时，开发文化消费试点APP平台，健全丽江“智慧旅游”平台功能。通过旅游舆情监控和数据分析，帮助文化企业和商户挖掘旅游热点和消费偏好，推动旅游产品创新和营销创新，丽江市电影公司年观影人数达100万余人次。通过开展文化消费试点，丽江市培育了文化消费新动力，提升了文化消费品质，更好地满足了广大游客和本地居民个性化、多样化的文化消费新需求。

4. 文化消费产业发展

当前，文化消费方式正从排浪式逐步走向多样性和个性化。丽江文化产业也正从供给侧发力，提供更多元的公共文化服务和创新创意产品，创造出新的消费需求，释放市场活力。强劲的文化消费拉动了丽江文化产业的转型升级、创新发展，丽江在巩固原有特色文化产业的基础上，大力引进大企业、大项目，在推动文化产业快速发展的同时，通过体制改革与机制创新，文化与旅游深度融合发展，不断提升旅游品质。截至2015年底，丽江市共有文化经营户4560家，从业人员3万多人。2015年，《印象丽江》共演出896场，实现门票销售收入2.19亿元，实现净利润9000万元；《丽江千古情》共演出945场，接待观众496万人次。全市文化消费持续增长，成为社会消费的重要支撑。2015年，全市文化产业增加值达到16.8亿元，同比增长10.5%，占GDP的5.8%，居全省首位。

5. 文化消费试点区域建设

主要试点区域：丽江市中心城区规划范围，即古城区7个街道办事处、七河镇、玉龙县城以及城区周边的黄山镇、白沙镇、拉市镇。古城区、玉龙县为试点县（区），在做好主要试点区域文化消费试点工作的同时逐步拓展到城乡；永胜县、华坪县、宁蒗县要结合实际，积极开展引导城乡居民扩大文化消费试点工作。丽江市将以“建设世界文化名市、打造丽江文化硅谷”为目标，以满足人民群众日益增长、不断升级和个性化的精神文化需求为出发点，以弘扬和践行社会主义核心价值观为导向，以深入保护、传承、弘扬民族文化为基础，紧紧围绕丽江市“十三五”文化发展的目标任务，结合丽江市国家全域旅游示范区建设，推进文化消费试点工作。以“文化”全面提升文化旅游产业及相关产业文化内涵和品质，大力发展文化旅游业、民族演艺产业、民族民间工艺品业、休闲娱乐业、文化创意业，打造节庆会展业，推进影视服务业，培育多元文化业态，丰富文化产品供给，拓展文化消费空间，提升文化消费品质，深化文化体制机制改革创新，增强文化消费持续发展动力。丽江市将力争通过 2 年的试点工作，全市文化消费总量、人均文化消费支出和消费满意度均实现明显提升，文化消费年均增速保持在 10%以上，文化消费对全市经济增长的贡献率达到 5%以上。丽江市将力争到 2018 年底全市文化产业增加值占 GDP 的比重达 6%以上，助推全市文化旅游产业增加值占 GDP 的比重达 18%以上。

丽江市文化产业发展研究

近年来，通过政策引导、政府扶持、项目带动、创新发展等途径推动，丽江文化资源挖掘、保护、利用形成新常态，文化产品研发地、文化商品集散地、文化人才聚集地、文化艺术展示地和文化创意产业基地建设工作初见成效，文化产业成为推动丽江旅游转型升级和支撑丽江城市品牌的重要力量。文化产业增加值从2013年的14.26亿元增长到2016年的18亿元，文化产业增加值占GDP的比重保持在5.6%以上。丽江市历届党委、政府始终把文化产业作为中心工作来抓，作为事关丽江经济社会发展全局的重要产业来部署。先后出台了《关于加快丽江市文化产业发展若干政策》《关于进一步推进实施文化立市战略的决定》和《关于建设世界文化名市打造丽江文化硅谷的意见》等配套政策。

一、丽江市文化产业现状

丽江市始终立足于得天独厚的自然与人文资源优势，突出抓好自然生态和民族文化特色资源的开发，集中抓好文化旅游精品名牌产品的培育和建设。

1. 注重把文化与旅游资源优势转化为市场优势

不断提升旅游产品的文化内涵，推动文化与旅游的深度结合、深层互动，以项目为载体，“引凤筑巢”“借鸡生蛋”，招强商、引大资，利用品牌资源，吸引品牌企业和品牌人士，打造品牌产品，先后打造了《纳西古乐》《丽水金沙》《印象·丽江》《丽江千古情》等文化产业品牌。精心打造了文化内涵独特、景观魅力各异的玉龙雪山5A级景区和丽江古城、泸沽湖、虎跳峡等精品景区。

2. 不断挖掘新的增长点，为文化产业发展寻求新的支撑

由张艺谋、王潮歌、樊跃3位知名导演联合打造的具有国际水准的原生态大型实景演出——《印象丽江》，从公演至今，一直保持着良好的经济效益和社会效益，解决了当地500多名群众的就业问题。公演至今共演出8201场，销售门票1582万张，营业收入17.63亿元。2013年，引进国内第一家演艺上市公司宋城演艺，投资9.2亿元打造了丽江宋城旅游区，景区以“主题公园+旅游演艺”为理念，建设了茶马古城、那措寨、丽江乐园、殉情谷四大公园，打造了以《丽江千古情》等为代表的十大演艺“秀”及二十大项目。2014年3月21日开园营业以来，景区凭借着丰富的游玩体验，获得了游客和业界的广泛好评。开园至今，丽江宋城旅游区营业收入达6.6亿元，接待游客达1564万人次，累计演出2705场。2014年，引进杨丽萍打造大型衍生态打击乐舞《云南的响声》，总投资5000万元，公演至今共演出500余场，吸引观众近21万人次，票房收入达6000万元。与中国金茂控股集团签约共同投资建设金茂丽江创意文化产业园，总投资20亿元，项目涵盖了丽江博物馆、丽江大剧院、文化馆、美术馆、非遗馆、丽江广播电视传媒中心。“一院四馆”建筑总面积约4.8万平方米，力争2年内建设成为国家级文化产业示范园区，现已开工建设。

3. 加强文化产业项目管理，不断提高资金使用效益

按照《丽江市市级文化建设专项资金管理办法》的规定，对省、市文化建设专项资金扶持项目的执行情况开展专项检查，通过实地查看、听取汇报、查阅资料等方式进行检查，及时纠正项目建设过程中发现的问题，提高了各级各部门对管好、用好文化建设专项资金重要性的认识，为进一步完善专项资金管理办法，抓好项目管理、用好项目资金、提高资金使用效益奠定了坚实的基础。市级财政从2014年开始，每年安排文化建设专项资金2000万元，用于扶持文化产业发展。2014—2017年共安排市级文化建设专项资金8000万元，扶持上百个文化项目，吸引社会资本近3亿元投入文化建设，文化产业正在成为最具生机活力，带动效应最为明显的朝阳产业。

4. 注重文化产业与乡村旅游相结合

文化产业与农产业相结合，在七河镇移民村金龙村打造九色玫瑰小镇。

投资4000万元完成6600平方米3D彩画、9.6万平方米彩色墙体、300亩玫瑰基地、迷宫等，根据移民村多民族聚集的特点，打造长街宴和6个民族婚宴体验，实施“智慧旅游”落地建设，景区内实行一卡消费。景区为移民村群众提供近百个工作岗位，全村1800多名群众参与其中，实现了经济效益与社会效益相结合，带动当地经济社会健康、快速发展。

5. 抓协调服务，不断增强文化产业发展活力

2015年，玉水寨东巴文化传承基地、丽江宋城旅游区2个项目申报进入国家藏羌彝文化长廊建设项目。古城区、玉龙县获得云南省文化产业先进县（市、区）荣誉称号，丽江玉龙雪山印象旅游文化产业有限公司被授予国家文化产业示范基地的称号，并获得“云南省首届文化企业30强”荣誉称号，古城区被评为云南省特色文化示范区，古城区新华社区、玉龙县石鼓镇竹园村被评为云南省特色文化产业示范村，丽江百岁坊银器有限公司、丽江毛纺织品有限责任公司、丽江云天工珐琅彩银器文化传播有限公司、丽江茶马古城旅游发展有限公司、丽江永胜瓷业有限责任公司5家企业被评为云南特色文化产业示范企业，“云天工”（丽江云天工珐琅彩银器文化传播有限公司）、“丽永瓷”（丽江永胜瓷业有限责任公司）被评为云南特色文化产业知名品牌。2016年，玉龙县被评为云南省特色文化产业示范县，玉龙县白沙镇白沙村被评为云南省特色文化产业示范村，丽江他留文化发展有限责任公司被评为云南省特色文化产业示范企业。束河哈里谷文化展示园区、丽江金茂谷镇、他留文化生态产业示范园被省文产办命名为第二批云南省文化创意与相关产业融合发展示范基地。丽江滇绣唐卡文化艺术有限公司的彭萍再次以《莲花生大师》夺得2016年“百花杯”中国工艺美术精品奖的金奖，这是迄今为止中国刺绣唐卡获得的最高奖项。

二、丽江市文化产业存在的问题

1. 产业结构、文化产品与相关服务相对单一

产业结构单一、文化产品种类较少，文化服务体系不够完备。文化产品

及相关服务大多与民族文化和旅游开发相关，节庆会展、影视服务、艺术服务、教育培训、文化旅游工艺品加工销售等多元的产业格局尚未形成，文化产品的创意与现代科技含量低，产品附加值不高，产品创意研发能力较弱，品牌影响力有待进一步提高。现有的文化产品还处于粗放型经营，大多数产品是文化原形的复制，缺乏创意和创新。

2. 产业主体、企业规模与经济效益有待提升

产业组织形式分散，规模化集聚化程度低，龙头企业带动效应不明显。丽江市文化产业以民营企业和个体经营户为主，目前，丽江市文化产业经营户达4000余户，但规模以上的联网直报文化企业仅有28户。在内容上具有核心竞争力的极少，具有研发、创意的企业更少。文化创意与科技附加值低，产品与服务的竞争力较差。

3. 产业布局、空间集聚与资源配置有待优化

受丽江旅游产业空间布局、交通和基础设施的影响，产业布局相对集中，主要集中在古城、玉龙及宁蒗泸沽湖周边。区域和跨区域文化资源配置效率较低，缺乏全面整合丽江市域文化与自然资源的有效方法和途径，欠缺打破行政区划、跨区域配置资源、联动周边地区、共同发展的规划和措施。

4. 产业政策、配套措施与相关扶持有待执行

产业发展政策体系不够完备，缺乏系统配套的产业政策和配套措施，对现有政策的理解、融会贯通、创新发展的执行力较差。土地利用、税收补贴、资金引导等政策方面国有、民营，外来企业与本土企业政策不统一，民族文化保护、民族文化传承等相关政策的落实力度不够。

5. 文化产业人才队伍建设亟待解决

由于丽江市文化企业大多是民营企业和个体经营户，从业人员多数文化水平不高、经营管理能力较低、创新能力不强，懂文化的不懂经营，懂经营的不懂文化，缺少既懂文化又懂经营的复合型人才，亟须培养一批文化层次高、善于经营、创新能力强的文化产业带头人，加强对文化产业从业人员的培训。目前，丽江市文化产业领军人才培养工程已经启动，实施办法正在征求意见中。

三、丽江市文化产业发展路径及对策

针对丽江市文化产业现状及存在的问题和困难，下一步以挖掘存量，做大增量为目标，推动文化产业持续健康发展。存量部分通过科技创新，衍生品开发，转型升级达到提质增效；做大增量主要通过“科技+内容+资本”的方式，在动漫影视、节庆会展等领域推动重大项目落地建设，增强后劲和活力。

（一）突出重点领域、聚焦关键环节，深化文化体制改革

认真贯彻落实党的十九大关于文化体制改革和产业发展工作的精神，进一步健全党委领导、政府管理、行业自律、社会监督、企事业单位依法运营的文化管理体制。继续实施好“文化产业领军人才培养工程”，统筹推进文化交流、文化传播、文化贸易，推动文化企业走出去，开拓境外文化市场。拟出台《丽江市促进影视产业发展若干政策措施》，继续推进丽江市电视台成建制划转改革，进一步理顺现有文化市场综合行政执法机构。制定出台文联、社科联、记协改革方案。推进国家文化消费试点工作，总结经验，形成可推广的试点模式。

（二）完善文化产业结构，丰富文化产业形态

丰富提升基础较好、已形成一定规模的休闲娱乐、文艺演艺、民族民间工艺品等产业，重点提升优化《丽水金沙》《印象·丽江》《宋城千古情》《云南的响声》等演艺产业质量，不断丰富和完善产品的形式与内容，强化演艺产品的生命力，走规模化、品牌化发展之路。鼓励支持以上企业推出个性化、定制化的小型演艺节目，开发演艺衍生品，延长产业链，联合工商、发改、旅游等部门规范演艺行业市场行为，避免出现低价竞争、恶性竞争。扶持发展一批节庆会展业、影视动漫产业、文化创意产业、艺术服务业等新兴文化产业。创新乡村文化产业、教育培训业。进一步强化产业门类联动，促进文化产业与旅游、城乡建设、特色农业、生态产业相结合，激发新的文化

创意，催生新的文化产品。各类产业按照重点突破、联动发展、梯度推进的原则，在政府主导下，遵循市场规律进行，构建科学合理的文化产业形态结构，推进文化产业发展转型升级。大力推动东巴谷户外旅玩基地、非遗文化产业园、大研花巷、云南之窗特色文化展示中心、东方艺术小镇等重大建设项目顺利实施。办好“2018 丽江国际电音节”，努力将其打造成丽江常态化的国际音乐盛会。

（三）建立完善现代企业制度和法人治理结构，提高经济效益

要对丽江市各类文化企业有重点、有阶段、有针对地扶持，着力打造文化创意龙头骨干企业，助推发展文化创意企业，鼓励支持中小文化经营户通过兼并、合并、合资、战略结盟等方式尽快建立完善现代企业制度和法人治理结构，向“专、精、特、新”方向发展。举办丽江首届民族民间旅游工艺品博览会，重点培养 1~2 家旅游工艺品企业，加大产品研发力度，推出一批具有鲜明特色的丽江文化旅游产品。在追求企业整体价值最大化的前提下，以本土特色文化资源为依托，获取和提升企业内在优势，有效整合行业外部资源，加大“升规纳统”力度，力争每年新增规模以上文化企业 5 家。对每年新纳入联网直报的文化企业及文化产业增加值贡献大的骨干文化企业给予 5~20 万元奖励。在数量增加的同时向品牌塑造战略转型，打造一批导向正确、创新灵活、优势突出、特色鲜明的规模以上文化企业集群，重点推进以“金、木、土、石、布”五位一体的民族民间工艺品业，开发一批具有鲜明地方特色和民族特色的民族服饰、披肩、刺绣、木雕、东巴纸、蜡染、珐琅银器、烙画、土布包等产品，通过丰富产品的文化内涵，提升产品质量，突出手工技艺的高价值，加强民族民间工艺生产的体验和营销，提升民族民间特色工艺的品牌影响力。

（四）优化产业布局，实现产业集聚与产业拓展在空间上的互动

转变资源配置方式，强化古城区和大玉龙景区文化资源的配置与利用，合理布局产业结构，优化空间布局，激发产业集聚与辐射效应；提升产业项目准入标准，丰富提升文化产品的种类与服务，强化文化创意、文化体验、

文化展演的功能，提升城市品牌的影响力，培育“文化底蕴浓厚、文化要素聚集、文化事业繁荣、文化产业发达、文化创新活跃”的“中央文化区”。充分挖掘玉龙县、宁蒗县、华坪县、永胜县的生态、文化、旅游、农副产品生产等多元资源，强化江东三县与中心区域的资源互补，拓展和延伸文化旅游的发展空间和产业链条，形成“中心—外围”资源互补和平衡发展的“两翼”延伸格局。挖掘和开发边屯文化、他留文化、宁蒗摩梭文化、普米韩规文化，培育以程海为中心的生态文化、民俗文化与边屯文化体验园，拓展休闲文化产业的发展空间；依托古城巨大的旅游市场，“借船出海”，培育“一村一品”乡村文化产业，带动江东三县民族工艺、民族演艺文化、休闲度假、会展节庆产业的发展；创意和提升永胜三川镇等独有的生态农业资源，培育生态观光型农业，实现传统经济与文化创意的互动发展；借助独特的文化资源，开发以纳西族三朵节、棒棒会、火把节，傈僳族阔时节，普米族吾昔节，摩梭人的转山节，他留人的粑粑节等为代表的民族节庆资源，以及永胜三川荷花节、华坪芒果节等为主体的地方特色节庆，丰富和拓展了节庆会展业的形式与内容。

（五）大力实施“文化+”战略，推进文化与科技、金融、创意、旅游及区域传统优势产业深度融合

积极主动融入国家“一带一路”“长江经济带”和“藏羌彝”文化产业走廊建设，以创新创意为动力，以重大项目为载体，以延展产业链为重点，以提升产业整体实力为目标，大力发展“文化+”产业发展新模式，通过信息技术、网络媒体、数字技术等现代高新技术在文化领域的应用，积极发展文化创意、动漫游戏、移动多媒体、数字文化等新兴文化产业，推进文化产业发展转型升级，促进传统工艺技艺与创意设计、现代科技、时代元素相结合，培育文化产业新业态，创新民族民间工艺品文化品牌，打造特色鲜明的民族民间工艺品聚集区。重点把金茂丽江创意文化产业园区、丽江宋城文化旅游区二期、泸沽湖女儿国文化旅游区等一大批资源有优势、有品牌影响力、市场前景好的重大文化产业项目打造成文化与科技融合发展的示范区，把纳西

创世纪文化体验中心打造成文化与科技融合发展的品牌。将复华文旅小镇、大研花巷申报为云南省文化产业示范园区（基地）。大力发展规模以上企业，构建现代文化市场体系。促进传统工艺技艺与创意设计、现代科技、时代元素相结合，培育文化产业新业态。

进一步完善银地、银政、银企合作机制，建立多渠道多层次文化产业融资体系。引导建立灵活多样的投融资体系，多层次搞活文化资本市场。支持设立更多运作规范的文化产业小额信贷公司、融资担保公司，建立互保联保互押、利益共享风险共担的良性机制。制定云南文化产业发展基金丽江子基金建设方案，争取年内在丽江设立丽江文化产业发展基金。扎实做好省级文化产业发展基金、引导基金与本地企业及项目的对接工作。

（六）发挥宏观调控，完善政策体系

结合党的十九大精神，加强顶层设计，充分发挥政府宏观调控的作用，出台和完善地方性相关政策意见，加强政策引导和监管力度。重点围绕市场准入、财政、金融、税收、土地、文化消费、对外文化贸易等重点领域细化政策支撑，为文化企业做大做强、文化产业快速发展提供有力保障。相关职能部门要吸纳各地成功经验，逐步研究制定较为系统、操作性强、更加细化的文化产业发展政策。一是根据文化产业发展实际情况和存在的问题，量身打造一系列有针对性的政策法规，解决文化产业现阶段的发展需求。二是加大资金扶持力度。要进一步增加文化产业发展资金额度用于文化产业的引导扶持，实现财政资金使用效益最大化。

参考文献

［1］杨宝琼．丽江市文化产业现状及发展路径思考［A］．丽江社会科学，2018（3）：12-17.

金茂丽江文化创意产业园区发展研究

文化是一个民族智慧的基因，创意则是它发展的动力和创新的标志。发展文化创意产业是社会主义市场经济条件下满足人民群众多样化精神文化需求的重要途径。加快发展文化创意产业，推动文化产业成为国民经济的支柱产业，是实现社会主义现代化的重要战略选择。创意产业自 20 世纪 80 年代兴起于英、美等发达国家之后，因其对经济增长和社会发展的巨大引擎作用而备受瞩目。进入 21 世纪以来，创意产业在全球范围内呈现蓬勃发展的态势。目前，美国、英国、欧盟 日本、韩国等国家和新兴经济体的创意产业增加值对经济的贡献率均已超过了传统产业，创意产业已经成为支柱性产业。

金茂丽江文化创意产业园是由丽江市政府和中国金茂控股集团有限公司共同合作建设的重点项目。金茂丽江文化创意产业园旨在为丽江文化产业发展和旅游产业转型升级提供更为完善的基础配套设施和更为优质的服务体系，补齐丽江市级公共文化服务设施短板。按照丽江市政府和中国金茂集团“高起点规划、高标准建设、高水平管理”的总体要求，将力争在 2 年内建设成为国家级文化产业示范园区、国家 AAAA 级景区、全国藏羌彝文化产业走廊重点项目、丽江市创意文化硅谷。

一、金茂丽江文化创意产业园区发展现状

金茂丽江文化创意产业园项目位于丽江市古城区俄古罗片区 4 号地块，项目总用地面积为 145291 平方米（约 218 亩），规划建筑面积 15 万平方米，预计总投资 20 亿元。项目整体布局综合采用点、线、面相结合的艺术手法，层层递进、相互连接又主次分明、互为表里、和而不同。多组单体建筑沿中心湖区围合布置，于东侧城市主路—玉泉路设置主迎宾广场，南北分列文化

博览中心和博物馆新馆，建立起园区的城市门户形象。顺迎宾广场主轴线向西叠水漫落，底景即为丽江市大剧院，通过独特的曲面屋顶、露台及大台阶的设计和对周围建筑群高度的控制，塑造出丽江最富象征意义的文化地标。在大剧院的西南侧依次布置丽江市文化馆和丽江市广播电视台，并通过一个文化礼仪广场来协调 3 个文化建筑与文博中心西区间的关系，运用次轴线和均衡对称的布局手法界定出庄重典雅的文化会议片区并能便捷地与南侧市政道路相接。文化博览中心沿南侧道路横向展开，东西向连接迎宾广场和礼仪广场，南北向也设置了 3 条景观通廊直抵中心湖区，通过这种鱼骨式的流线设计将文博中心彻底激活、打开，以容纳更为多样、生动的市民活动。用地西北侧可达性相较东侧、南侧低，规划布局中考虑引入一些尺度更为灵活，便于分割经营的工坊、合院客栈等体验型业态，营造舒适环境来吸引人们更长时间的停留、住宿，以非遗文化街的开放街区形态串联西北入口广场和博物馆西门，内部适当放大的广场节点适合举行多样的民族节日庆典和非物质文化遗产的展示营销等活动。

1. 丽江大剧院

丽江大剧院占地约 40 亩，建筑面积约 2 万平方米，预计总投资额约 2 亿元。本项目功能定位是按照“世界一流，国内领先”的建设标准，以满足人民群众多层次演艺文化活动服务需求为基础，集成会议、演艺、影院三大核心功能，融合文化娱乐与商业休闲，打造丽江地区体量最大、功能最全、设施最先进的全新体验式文化娱乐中心，实现片区文化旅游设施的整体联动，更好地为国内外文化旅游客户提供高品质的文化娱乐服务。本项目的建设目标是遵循“政府主导，地区为本，社会参与，市场运作”的发展理念，以“打造全域旅游新丽江”为总体要求，不断探索公共文化服务模式创新，建设集会议、演艺、影院、商业、娱乐等多功能于一体的全新体验式演艺中心，并实现与片区文化旅游设施的整体联动，完善区域文化设施网络，推进丽江现代文化服务体系建设。通过项目建设与运营，加快推动区域文化产业与旅游产业的深度融合与优化升级，培育经济发展新的增长极，助力丽江建设世界文化名城目标的顺利实现。

2. 丽江市博物院新馆

丽江市博物院新馆占地约 28 亩，建筑面积约 1.35 万平方米，预计总投资额约 1.3 亿元。该馆是建设世界文化名市，打造丽江文化硅谷的重点建设项目之一。按照国家一级博物馆的标准，将其建设成为充分体现民族传统、地方特色和时代精神的现代化博物馆。遵照大型馆标准，丽江市博物院新馆定位为综合型博物馆。该馆将全面反映丽江历史和文化的特色，既具有丽江传统建筑风格，又具有现代博物馆理念，力图塑造成为地标式的博物馆建筑。同时，该馆将充分与丽江旅游业融合发展，全面融入金茂丽江创意文化产业园，进一步突出和彰显丽江历史和文化的内涵与魅力，创新文化旅游品牌，提升文化旅游品质，释放文化经济价值。努力将其打造成国家 4A 级景区，建设成丽江历史民俗文化对外展示交流的重要窗口和基地。

3. 丽江市文化馆（美术馆、非遗馆）

丽江市文化馆占地约 16 亩，建筑面积约 1 万平方米，预计总投资额 1 亿元。本项目功能定位是以国家一级文化馆建设标准为基础，复合文化馆、美术馆、非遗馆等多领域文化设施，以满足人民群众多层次文化服务需求为导向，集成展览展示、群文活动、图书阅览、文创研究等核心功能，突破传统公共文化设施服务单一、效率低下，难以满足群众不断增长的文化消费需求的瓶颈，整合公共文化服务、特色民俗文化传习、科教培训、商业休闲等服务功能，实现区域文化、旅游、商业的交织穿插与整体联动，打造丽江全新体验式综合性文化中枢。通过项目建设与运营，加快推动区域文化产业与旅游产业的深度融合与优化升级，培育经济发展新的增长极。

4. 丽江广播电视传媒中心

丽江广播电视传媒中心占地约 16 亩，建筑面积约 1 万平方米，预计总投资额 1 亿元。项目总体功能定位是为适应丽江市旅游经济飞速发展，提升丽江市的整体形象，丰富人民群众日益增长的文化旅游需求以及增强对民族特色文化宣传力度，以承接电视电台办公、晚会、会议录播及承接影视拍摄的使用要求为出发点，致力于打造一个集广播电视节目制作、播出、演出、影视节目制作及对外宣传交流于一体的现代化的广播电视传媒中心。项目总体建设目标是依托玉龙雪山盛景和纳西民族文化，秉承“环境与心境和谐相生”的原则打造，致力于提升丽江文化创意产业的品牌形象，提高其市场认知度，通过名牌栏目、节目的打造，突出宣传特有地域文化特色，整体提升广播电视宣传的品位和层次，提高节目播出质量，为丽江民族民俗文化的广泛传播增添一份力量，有效促进丽江文化旅游产业的进一步发展。

5. 文博中心和非遗文化一街区

文博中心和非遗文化一街区占地约 118 亩，建筑面积约 9.7 万平方米，预计总投资额 10 亿元。项目总体功能定位是为适应丽江市旅游经济飞速发展，提升丽江市的整体形象，丰富人民群众日益增长的文化旅游需求，满足旅游者特别是高端旅游者对特色民族文化知识性、探索性的需求心理，形成以市场为导向的规模化非物质文化遗产展示基地，以展示丽江当地特色文化为主，满足当前市场的极大需求，建成最丽江、最云南的非物质文化一条街及现代化的商业中心。项目总体建设目标秉承“环境与心境和谐相生”的原则打造，按照传承历史文脉、保护文化遗产、融入生活方式的原则，坚持与生态保护相结合、与产业化相结合、与市场化相结合的原则，着力打造成文化内涵丰富、生态环境优美、人文和自然交相辉映的非物质文化遗产一条街及现代化的商业中心，吸引更多的国内外游客，进而促进丽江市文化旅游行业的发展。

目前整个园区已完成项目指挥部的建设；已完成总包办公区、民工宿舍区的建设；已完成红线外大市政雨污水管道；完成园区环形道路的建设；已完成整个园区“三通一平”。丽江市博物院新馆项目可研报告于 2016 年 9 月通过评审；水土保持方案报告书、环境影响评估报告表于 2016 年 10 月通过评审；规划用地许可证报批、规划方案报批于 2016 年 10 月完成；2016 年 11 月完成初步规划设计报批；2017 年 2 月通过抗震设防专项审查；2017 年 5 月完成施工图审查及消防审查，2017 年 8 月完成建设用地批准书、人防设施异地建设相关手续。目前已进入工程招标阶段；已开展展陈设计方案征集工作；泛光照明设计方案已基本完成。

丽江大剧院、丽江市文化馆（美术馆、非遗馆）、丽江广播电视台（广电传媒中心）已完成规划设计方案评审，进入施工图设计阶段。金茂集团独立开发的文博中心和非遗文化街区等项目已进入规划设计阶段。

二、金茂丽江文化创意产业园区发展路径

（一）因地制宜，注重文化创意与旅游产业的融合发展

根据丽江的地域特点，要更加注重文化创意与旅游产业的融合发展。文化创意产业与旅游产业融合的基础是，文化创意产业具有丰富的文化等资源，旅游产业具有一定的市场份额和转型的发展潜力。丽江作为“古丝绸之路”和“茶马古道”重点城市，具有丰富的民族文化、浓郁的民族风情和秀丽的自然风光，这些都是丽江发展文化旅游产业的宝贵资源与财富。这些特点足以将金茂丽江文化创意产业园区打造成文化创意旅游产业的聚集地。将地域文化、地域气候、地域特产等融入文化创意旅游产品当中，创造出具有地域特性的文化创意旅游产品。

（二）增强品牌意识，加大品牌投入

加强品牌投入，提高园区品牌、行业品牌、企业品牌的规划、策划、营销、推广能力，提高文化产业的知名度和美誉度。实施企业壮大工程。加快培育一批发展前景好、经营业绩优、业界知名度高，市场占有率高、拥有自主知识产权的文化品牌。企业要向专、精、特、新方向发展，以资本为纽带进行跨地区、跨行业、跨所有制兼并重组。向资本市场融资，培育一批文化领域战略投资者，进一步做大做强。加强发展原创性好、科技含量高的项目，加大对文化产业产品研发、制作、推广和服务的重点项目的投入，创造出具有特色的、高质量的丽江文化创意品牌产品。

（三）提质增效，提升文化创意旅游产品层次

提升旅游产品的质量，丰富产品的类型，为丽江转型旅游产业的今后发展提供更好的方向。云南省文化厅副厅长杨德聪在第 52 届烽火文创论坛中说：“时代呼唤我们创新，时代呼唤我们进一步地发展壮大。唯有创新，唯有

立足于产业结构转型升级调整，我们的文化产业才有可能获得更高的、更好的、更快的发展。”对于文化创意与旅游产业融合来说，不仅需要的是文化层次的融合，更重要的是精神层次的升华。对丽江而言，文化创意与旅游产业融合应该在文化层次的基础上，通过创新设计、科学技术等方式对文化产品进行创新，打造更符合丽江特色的文化旅游产品，提升旅游产品的高度。

（四）营造良好发展环境，完善政府扶持政策

一是完善文化创意产业扶持相关政策。随着经济结构的调整，将文化创意产业打造成丽江的又一支柱型产业成为现阶段的新要求。因此，丽江市应该积极主动地推动文化创意产业的发展，深入贯彻落实《云南省人民政府关于推进文化创意和设计服务与相关产业融合发展的实施意见》等推进文化创意产业创新发展的相关政策，结合丽江的具体情况，综合运用税收、财政、金融等手段，在市场准入、工商登记、税收和资产等方面放宽条件，同时给予企业一定的优惠，加快文化创意产业健康有序发展。二是积极营造有利于产业发展的市场环境。丽江市应该根据文化创意产业发展的需要建立良好的市场环境，建立投资平台和信息交流平台，使合作企业可以在双方或多方信任的前提下，无保留地创造出文化创意产品。在信息平台上，让企业可以了解消费者的喜好和政府的优惠政策，在降低企业运营成本的同时，创造出消费者需要的新型产品。同时注重市场的需求、供给量，为企业尽量提供正确咨询，减少企业损失。

参考文献

［1］赵玉石，曹一夫. 吉林省文化创意产业园区发展问题研究［J］. 当代经济研究，2014（12）.

［2］王长和. 文化创意产业园区发展对策探讨［J］. 科技经济导刊，2018（16）.

［3］杨睿. 文化创意产业与旅游产业融合发展研究——以昆明市为例［D］. 云南财经大学，2018.

县域经济篇

古城区发展路径及对策研究

一、古城区县域经济发展现状

（一）2016—2017 年古城区县域经济发展各项指标完成情况

2016 年，古城区全年地方生产总值达 116.8 亿元，同比增长 6%；一般公共预算收入达 13.76 亿元，增长 3.2%；完成固定资产投资 101 亿元，增长 10.7%；完成工业总产值 33 亿元，同比增长 7.8%；社会消费品零售总额达 50.34 亿元，增长 12%；城乡常住居民人均可支配收入分别达 32202 元和 14606 元，增长 9.6%和 9.7%。居民消费价格总水平涨幅、城镇登记失业率、人口自然增长率、单位 GDP 能耗等指标均控制在上级下达的指标范围内。教育、卫生、安全生产等工作完成量化考核任务。

2017 年，地方生产总值达 126.9 亿元，增长速度为 8.1%；一般公共预算收入达 10.6 亿元，减少 26.1%；完成固定资产投资 116.2 亿元，增长 15.1%；完成工业总产值 32.9 亿元，同比减少 0.4%；社会消费品零售总额达 56.4 亿元，增长 12.0%；城乡常住居民人均可支配收入分别达 34939 元和 15877 元，增长 8.5%和 8.7%。居民消费价格总水平涨幅、城镇登记失业率、人口自然增长率、单位 GDP 能耗等指标均控制在上级下达的指标范围内。教育、卫生、安全生产等工作完成量化考核任务。

（二）2016 年古城区县域经济发展现状

1. 狠抓产业发展，优化经济结构

一是发展高原特色农业。认真落实各项支农、惠农政策，完成第一产业增加值5.5亿元，同比增长5.5%；农、林、牧、渔业总产值达9.6亿元，增长7%；粮食产量稳定在4.7万吨。大力推进技术示范推广工作，全区农业技术入户率、到位率均达100%。全力加快农产业基地建设步伐，做强、做优生物创新产业，加快发展蔬菜、水果、花卉、中药材等高原农特产业。全区蔬菜种植面积达3万亩，苹果、蓝莓等特色水果种植面积达2万亩，铁皮石斛等高原中药材种植面积达7723亩，绿化苗木和特色花卉种植面积达6470亩。完成烤烟产量4.5万担，实现产值7000万元。农业组织化经营水平不断提升，新增重点农业龙头企业5家。二是加快新型工业化进程。坚持创新驱动战略，推动工业提质增效，完成第二产业增加值36亿元，同比增长7%。锦园食品3000吨纳西特色农副产品加工、建福机床高速立式加工中心等项目投产，昆仑燃气天然气门站项目建设全面完成，白浪花水电站技改、龙源风力发电、羊见水电站等项目有序推进。国际空港经济园区、金山高新创意园区基础设施建设前期工作稳步开展，上海斐讯、北京中高、云南飞驰、五粮液等一批优质企业相继落户园区。认真实施“两个10万元”微型企业培育工程，扶持发展小微企业153家。深入实施“惠企贷”“助保贷”优惠政策，为42家小微企业发放贷款9000万元。三是现代服务业繁荣发展。着力推动旅游层次由观光型向复合型转变，鹰猎文化公园、九色玫瑰小镇等新兴景区景点建设有序推进，丽世、温德姆等高端酒店品牌相继入驻，康体旅游和营地旅游等新业态蓬勃兴起，旅游产业全域化进程不断加快。全年接待国内外游客2701万人次，同比增长17.37%，其中海外游客107万人次，增长1.71%；实现旅游综合收入417亿元，增长25.93%。全面推进电子商务进农村试点工作，投资480万元建成区级电子商务公共服务中心和11个乡级电子商务公共服务站点。新建物流园区31万平方米。完成第三产业增加值75.3亿元，增长5.5%。

2. 狠抓项目建设，增强发展后劲

一是项目带动作用充分体现。加快推进项目落地，集中开工百货天街、市医院门诊楼、传统村落保护、保利家园等重大项目33个，完成投资28.5亿元。深入开展固定资产投资攻坚行动，金诚国际建材家居商城、复华壹号院、丽江坝水资源循环利用等项目顺利推进，大研古城5000立方米消防水池、荣华片区排污管网、束河马戏演艺等项目如期完工。积极谋划、包装和申报项目，“十三五”集群规划确定重大项目547个，预计总投资1265亿元。二是对外开放领域不断拓展。促进区域联动发展，华丽高速、丽宁公路等对外通道建设有序推进，丽鹤高速、丽江机场4E改扩建前期工作扎实开展，与周边县区在旅游、水电、交通、物流等领域的合作进一步密切。积极承办各类大型会议、赛事、展览等活动，成功举办第三届格兰芬多国际自行车节、云南名特小吃暨民族餐饮文化节、“双十二古城农特产品购翻天”等活动。创新招商方式，加大精准招商力度，招商引资项目68个，到位资金73亿元。

3. 狠抓统筹发展，提升人居环境

一是城市建管水平不断提升。深入开展“四治三改一拆两增”行动，人居环境提升工作被省委、省政府列为先进典型。生活垃圾日处理量达360吨，城市生活垃圾无害化处理率达85%；束河、文智、荣华、清溪等片区给水管网和排污管网建设如期完成，东界河、象山等片区4000户城镇棚户区改造稳步实施，拆除“两违”建筑17.6万平方米。投资811万元完成福慧路、民主路道路绿化恢复工程，全面开展城市干道补植补种和节点绿化，新增绿地8.7万平方米。文智路、西安路北段建成通车，清溪东路、玉锁路建设和中心城区亮化工程有序推进，香格里拉大道、雪山路配套设施改造提升工程全面启动，城市基础功能不断完善。二是农村发展基础更加坚实。深入开展农村“七改三清”行动，投资4730万元完成普勤路、忠义路、东漾路、老丽华路改造，实施江边路、罗玄路、拉马古路、石文路建设，完成农村公路建制村通畅工程51千米。完成饮水安全提升改造工程13件、五小水利工程214件，解决3655人的农村饮水安全问题，农村集中供水率达90%。改造农村牲畜养殖圈舍1.7万平方米。农村宽带覆盖率达80.2%。全力打好脱贫攻坚战，实施整乡推进项目2个、整村推进项目10个，易地扶贫搬迁234户767人，293户999人建档立卡贫困人口全部脱贫。三是生态环境持续改善。建立党政领导干部环境保护“党政同责”“一岗双责”责任制，严格执行环境影响评价和“三同时”制度。加强环境保护联动执法，依法处理环保违法违规建设项目8个。继续实施水环境整治，开展洗车行业环境污染专项治理，建立城区主要河道常态化清淤机制，加强集中式饮用水源地建设和保护，饮用水源地水质达标率达100%。深入开展餐饮业环境污染综合整治，推广油水分离器780台，实现餐饮业油水分离器全覆盖。医疗废物处置中心建成运行，医疗废物基本实现无害化集中处理。持续推进生态修复，完成退耕还林1000亩、石漠化综合治理2000亩，营林造林2.3万亩。

4. 狠抓民生事业，改善人民生活条件

坚持“教育优先”发展战略，区一中教学综合楼、白龙潭小学教学综合楼、金安幼儿园等项目建设基本完工，文荣学校建成招生，启动职教园区、滇西应用技术大学（丽江）国际酒店管理学院建设。认真实施第二期学前教育三年行动计划，学前三年入园率达92%。全面开展基本公共卫生服务，加快公立医院改革，启动实施全国慢性病综合防控示范区建设，稳妥实施“全面二孩”政策。完成区妇幼保健院和金山、大东卫生院基础设施建设。坚持文化立区战略，举办“纳西之韵·大美丽江”、热美文化艺术节等各类大型文艺活动25场次，组织书画摄影作品展9场次，成功打造《欢腾秀》《云南的响声》等演艺品牌。广泛开展全民健身运动，促进群众体育和竞技体育全面发展，实施七彩云南全民健身基础设施工程9个，人均体育场地面积达1.87平方米。

全年民生支出20.1亿元，占财政支出的75%。继续提高困难群众的生活保障水平，发放城市低保金2295万元、农村低保金1366万元、“五保”供养金335万元、临时救助金100万元。关心困难群众住房保障，公租房入住1192户，廉租房入住948户，农村房屋保险参保率达100%。积极开展“双拥”工作，发放优抚对象定量补助455万元，安置退役士兵、转业士官68人。积极促进就业创业，转移农村富余劳动力4553人，新增城镇就业3250人，实现劳务收入3.5亿元，古城区三届人大四次会议上承诺的10件惠民实事全部办结。

（三）2017年古城区县域经济发展现状

1. 转型升级，产业提质增效迈上新台阶

一是农业农村经济平稳运行。农田水利建设、中低产田改造等工作扎实开展，新增年蓄水能力45万立方米。农产业内部结构继续优化，观光农业、乡村旅游得到长足发展。第一产业增加值达5.69亿元，同比增长5.5%。二是工业经济增速加快。受电力市场销售价格上升及售电量增加、水泥市场价格回升等因素的影响，全区工业总产值完成32.9亿元，同比减少0.4%；全区建筑业增加值同比增长11.8%。第二产业增加值完成41.33亿元，同比增长11.2%。三是第三产业稳定运行。金融保险、商贸物流、电子商务等现代服务业蓬勃发展，第三产业增加值完成79.9亿元，同比增长6.7%。

2. 双轮驱动，投资消费实现快增长

继续实行重点项目领导挂钩责任制和按季集中开工制度，全社会固定资产投资额同比增长15.1%，产业投资比重上升。复华壹号院、丽江市古城区长水综合建材市场改造、金山高新技术经济区“双创”中心等项目进展顺利，滇西应用技术大学丽江国际酒店管理学院、丽江市城市生活垃圾焚烧发电、丽江师范高等专科学校基础设施建设等项目前期工作抓紧开展。坚持扩内需、促消费，通信网络、电商等消费继续升温，微信支付成为时尚。“古城馆”和“GO古城”本地销售电商平台开馆，为推动本地外贸企业开展跨境电商业务提供了通道。

3. 城乡一体，城镇化进程取得新突破

以特色小镇创建为平台积极申报创建一批特色小镇，古城区丽江古城特色城镇成功列入云南省特色小镇创建名单，位列全省5个创建世界一流特色小镇之首。加快推进海绵城市、地下综合管廊及城市微循环道路建设步伐，实施完成香格里拉大道南段人行道改造工程，清溪东路建成通车，束河古镇截污管网建设完成，城市路灯改造、城市污泥处理处置等工程顺利推进。规范城市精细化管理，深化国家文明城市创建工作，加大市容市貌整治力度，建成区绿地率达38.7%，城市人均公园绿地面积达30.22平方米。继续在城市和农村分别实施“四治三改一拆两增”和“七改三清”行动，整合资金扎实推进乡村水、电、路、气、厕、房、网络等基础设施提升改造工程，农村居民生产、生活和生态环境条件进一步改善。

4. 注重落实，深化改革工作激发强动力

推进供给侧结构性改革，房地产去库存成效明显。行政审批制度改革加快推进，推行“双随机一公开”监管公开。深化财税体制改革，制定出台了《政府向社会力量购买服务的实施办法》，探索运用政府和社会资本合作（PPP）模式，通过政府向社会购买服务模式融资5亿元用于金虹山棚户区改造。旅游体制改革强力推进，成立区公安分局旅游警察大队，旅游市场整治工作力度加大。深化商事制度改革，继续实施“五证合一”和“两证整合”改革，加快企业名称登记制度改革。启动农合机制改革，推进农村信用社改农商行工作。民主法治、事业单位分类改革、生态文明体制等改革继续向纵深推进。

5. 环境优先，生态文明建设显现好成效

继续实施退耕还林还草、天然林保护工程，完成国家2万亩抚育林补贴项目建设。加强石漠化监测治理及中低产林补植补造力度，深化河湖管理保护工作，全面推行河长制。丽江坝水资源循环利用（再生水）提水工程有序实施，全面启动地下水治理工作。加大节能技术、节能产品的推广运用，支持企业发展循环经济。贯彻落实新《环保法》，清理整顿违规建设项目8家。严格执行环境影响评价“三同时”制度，划定大研、祥和、西安、金山、束河、开南6个街道和七河镇（坝区）为禁燃区。加强城区水环境监管，开展洗涤行业及燃煤锅炉使用、洗车行业专项环境整治。加大农村生态环境保护，实施传统村落环境综合整治。

6. 统筹协调，社会民生得到新改善

一是社会事业协调发展。开展现代教育学校督导评估，促进学校规范办学、自主发展、特色发展，积极申报大研中学为“云南省现代教育示范学校”。加强在职幼儿园教师培训，提高幼儿教育工作者的素质。实施一批学校改造提升建设项目，办学条件进一步改善。落实“全面二孩”政策，加强出生人口监测预警。认真做好迎接国家卫生城市复审工作，疾病防治防控、妇幼保健、卫生监管工作正常开展，加快建立以全科医生为主的家庭医生签约服务。“三下乡”、迎新春文艺汇演等群众文化活动蓬勃开展，成功申报第四批省级非遗项目9项，物质文化遗产保护工作成效显著，全民健身运动广泛开展。二是织密民生保障网。通过认真落实“贷免扶补”政策、强化职业培训力度等力促就业，上半年全区新增城镇就业 1800 余人，有序转移农村富余劳动力 200 余人，城镇登记失业率控制在 3.94%以内。扩面和提标并重，上半年共征缴基本养老保险基金 2965 万元。实施好农民工工资保证金制度，上半年共受理群众举报拖欠工资案件 47 件，为 170 名劳动者追回拖欠工资 112.9 万余元。加大扶贫攻坚力度，扶贫整乡推进、金融扶贫、易地扶贫搬迁工作稳步开展。认真做好移民后扶工作，库区各项专业项目复建、逐年长效补偿款发放及后扶项目及产业扶持等工作有序开展。不断规范社会救助工作，简化救助程序，对在册的低收入家庭成员开展“一站式”医疗救助和临时救助。加大旅游市场综合整治力度，切实维护游客的权益。深入开展食品药品、特种设备安全生产工作，建设“质量强区”。

二、古城区县域经济发展存在的问题

在客观总结工作成绩的同时，古城区县域经济发展工作仍然存在诸多困难和问题：一是调结构、转方式任务艰巨，投资拉动为主的发展模式尚未改变，一产不优、二产不强、三产不精的产业发展状况影响着古城区发展后劲并制约着古城区发展步伐。二是投资增长动力不足。多年来投资高速增长致使古城区投资基数较大，在地根、银根趋紧，国家房地产调控政策力度加大的情况下投资继续高速增长不可持续，投资内部结构亟待调整优化。三是工业经济发展后劲不足。古城区工业经济一直较弱，产业链条短，产业间关联度低，产品附加值低。企业缺乏高素质管理人才、技术创新人才支撑，职工队伍素质达不到现代企业要求，导致企业新产品研发能力、品牌维护能力、自主创新能力弱，产品市场竞争力不强，拥有自主知识产权和品牌的企业凤毛麟角。四是税收财政收支矛盾突出，非税收入占比过大，税收增长乏力，刚性支出不断攀高，财政预算平衡压力加大。五是城市精细化管理水平不高，与古城区“国际精品旅游城市”的定位还有差距。

三、古城区县域经济发展路径及对策

（一）抓产业促升级，着力培育经济发展动能

按照“做精做优第一产业、做大做强第二产业、转型提升第三产业”的目标，加快推进高原特色农产业、清洁载能产业、生物医药和大健康产业、文化旅游产业四大重点产业发展。一是大力推进农业现代化进程。以推进农业供给侧结构性改革为抓手，坚持产出高效、产品安全、资源节约、环境友好的现代农业发展道路，多渠道增加农民收入。以农业标准化为重点，着力推进畜牧、马铃薯、中药材、烤烟、核桃五大传统高原优势产业发展，挖掘增长潜力。推进一批高原特色农业示范园建设，强化农业新型主体培育。二是加快推进工业转型升级进程。认真贯彻落实云南省人民政府下发的《关于推动水电硅材加工一体化产业发展的实施意见》，依托古城区丰富的电力资源，促进清洁载能产业发展。加快斐讯大数据产业园、云南飞驰新能源旅游观光车整车组装生产项目推进进度。依托优质的生物资源，加快生物医药产业基地建设进度，促进生物医药集聚式发展，增强行业影响力。加快工业园区建设，加大政策扶持力度，加快基础设施建设，吸引产业、资金、技术向园区集聚，增强园区吸纳和承载工业企业的能力，为项目落地创造良好条件。三是推进服务业提质增效。加大旅游基础设施建设力度，大力推进智慧旅游及“互联网+旅游”，推进“一部手机游云南”试点工作。建立健全旅游企业和旅游从业人员诚信记录数据库，完善行业自律规范和机制，引导企业诚信经营，加强旅游市场综合执法，进一步提升旅游服务水平，提高游客满意度。进一步挖掘城乡消费潜力，培育新的消费热点，打造面向游客和本地居民的功能多样、特色鲜明、布局合理、管理规范的特色商业街区和旅游城市综合体，着力改善市场消费环境。加快发展现代物流、健康养老等现代服务业，加快培育电子商务、科技、文化、体育等消费增长点。

（二）抓项目增投资，着力打牢平稳发展基础

充分发挥投资对拉动经济增长的主引擎作用。一是抓好重点项目前期工

作，加快重点项目的前期工作进度，加大可开工项目储备。二是加大向上争取资金力度。及时把握宏观经济局势和国家的投资信息，争取国家、省、市多渠道对古城区建设项目给予资金支持。三是做好 PPP 项目融资工作。策划包装一批成熟度高、符合政策支持导向的 PPP 项目向社会资本推荐，缓解项目建设资金不足压力。

（三）抓改革扩开放，着力激发跨越发展活力

继续全面深化改革，进一步释放经济社会发展动能。一是加快推进供给侧结构性改革。积极有效去库存：加快提高户籍人口城镇化率和深化住房制度改革，加大棚户区改造货币化安置力度，扩大有效需求，加快房地产市场去库存步伐。稳妥有序去杠杆：着力优化融资结构，建立多层次融资渠道，做好重点领域金融风险排查工作，有效防范金融风险；合理控制负债水平，进一步规范政府债务预算管理，妥善处理存量债务，严防违法违规举债担保行为发生。多措并举降成本：加大“放管服”改革力度，继续以电力市场化交易、结构性减税、降低制度性交易成本为重点，切实降低企业负担，促进实体经济健康发展。二是加快推进重点领域和关键环节的改革。继续深入推进行政审批制度、商事制度、投融资体制、财税体制、国资国企、农村综合、民生保障等领域的改革工作。三是加大区域开放合作和招商引资力度。坚持区域协调发展战略，努力向各周边区县学习借鉴成功经验，广泛开展务实交流合作，提高与周边地区的合作水平，以合作拓展发展空间、以合作增强发展后劲。强化基础设施建设，放宽投资准入，完善招商机制，创新招商方式，优化投资环境，引进一批具有较强竞争力的企业和项目落地。

（四）抓统筹缩差距，着力促进城乡协调发展

牢固树立协调发展理念，促进城乡协调发展。一是深入实施乡村振兴战略。培育农业龙头企业、农民合作社、专业大户、家庭农场等新型经营主体，发展规模化、标准化种植养殖。深化农村综合改革，推动土地规范流转，促进适度规模经营。二是强化产业引导。优化提升三次产业布局，立足城镇，准确定位产业发展方向，优化城镇产业结构，增强城镇产业承载能力，实现

"产城融合"发展。三是加快推进丽江古城特色城镇建设步伐。按照阮成发省长提出的"特色、产业、生态、易达、宜居、智慧、成网"七大要素全力推进丽江古城特色城镇建设，进一步改善丽江古城的基础设施，提升文化内涵，提升产业层级，以丽江古城的提升改造带动和辐射周边区域发展。四是继续推进民族团结示范区建设，促进民族地区经济社会发展。

（五）抓生态促发展，着力建设美丽宜居古城

切实加强生态文明建设，着力改善生态环境。一是以改善环境质量为核心，抓好水、大气、土壤污染防治。二是深入推进节能减排。严格控制高能耗、高污染、高排放项目准入，加大落后产能的淘汰力度，推动工业企业节能技改项目建设，鼓励新能源开发建设与应用，加强节能减排指标动态监测。三是加快推进生态文明体制改革。加快建立系统完整的生态文明制度体系，健全自然资源资产产权制度，建立国土空间开发保护制度，完善资源总量管理和全面节约制度，健全资源有偿使用和生态补偿制度，执行领导干部自然资源资产离任审计，加大环保督察力度。四是进一步提升城乡人居环境。提高乡镇生活垃圾处理设施覆盖率、污水处理设施覆盖率、自来水供水设施覆盖率、乡镇与建制村公厕覆盖率。五是加大自然资源保护力度。继续实施天然林保护工程森林抚育建设项目、退耕还林项目、石漠化综合治理、封山育林育草等。

参考文献

［1］丽江市统计局. 丽江市古城区 2016 年国民经济和社会发展统计公报［EB/OL］. http：//www. tjcn. org/tjgb/25yn/35132. html.

［2］《丽江市古城区 2017 年国民经济和社会发展统计公报》。

［3］《关于丽江市古城区 2017 年国民经济和社会发展计划执行情况与 2018 年国民经济和社会发展计划草案的报告》。

玉龙县发展路径及对策研究

一、玉龙县基本现状

玉龙县作为原丽江纳西族自治县的传承和延续，是全国唯一的纳西族自治县，地处丽江市西部，东接古城区、宁蒗县，南邻大理州剑川县，西连迪庆州维西县、怒江州兰坪县，北通迪庆州香格里拉市、四川省木里县。全县辖区面积6198.76平方千米，下辖7镇9乡（含3个民族乡）、1个办事处、104个村（居）委会、1283个村（居）民小组，总人口22.12万人，居住着纳西、汉、白、藏、傈僳等10个世居民族，其中纳西族12.32万人，占总人口的55.7%。全县共有33个基层党（工）委、121个党总支、574个党支部、党员16506名。由于发展的基础差、底子薄、起步晚，玉龙县是一个贫困面大、贫困程度深的省级扶贫工作重点县，同时也是云南省计划首批脱贫摘帽县之一。2016年实施贫困对象动态管理后，玉龙县有建档立卡贫困人口4136户15592人，2014—2016年全县合计脱贫3112户12013人，贫困发生率从6.90%降至1.91%，2017年减贫646户2305人，剩余建档立卡贫困人口378户1274人，贫困发生率降到0.68%。

二、玉龙县发展的主要成就

近年来，面对错综复杂的宏观经济环境和艰巨繁重的改革发展稳定任务，玉龙县委、县政府认真贯彻丽江市委、市政府“跨越发展往前赶、团结进步创一流、生态文明争排头、开放辐射当窗口、共享成果惠民生”的战略部署，紧密结合玉龙县实际，确立了着力打造全国民族团结进步示范区、重点生态功能区、文化旅游创新区、高原特色产业基地，坚决打赢脱贫攻坚战，努力构建“山、水、村、城、人”各美其美、美美与共的全省最美民族自治县目标。为实现上述目标，玉龙县委、县政府以“五位一体”“四个全面”“五大发展理念”为统领，始终坚持稳中求进的工作总基调，切实强化项目投资、特色产业、城镇建设、园区经济“四个带动”，着力破解交通、水利、能源、信息“四个瓶颈”，稳增长、促改革、调结构、惠民生、防风险，各项工作成效显著。2016 年全县生产总值完成 53.45 亿元，同比增长 7%，是 2013 年的 1.25 倍；财政总收入完成 10.94 亿元，同比增长 11.6%，是 2013 年的 1.36 倍，其中公共财政预算收入 7.66 亿元，同比增长 5.5%，是 2013 年的 1.34 倍；规模以上固定资产投资完成 60.20 亿元，同比增长 18.7%；社会消费品零售总额完成 11.31 亿元，同比增长 12%，是 2013 年的 1.43 倍；城镇居民人均可支配收入 23698 元，同比增长 9.5%，比 2013 年增加 6038 元；农村居民人均可支配收入 9272 元，同比增长 10.9%，比 2013 年增加 3009 元。2017 年全县生产总值完成 58.6 亿元，同比增长 9.3%；地方一般公共预算收入 5.58 亿元，同口径下降 24.9%；规模以上固定资产投资完成 73.2 亿元，同比增长 21.6%；社会消费品零售总额完成 12.7 亿元，同比增长 12.4%；城镇居民人均可支配收入 25618 元，同比增长 8.1%；农村居民人均可支配收入 10181 元，同比增长 9.8%。城镇登记失业率、人口自然增长率、居民消费价格总水平涨幅、单位生产总值能耗均控制在市政府下达的指标内。全县呈现出政治稳定、经济发展、民族团结、社会和谐的良好局面。

（一）以摘帽退出为目标，精准发力，脱贫攻坚夺取新胜利

脱贫攻坚事关玉龙县同步全面建成小康社会，事关各族人民福祉，事关巩固党在基层的执政基础，玉龙县始终坚持把脱贫攻坚作为全县最大的政治任务和首要民生工程，举全县之力推进各项工作。一是精准组织，压实责任。结合实际制定了“1985”工作思路，构建县乡村和挂包帮单位“四级联动”的责任层级，严格执行县委常委会每季度至少一次、县扶贫开发工作领导小组每月至少一次、乡镇党委每月至少一次、村党支部每两周至少一次、村民小组和驻村扶贫工作队每周至少一次集中研究落实脱贫攻坚工作的“五个一”

议事规则和“一把手”负责制，通过“书记抓、抓书记”层层压实责任，深入推进“党建+扶贫”联建双推模式；并派出由县委常委任组长的4个专项督查组，每月开展不低于一次的督查；对项目推进、帮扶成效等20个方面进行分类量化考核。二是精准识别，聚焦关键。以群众人均可支配收入作为基本衡量标准，通过“三评四定”“五查五看”，多轮次对贫困户信息筛查识别和“回头看”，明确脱贫退出流程，切实做好民主评议、入户核实、农户确认、公示公告、备案管理、信息录入等脱贫销号“双认定”工作。2017年6月16日开始，按照省、市贫困对象动态管理要求，紧紧围绕“应纳尽纳、应退尽退、应扶尽扶”的目标，严格落实“1+N”精准识别要求和“10种”错评人口剔除标准，强化筛查、比对、核准责任，做到了核心数据准确、重要标准落实；累计召开贫情分析会1013场，涉及群众16.5万人，深入调查遍访了所有农户（53438户）。按照贫困分析、实地调查、数据复核、公开评议、逐级审定等程序，共剔除不精准户244户881人，新识别纳入48户172人，动态管理后贫困人口净增446人，2014—2016年标注脱贫返贫30户103人，2016年底全县剩余贫困人口1024户3579人（含2016年返贫10户38人），贫困发生率1.91%。三是精准施策，合力攻坚。2016年整合25亿元，2017年上半年整合8.01亿元，严格落实“五个一批”，深入推进“九大工程”。抓实基础建设。重点改善以水、电、路、信为主的基础设施，实施666千米村组道路硬化，巩固提升3.8万户人畜饮水安全，实现4G网络村委会全覆盖；累计开工建设易地扶贫搬迁和农村人居环境提升工程4298户14725人（其中建档立卡户2565户8994人，纳入国家易地扶贫搬迁项目289户1189人）；2016年完成“农危改”5500户，2017年计划建设1996户；3个贫困乡整乡推进项目完成投资5.05亿元，13个贫困村整村推进项目完成90%工程量。抓长产业发展。坚持长短结合、以短补长，巩固壮大药材、油橄榄、畜牧等特色优势农产业；2016年整合5968万元资金，按户均不低于1.4万元的标准扶持贫困户发展至少一项致富产业，2017年上半年整合2057万元资金，按户均不低于5300元的标准巩固提升产业，实现每年户均增收3000~5000元。抓细劳务输出、教育脱贫、旅游脱贫、生态补偿等工程。按每项工程1~2个行动计划有序推进，实现建档立卡贫困人口转移就业1145人，成建制输出劳动力

11 批次 248 人（其中建档立卡 141 人）；建档立卡贫困人口直接参与旅游服务 849 人，全县旅游反哺资金达 2589. 34 万元；全面免除建档立卡贫困户子女 512 人高中学杂费，为 396 名建档立卡大学生发放生源地贷款 308. 8 万元；以新一轮退耕还林、天然林保护、森林生态效益补偿等项目为切入点全力推进“生态补偿脱贫一批”工程，生态补偿受益 5419 户，受益资金达 1712. 57 万元。抓牢基层组织，全面推行“党组织+公司+贫困户”，坚持龙头企业带动，培养致富带头人，成立农业专业合作社 709 家和龙头企业 118 家，带动建档立卡贫困户 2204 户，所有贫困村集体经济收入达 1 万元以上。抓强帮扶队伍，在实现挂包帮全覆盖的同时，共组建党员、青年志愿者、科技等五类服务队 339 支 5180 人，进村入户为贫困群众帮劳力、帮技术、帮理财。经过两年多的努力，贫困家庭生产生活显著改善，区域性贫困得到极大缓解，基本完成了脱贫退出“6965”指标任务，基本实现“两不愁、三保障”的目标，顺利通过市级初验和云南省第三方考核评估。

（二）以提质增效为重点，突出特色，产业发展取得新进展

玉龙县发展的差距在产业，潜力在产业，难点在产业，出路在产业。始终坚持优势与特色并举，抢抓机遇、扬长补短，产业提质增效步伐不断加快。一是大力发展高原特色农业。以稻谷、玉米、小麦为主的粮食种植面积达 50. 61 万亩，2016 年末总产量突破 12 万吨，连续 6 年实现增长；以烤烟、药材、畜牧等为主的特色优势产业不断发展壮大，近年来完成烟叶收购每年在 25 万担以上、烟农综合收入在 4 亿元以上，累计发展中药材 11. 69 万亩、核桃 60 万亩、马铃薯 7. 78 万亩、蔬菜 2. 8 万亩、雪桃 2. 06 万亩、油橄榄 5 万亩，蓝莓（1200 亩）、观光花卉（3315 亩）实现从无到有，渔业养殖面积达 2. 23 万亩，肉类总产量 5. 79 万吨，丽江田园油橄榄加工厂开工建设，积极发展新型经营主体 857 个，特色产业规模与效益稳步提升，被列入“全国林下经济发展示范县”“中国林药之乡”“中央生猪调出大县”“全省高原特色农业示范县”，成功举办全国首届中药生产企业与中药材种植企业战略峰会、第 15 届全国“村长”论坛、2017 年中国少数民族村庄发展论坛。二是全力推动新型工业发展。按照“一园三片区”规划，雄古片区建设稳步推进，完成供

水工程、3条支线道路建设，污水处理厂建设有序推进，映华集团整体迁建项目主体工程基本完工，目前已有5家企业入驻；火车客运站片区逐步转型升级为商贸物流区，魔芋寡糖生产线建成投产，改造完成县电子商务产业园（有27家企业入驻）、2016年全县电商销售额达2.3亿元；同时，阿海、梨园水电站成功并网发电，全县生物资源、农特产品、旅游消费品加工及水电等产业为支撑的工业发展新格局初步形成，2013—2016年全县工业总产值累计完成112.41亿元，是前4年的3.61倍。三是全面推进旅游服务业提质增效。坚持上下联动、以点带面，挂牌成立县旅游发展委员会和拉市海党工委，组建县旅游警察大队，新成立县旅游市场监管综合调度指挥部、县旅游调解委员会等多个专项工作机构，紧紧围绕省、市要求制定专项工作实施方案，出台了8个方面33条具体措施，铁腕整治以拉市海为重点的全县旅游市场秩序，特别是针对长期以来管理松散的马场制定了归并方案，将现有的54个马场归并为18个，并逐步实现公司化运营；同时，认真实施玉龙雪山景区改造提升工程，深入推进老君山品牌景区建设、成功创建为国家4A景区，丽江宋城旅游区开园营业，建成一批全国、全省旅游名镇和旅游特色村，以旅游业为主的现代服务业加快发展，2016年共接待海内外游客1152.6万人次，旅游综合收入达118.6亿元，较2013年分别增长53.03%、56.94%，入选“中国旅游竞争力百强县”“全国休闲农业与乡村旅游示范县”“中国最美风景县云南十佳”“中国十佳宜居县”“2017全国百佳深呼吸小城”。

（三）以项目投资为支撑，强力推进，基础建设实现新突破

就玉龙县而言，固定资产投资不管从哪个角度分析都是经济发展最重要的支撑，是推动经济发展最直接、最有效的手段。玉龙县坚持立足长远、基础先行，紧紧抓住重大项目的“牛鼻子”，加快建设适应跨越发展需要的基础设施网络。一是丽江新城活力不断增强。坚持规划引领，以县城为核心的基础设施建设全面推进，区县分设14年累计完成投资100亿元，建成城区8.5平方千米。2013年以来，围绕“丽江新城”的目标定位，积极推进嘉和片区、宋城片区、翔鹭美林片区、南口工业园区等四大城市综合体建设，丽江火车客运站顺利运营，大丽高速公路建成通车，开通公交专线12条，新增城

区公共绿化面积 10 万平方米，县一中、县文化馆、县幼儿园建成投入使用，县人民医院迁建和县委党校建设项目即将开工，县城城市路网、排污管网、金融网点等公共基础设施和通信、商贸物流等服务功能逐步完善，城镇化率提高 6.1 个百分点，达到 25.28%，成功创建国家园林城市、卫生城市、节水城市，有序开展全国文明城市创建工作。二是小城镇建设快速推进。完成 16 个乡镇的总体规划编制，建成民族团结示范乡镇、特色村寨、示范基地 49 个，完成 3200 套棚户区改造，丽香铁路、丽香高速、华丽高速、国道 214 线升级改造、滇中引水勘察试验性工程等重点项目顺利推进，黄山、白沙、拉市 3 个城郊乡镇全面融入丽江城市发展，石鼓、巨甸、鸣音等小城镇建设稳步推进，初步形成了以县城为轴心、片区中心集镇为节点，辐射带动周边区域的城镇化发展新格局。三是农村面貌明显改善。“十二五”时期全县累计投入 9.71 亿元实施“美丽乡村”、一事一议财政奖补、农村饮水安全、集贸市场、农电网改造等 1078 个涉农惠农项目，投入 12.56 亿元实施农村公路通达通畅工程、经济干线、旅游公路等 858.4 千米，投入 5.6 亿元实施土地整治项目 37 个、改造中低产田 26.4 万亩。2015 年以来，为全面打赢脱贫攻坚战，县级财政支出重点向农业农村倾斜，农村地区特别是贫困地区以水、电、路、信等为主的基础设施得到了全面的改善。

（四）以生态保护为前提，标本兼治，城乡环境发生新变化

良好的生态环境是经济社会可持续发展的重要条件，也是一个民族生存和发展的重要基础。当地政府始终坚持“既要金山银山，也要绿水青山”的发展理念，把推进绿色发展作为可持续发展的关键之举，全面促进大美玉龙建设。一是生态环境保护不断加强。以建设国家生态安全重要屏障为目标，严格落实新《环境保护法》，持续深入开展七彩云南丽江保护行动、滇西北生物多样性保护行动；严守耕地红线，狠抓地质灾害防治工作，合理保护开发国土资源，建制村村庄土地规划建设专管员实现全覆盖；加大“两违”和“城市面山、公路面山”整治力度，修复面山和恢复林业生产条件 11.25 万平方米，共拆除违法违规建筑 5.34 万平方米。二是县域环境质量不断提高。完成中央环保督查组交办案件办理，认真整改环保部西南督查中心发现的问题，

依法取缔9家违法排污企业，查处整改23个未验先投、未批先建、批建不符的建设项目；全面实施农村环境综合整治，石鼓、太安、黎明等乡镇垃圾处理站建设有序推进；积极开展烤烟生产“以煤（电）代柴”，2013年来累计推广节柴灶、太阳能热水器1.93万台（套），节能减排目标顺利实现，城乡生产生活环境进一步改善。三是生态县建设成效明显。深入实施退耕还林、天然林保护、湿地保护、野生动植物保护、生态公益林管护、石漠化综合治理等6大生态建设工程，持续加强资源林政管理和森林防火工作，2013年来累计恢复植被18.4万亩，成功创建国家和省市级生态乡镇、生态村38个，全县无重大森林火灾，被列为“国家主体功能区试点示范县”“省级可持续发展实验区”。

（五）以惠民共享为根本，改善民生，社会事业取得新进步

保障和改善民生既是加强社会建设的重要内容，又是推进社会公平正义、促进社会和谐的重要基础。玉龙县始终坚持发展为了人民、发展依靠人民、发展成果由人民共享，不断提升人民群众的获得感。一是劳动就业工作不断推进。注重就业和创业并举，2013年以来实现城镇新增就业5447人，为1270名创业者提供贷免扶补创业贷款1.05亿元，新增转移农村富余劳动力4230人，“零就业家庭”保持清零状态，城镇登记失业率均在3.3%以下。二是社会保障体系不断完善。随着城乡低保减量提标工作的圆满完成，整合城乡居民基本医疗保险制度和机关事业单位养老保险制度改革工作稳步推进，全县社会保障和救助体系日趋完善，各类社会保险参保率保持在93%以上，参保人数达20.28万人，2013年以来累计发放各类社会保障金2.74亿元，建成保障性住房1266套；同时，优抚安置、老龄老干工作和社会福利、妇女儿童、慈善、残疾人事业实现平稳、健康发展。三是教育事业蓬勃发展。全面落实教育惠民政策，2013年以来累计投入2.02亿元，实施中小学及幼儿园校舍改造项目201个，从2016年开始分类区发放乡村教师补贴，“两基”成果不断巩固，各类教育均衡发展，教育教学质量稳步提高，被授予全省“教育工作先进县”。四是医疗卫生工作进一步加强。全面实施基本药物制度，有序推进医药卫生体制改革，认真落实“全面两孩”政策，2013年以来累计完成卫生

院业务楼和卫生室建设项目35个、建成卫生厕所1660座，疾病防控、妇幼保健、卫生监督不断加强，新农合参合率达99.99%，“看病难”“看病贵”问题得到有效缓解。五是文体事业不断进步。公共文化服务水平不断提升，“农家书屋”实现全覆盖；文化遗产保护工作扎实推进，公布申报非遗保护项目109个，4项东巴古籍入选国家珍贵古籍名录；积极培育和发展文化产业，以民俗文化体验、文艺演出、会展为主导的文旅产业发展良好，涌现出《依古纳西》《丽江千古情》等一批优秀民族文艺作品，被列为“云南省特色文化产业示范县”；实施全省体育基础设施“整县推进”项目，青少年足球在全省全国比赛中屡创佳绩，荣获“全国群众体育工作先进县”的称号。六是全面深化改革工作扎实推进。制定实施供给侧、农业农村、文化体制等一批重大改革措施，完成938个村民小组农村土地确权登记颁证摸底调查工作，党政机关公务用车改革稳步推进，政府机构改革迈出坚实的步伐。

（六）以依法治县为引领，统筹兼顾，和谐局面得到新巩固

玉龙县是一个多民族聚居、多宗教并存的地区，营造安全和谐的社会环境责任重大、意义深远。玉龙县始终坚持把依法治县作为推进玉龙治理体系和治理能力现代化的根本任务，稳扎稳打、协力共推，全县社会发展保持稳定和谐。一是全力推进法治玉龙建设。以“法律七进”“百名干警大下访”等为载体，深入开展“六五”“七五”普法，法律服务、法律援助体系进一步完善；扎实推进民族立法工作，颁布实施自治县水资源、矿产资源、林业资源等保护管理条例；人大、政协围绕全县中心工作积极发挥法律监督、民主监督作用，“一府两院”工作更加规范，县人民法院荣获“全国模范法院”称号。二是全力维护社会和谐稳定。全面推行“五级联动”、领导干部包案化解和接访、下访、约访制度，强化社会稳定风险评估，“大调解”工作体系初步形成，2013年以来“五级联动”监督平台共受理解决群众诉求4029件；深入推进“十户联防”网格化服务管理和信息化建设，扎实开展禁毒防艾、反恐反邪、缉枪治爆工作，严厉打击各类违法犯罪，最大限度地消除了不和谐、不稳定因素，人民群众的安全感进一步增强；国防动员和后备力量建设、民族宗教、涉藏维稳、群团组织建设工作不断加强，爱国统一战线进一步巩固。

三是全力深化平安玉龙创建。严格落实“党政同责、一岗双责”安全生产责任制，围绕道路交通、消防、建筑、食品药品等重点领域深入开展大检查、大整治，有效遏制了较大以上安全事故的发生；全县应急预警、救援和防灾减灾体系日趋完善，应对处置自然灾害和突发事件能力不断提升。县委被国务院授予“民族团结进步模范集体”称号，玉龙县被评为省级“双拥模范县”“药品安全示范县”“餐饮服务食品安全示范县”，在丽江市综治维稳考评中始终名列前茅，并在过去的7年中6次荣获省级“先进平安县”称号，在全省2016年下半年公众安全感和满意度测评中名列第一，连续3年实现了“无进京越级上访、无大规模集体上访、无因信访问题引发的极端恶性事件和舆论负面炒作”的“三无”目标。

三、玉龙县经济发展存在的问题

在玉龙县经济社会发展各项工作取得可喜成绩的同时，玉龙县发展仍然存在一些不容忽视的困难和挑战，与先进发达地区还有较大差距，主要表现在：

一是经济发展进入新常态，全县生产总值、规模以上工业增加值等经济指标低速增长，与经济社会跨越发展需要不相适宜。经济运行仍面临诸多不确定因素，经济实现持续较快增长的支撑并不牢固，全县固定资产投资、规模以上工业增加值、社会消费品零售总额增速均低于丽江市平均水平。

二是全县经济总量偏小，财源结构单一，基础设施建设滞后，产业支撑不足的情况依然突出。

三是贫困面大、程度深，巩固脱贫攻坚成效任务艰巨。

四是生态保护与发展矛盾突出，提升城乡人居环境任重道远。

五是部分干部群众的法治意识淡薄，公民文明素质和社会文明程度有待提高。

六是基层组织建设还需加强，极少数党员干部作风不实、担当不足，与新形势、新任务、新要求仍有差距。

七是随着旅游市场综合整治的持续深入，以游客接待为主的旅游服务业迎来了阶段性的“阵痛”，对玉龙县三产实现较快增长产生不利影响。

四、玉龙县经济发展的路径及对策

当前和今后一段时期，是玉龙县巩固脱贫攻坚成效、深入推进旅游市场整治、同步全面建成小康社会的关键时期。

一是坚持精准施策，在巩固脱贫成效上持续发力。继续用心用力、强化责任，紧盯脱贫退出“两不愁、三保障”要求、“6965”指标和“三率一度”标准，更加广泛有效地动员和凝聚各方力量，大力激发贫困群众的内生动力，咬定目标、久久为功，补齐短板、提升成效，坚决完成如期摘帽退出任务。

二是坚持特色引领，在推动产业升级上持续发力。按照省市推进重点产业发展的决策部署，在巩固壮大高原特色农业、畜牧等传统支柱产业的基础上，加快生物医药和大健康、现代物流、信息、食品与消费品制造业等产业发展，特别是强力推进旅游市场秩序整治、坚决维护丽江旅游形象，全力推动县域经济“三产”实现新增长。

三是坚持项目拉动，在改善基础设施上持续发力。充分发挥项目投资的拉动作用，深入研究国家投资导向，紧紧围绕“五网”建设和丽江新城开发，编制储备一批“打基础、增后劲、管长远”的交通、水利、能源等项目，全力做好在建重大项目协调服务，认真抓好签约项目跟踪服务，确保早开工早见效，千方百计破解基础滞后的瓶颈制约。

四是坚持创新引领，在深化改革开放上持续发力。紧跟省市节奏，着眼制约经济社会发展的深层次、关键性问题，全面落实供给侧结构性改革，着力抓好农业农村、民生保障、政府职能转变等领域的改革举措，进一步理顺关系、解决难题、释放活力，让群众实实在在享受改革红利。

五是坚持共建共享，在增进民生福祉上持续发力。坚持以全面改善民生为出发点和落脚点，深入实施公共服务提升和社会保障提升两大工程，统筹抓好就业创业、教育科技、医疗卫生、文化体育等民生事业发展，使全县各族人民在共建共享发展中有更多的获得感、幸福感。

六是坚持生态优先，在提升人居环境上持续发力。树牢尊重自然、顺应自然、保护自然的意识，层层落实环境保护责任制，着力推动国家主体功能区试点示范建设；注重绿色发展，大力推进节能减排，加强城乡统筹，继续深入实施城乡“四治三改一拆一增”“七改三清”行动，不断加快绿色城市、森林城市和全国文明城市创业步伐。

七是坚持民主法治，在维护社会稳定上持续发力。全面推进依法治县，深入开展“七五”普法，争当丽江依法治市的重要窗口；发展壮大统一战线，凝聚改革发展强大合力；进一步深化网格化社会服务管理、矛盾纠纷调处等工作，严厉打击各类违法犯罪行为，切实抓好道路交通、校园、食品药品等领域的安全监管工作，切实巩固“先进平安县”创建成果。

八是坚持从严从实，在全面从严治党上持续发力。牢牢把握加强党的执政能力、先进性和纯洁性建设这条主线，进一步坚定理想信念、增强坚守信仰的意志力，夯实基层基础、增强各级组织的凝聚力，突出使命担当、增强干部队伍的战斗力，深化作风转变、增强纪律规矩的执行力，把严和实的要求贯穿到玉龙县管党治党全过程、落实到党的建设各方面，谱写玉龙县经济社会发展的新篇章。

永胜县发展路径及对策研究

一、“十三五”以来永胜县经济发展状况

2016年永胜县完成地区生产总值71.16亿元，增长6%；地方财政一般预算收入4亿元，增长5.2%；固定资产投资68.1亿元，增长31.7%；社会消费品零售总额18.2亿元，增长12%。2017年全县完成地区生产总值78.67亿元，比上年增长10%；地方财政一般预算收入完成3.31亿元，比上年下降16.3%；固定资产投资83.2亿元，增长22.1%；实现社会消费品零售总额20.42亿元，同比增长12.2%。其特点为：

（一）经济发展保持增长势头

2017年永胜县完成地区生产总值增速分别高于全国、全省、全市3.1、0.5、0.6个百分点。固定资产投资增速高于全市5.7个百分点，位于全市第二位。从三次产业看，第一产业完成增加值17.5亿元，增长6%，对GDP的贡献率达14%，拉动GDP增长1.4个百分点；第二产业完成增加值38.76亿元，增长12.9%，对GDP的贡献率达62.9%，拉动GDP增长6.3个百分点；第三产业完成增加值22.37亿元，增长8.2%，对GDP的贡献率达23.1%，拉动GDP增长2.3个百分点，三次产业结构由2016年的23.5：47.7：28.8调整为2017年的22.3：49.3：28.4，第一产业比重下降1个百分点，第二产业比重上升1.6个百分点，第三产业比重下降0.4个百分点。

（二）工业经济实现恢复性增长

2017年全县规模以上工业完成增加值20.80亿元，同比增长15%。从主

要行业看：七个主要行业“四增三降”。其中：农副食品加工业同比增长3.7%；食品制造业同比增长11.1%；非金属矿物制品业同比增长47.8%；电力、热力的生产和供应业同比增长25.5%；酒、饮料和精制茶制造业同比下降86.8%；木材加工和木、竹、藤、棕、草制品业同比下降12.9%；有色金属冶炼和压延加工业同比下降11.9%。

（三）第三产业投资增势强劲

2017年第一产业投资30547万元，同比下降53.1%；第二产业投资87220万元，同比下降54.9%；第三产业投资714261万元，同比增长68.9%。

二、永胜县发展存在的主要问题

（一）财政收支压力突出

受营改增等结构性减税影响，政府税源有所减少，地方财政难以有较大幅度增长，财政收入增长缓慢的局面难以改变，政策性财政支出压力进一步增加，支出压力支持增大，后期将会出现运转困难。

（二）建设项目融资困难

一是受国家宏观调控政策的影响，预期未来几年，国家投资导向已将中央预算内和省级补助资金投放收缩，争取上级补助资金范围越来越小，争取的额度也将越来越少，而本级财政投入极度困难，永胜的投资融资环境在近期也不会有根本性的改变，将导致公益性、公共基础性民生改善性项目资金严重不足，造成很多政府的重点项目迟迟未能开工建设。二是项目在策划、包装上水平不高，无法满足国家支持的深度、投资商投资需求的深度，进一步影响永胜县重点领域建设项目的推进步伐，将会严重影响后面几年的投资。

（三）项目开工受土地、林地指标制约

很多重点项目土地、林地利用供需矛盾突出，有效供地不足，供地周期

拉长，导致重点项目未能及时落实建设用地，土地瓶颈问题十分突出，影响重点建设项目的推进，影响基础设施条件的改善，影响投资环境的改善，也在一定程度上影响固定资产投资任务的完成。

（四）工业经济低迷的现状近期不会有大的改观

工业经济基础薄弱，缺少大、中型企业支撑，规模总量、质量效益与丽江市先进及云南省工业发展水平相比存在着较大差距，全县规模以上工业企业中84%均属小型企业，全县经济增长仅依靠水电、水泥等传统产业，产业结构较单一，特色农产品加工企业总体上生产经营粗放，高技术、高附加值产品较少，低端技术、低端产品较多，企业转型升级投入大，调整速度缓慢，短期内效果难以显现。县内企业以中小企业为主，未形成主导型经济发展格局，所占工业增加值比重偏小，且现有企业品牌低，生产技术创新能力落后，从业人员综合素质不高，中小企业暂无长远技术人员引进、培育计划，企业融资方面信用担保等政策性担保体系建设较为落后，难以拉动工业经济发展，工业经济发展形势依然不容乐观。

（五）商贸业发展规模及水平有限，未能转化成市场优势

目前，永胜县商贸流通行业多以个体户经营模式为主，信息网络化的现代商贸业发展不足，商贸中心及商贸体系尚未形成，缺乏商贸龙头企业，限额以上单位数量少、规模小、所占比重很低，难以拉动消费品市场增长。

三、永胜县发展的路径及对策

（一）统筹谋划脱贫和加快发展两个主题

对于永胜县而言，贫困是发展的短板，脱贫是最大的政治，当前，永胜县正在举全县之力，围绕“脱贫摘帽，全面小康”两个目标，全力实施产业扶贫、安居扶贫、基础扶贫、教育扶贫、健康扶贫、保障扶贫、金融扶贫工程，确保如期打赢脱贫攻坚战。加快发展是更好地解决脱贫攻坚各种难题的

关键，要将脱贫攻坚和加快发展统筹起来，在特定的时段，重要的环节，分清工作主次，做好长远规划和现实准备，才能确保阶段性任务的高质量完成和准确、快速抢占发展的制高点。

（二）深入推进农业供给侧结构性改革，进一步加快优化农业生产结构调整

以培育农业龙头企业和农民专业合作社为突破口，加快推进高原特色农业现代化建设，推进农业产业化经营，增强农业综合生产能力，努力提升农业发展规模化、集约化、标准化、科技化、产业化和社会化水平，着力打造知名品牌，促进现代农业发展，打造高产、优质、高效、生态、安全的高原特色现代农业品牌；建立标准化、规模化、稳定高效的原料生产基地，打造一批特色农业产业，做精做强优质粮食、冬早蔬菜、特色烟叶、山地牧业等传统优势产业，大力扶持和培育生态水果、生物产业、食用菌、库区特色渔业养殖和程海土著鱼等特色产业，做好本地重楼、三七、花卉、金花葵、藜麦等新产业的示范培育，积极发展以粮油、畜禽、薯类、山野菜为代表的土特食品加工业，培育一批带动能力强、经济效益好的农副产品龙头加工企业，形成市场牵龙头、龙头带基地、基地连农户的农业工业化和产业化发展新格局。

（三）强化项目工作

加大项目前期工作经费的投入，扩大项目前期工作范围，提高项目前期工作质量，提高项目包装的质量和水平，符合中央投资导向，提高申报命中率，尽最大限度争取上级投资。符合投资商需要，推动招商引资，最大限度扩大招商引资领域，改善投资严重不足的局面。加大在建项目的跟踪协调力度，保持投资对经济增长的强力拉动。加强对在建投资项目管理和监督，实行重点项目“月稽查月通报”制度，加强督查落实，及时掌握项目进展情况，协调解决项目建设过程中的困难和问题，保证在建项目建设进度，完成更多的投资量。加强建设用地、林业、环保手续的全力跟踪，促进重大项目在永

胜县早日落地，早日开工建设。

（四）着力提升工业企业竞争力，推动工业经济转型升级

积极引导、鼓励农副产品加工等传统产业加大科技投入，提质增效，由“小规模、低科技、低效益、高消耗”向“大企业、高科技、高效益、低消耗、低污染”现代企业发展转变；落实好小微企业财税金融优惠政策，加大对小微工业企业的扶持力度，增强实体企业抗风险能力，使政策真正有助于推动小微企业的健康发展；着力破解水电消纳问题，加强水电外送通道建设，继续加大电力市场开拓，确保永胜县工业经济平稳发展。

（五）加大招商引资力度，拓宽融资渠道

建立和完善多领域、多渠道、多层次的融资体系。将招商引资范围从竞争性领导向社会事业、公共基础、民生领域延伸。将合作范围从单体项目向行业、向区域合作延伸，实现招来一个合作伙伴带动一个行业，推动一个区域的发展。采取超常规方式，主动与投资商对接，主动上门招商，决不错过一个可能的投资商，利用永胜县区位优势和资源优势，采取多渠道的合作方式，既让永胜县的事业有发展，也让投资商在永胜县获得既得的利益和长足的发展。把招商引资与产业发展结合起来，着力延伸产业链条，提高招商引资的针对性和实效性。积极推进银企合作，加强与各金融机构的合作，经常性地组织银企对接活动，加快推进国家一系列企贷政策落地生根；试行启动金融债券的发行，用收益、产业性项目包装发行债券，填补重点建设项目的融资空白，快速构建多元化融资平台。

（六）强化财税金融改革

积极把握财政政策的力度和节奏，主动引入社会监督机制，完善政府性债务管理制度，加强债务风险预警和监测，积极探索跨年度预算平衡机制，落实税制改革，以推进供给侧结构性改革为主线，既要助推经济发展量的突破，更要实现质的飞跃。继续加大力度推进财税金融体制改革，有效实施积极财政政策，助推经济发展量质双提升，为发展新经济培育新动能增添力量。

（七）深入挖掘消费潜力

优化第三产业内部结构，全力推动第三产业发展转型升级，顺应新的消费需求，大力发展电子商务、文化旅游、科技研发与技术服务、信息服务、文化创意、健康养老等新兴服务业和现代服务业，促进消费转型升级。进一步激发商贸流通市场活力，加快特色小镇建设，大力发展农村市场，着力改善消费环境和消费条件，提高消费市场辐射能力，扩大消费需求。加强对服务业企业的跟踪服务，结合地域消费特点、季节消费变化、风俗文化特色、地方产品特色，开展特色消费促进系列活动，培育新的消费热点。

华坪县发展路径及对策研究

一、华坪县经济发展现状

2017 年，华坪全县生产总值（GDP）完成 380539 万元，按可比价格计算，比 2016 年增长 10.2%。全年地方财政收入完成 53405 万元，比上年增长 19.4%；地方财政支出 194534 万元，比上年增长 4.7%。农产业结构进一步优化，农业基础地位不断得到加强，高原特色农业取得新发展，芒果、核桃、花椒、茶叶等特色产业不断发展壮大；工业生产进一步回升，工业增加值占 GDP 的比重为 34.3%；非公有制经济继续发展，比重有所上升，占华坪县生产总值的比重为 53.2%，完成增加值 202577 万元。从三次产业看，全县一、二、三产业的增加值占生产总值的比重由 2016 年的 17.9%、45.7%、36.4% 调整为 17.3%、47.1%、35.6%，“二、三、一”结构继续得到巩固和增强。第一、第三产业比重分别比 2016 年下降 0.6 和 0.8 个百分点，第二产业比重比 2016 年上升 1.4 个百分点。

2012—2017 年，华坪县所有经济指标累计增长 15.5%，年均增长 2.9%，总体呈增长态势。

（一）农村经济稳步发展

2017 年华坪县全年完成农、林、牧、渔业总产值 132409 万元，按可比价格计算，比 2016 年增长 5.8%，其中：农业产值 83185 万元，增加 2265 万元，增长 6%；畜牧业产值 38913 万元，增加 2713 万元，增长 5.3 %；林业产值 5276 万元，增加 426 万元，增长 7.6%；渔业产值 4145 万元，增加 146 万元，增长 4.3%；农、林、牧、渔、服务业产值 890 万元，增加 30 万元，增长

6.6%。全年粮食播种面积276845亩，增加1595亩，增长5.8%；粮食总产量达75035吨，增加388吨，增长0.52%。全年大牲畜出栏12783头，比2016年增长1.7%，期末大牲畜存栏39288头，增长4.3%；生猪出栏86147头，减少2.6%，期末生猪存栏94191头，增长0.18%；羊出栏49576只，增加5.2%，期末羊存栏142813只，增加18.9%；家禽出栏878676只，减少2.7%，期末家禽存栏770681只，增加36.8%。

（二）固定资产投资快速增长

全年规模以上固定资产投资（含房地产开发投资）完成783045万元，比上年增长25%。其中：城镇固定资产投资完成769323万元，比上年增长26%。分产业看，全年规模以上固定资产投资总额中：第一产业投资完成2253万元，比上年下降89.1%，占规模以上固定资产投资的比重为0.3%；第二产业投资完成250474万元，比上年增长120.4%，占规模以上固定资产投资的比重为32%；第三产业投资完成530318万元，比上年增长7.8%，占规模以上固定资产投资总额的比重为67.7%。全年规模以上固定资产投资施工项目（不含房地产项目）92个，比上年减少55.1%。从行业情况看，在规模以上固定资产投资总额中：工业投资250474万元，比上年增长120.4%（其中，采矿业投资56632万元，比上年下降12.2%，制造业投资180553万元，比上年增长7.2倍，电力、燃气及水生产供应业投资13289万元，比上年下降51%）；在工业投资中不含电力的投资250474万元，比上年增长1.87倍；交通运输业投资24972万元，比上年下降57.3%；水利管理业投资48294万元，比上年增长21.3%。

（三）工业在逆境中实现恢复性增长

2017年全部工业总产值完成467250万元，按可比价格计算，比上年增长15.5%，其中：规模以上工业产值384877万元，比上年增长17.6%；规模以下工业产值82373万元，比上年增长6.5%。全部工业增加值完成130556万元，比上年增长14.2%，其中：规模以上工业增加值完成97497万元，比上年增长17.6%。工业对经济增长的贡献率为49.3%，拉动GDP增长5.0个百分点。全年规模以上工业企业实现主营业务收入343172万元，比上年增长16.1%，实现利税47583万元，比上年增长87.1%，其中利润22615万元，比上年同期增长15倍。

（四）消费、农业总产值、城乡居民收入保持平稳增长

全年社会消费品零售总额165656万元，比上年增长12.2%。从城乡消费结构看，城镇消费零售额106788万元，比上年增长11.8%；农村消费零售额58868万元，比上年增长12.9%。从消费形态看，商品零售额130457万元，比上年增长12.1%；餐饮收入35199万元，比上年增长12.3%。

（五）金融、保险平稳运行

2017年末华坪县金融机构人民币各项银行存款余额823912万元，比年初增加51798万元，增长6.71%，其中：住户存款617804万元，比年初增加53181万元，增长9.4%，各项贷款余额435332万元，比年初增加24706万元，增长6.0%；全年金融机构现金收入728431万元，比上年下降7.8%，金融机构现金支出753227万元，比上年下降10.4%。全县保险业全年保费收入24519万元，比上年增长21%；各项赔款和给付10047万元，比上年增长31.86%；赔付率40.98%，比上年上升3.4个百分点。

二、华坪县经济发展存在的主要问题

（一）工业经济内生动力不强

一是受政策、企业资金等多重影响，煤炭产业转型升级进度缓慢，产能发挥受限。二是清洁载能、新型建材等产业虽然已取得突破，但年内还不能形成有效产能。

（二）项目落地难、融资难依然突出

2017年，华坪县精准招商工作进展较快，共签订项目投资协议、合作协

议16个，投资规模达77.6亿元，但受企业资金等因素影响，对全县产业转型促进作用较大的多晶蓝宝石等重大工业项目还未落地。同时，下半年来，国家持续加大清理、规范地方政府性债务力度，特别是财政部《关于坚决制止地方以政府购买服务名义违法违规融资的通知》（财预〔2017〕87号）文件出台后，政府融资难度进一步加大。此外，受规模控制及放贷收紧等因素影响，企业特别是煤炭企业贷款融资较困难。

（三）财政增收难度较大

2012—2017年，华坪县财政收入在2015年跌入低谷，之后一直处于恢复性缓慢回升阶段，年初以来，按照政策规定，华坪县取消了救护费等一系列煤炭规费，受政策影响，非税收入减收，对财政收入影响较大，2017年与2012年相比，累计增长为-2.1%，年均增长为-0.4。

三、华坪县经济发展的路径及对策

（一）抓经济调度

科学确定全年经济指标，认真进行分解细化，对标对表，加强经济运行分析，及时解决经济运行困难和问题，确保工作落到实处。

（二）抓“三资”工作

一是加速投资拉动。加强对芒果特色小镇、雾坪水库连通工程、隆基光伏电站、观音岩码头等三季度新开工项目的跟踪协调，确保芒果特色小镇项目年度投资顺利完成；密切跟踪马鹿水库、海绵城市建材、园区污水处理厂、双创中心、农村公路硬化等项目的投资进展。二是加快招商项目落地。加快总投资0.5亿元的水泥窑协同处理生活垃圾项目、总投资3亿元的中信国安石材产业园项目、总投资19亿元的多晶蓝宝石项目开工。对已确定投资意向的河南五星高纯石墨、汇源集团拟建华坪芒果特色小镇+田园综合体等项目，实行“一对一”服务，采取一个项目、一个推进领导小组、一个具体帮办联络人、一个工作推进微信群的方式推进，争取早日开工。三是加强融资工作。在财政承受范围内，发挥好AA平台作用，依法依规积极稳妥开展市场化融资和银行融资、项目基金、企业发债工作，多措并举，让资源变资产，资产变资金。尽快成立担保公司、基金公司，开展好企业融资和扶贫融资工作以及农户“林果贷”业务。四是抓好税源培植和财政支出。高度重视政府债务管理和风险防范。发挥好新成立的非税管理局和矿产服务公司的作用，服务好企业，加强税源监控和税收征管，深入挖掘增收潜力，做到依法征收、应收尽收。加大专项资金拨付力度，避免资金闲置。

（三）抓产业转型

一产方面：以成功通过“国家有机产品认证示范创建区”评审为契机，积极申报“中国特色农产品优势区”，加强与云南阿盟合作推动电商产业园，与农业农村部信息中心合作推动芒果单品种溯源服务平台，构建“互联网+现代农业”体系。持续加大对接力度，创造条件促成汇源集团在建设芒果特色小镇+田园综合体等方面合作，打造芒果全产业链。

二产方面：在确保安全的前提下，监督指导复产验收矿井，抓好安全生产。派驻工作队到省国土厅等部门帮助煤矿企业办理延续证照，争取更多煤矿转型升级，同时积极争取去产能政策，坚决淘汰落后产能。全力支持隆基公司进行设备安装，确保2018年768个单晶炉全部投产，实现产值40亿元以上。加快推进金沙云区块链大数据产业园项目建设。确保攀枝花东大工贸镁基脱硫剂项目产值保持平稳增长。加快配售电试点县改革工作，进一步加快配售电网建设。

三产方面：在芒果特色小镇建设中，深度挖掘傈僳族文化和芒果文化，加强与中国人类学民族学研究会傈僳学专业委员会的合作，将其建设成全国傈僳族风情小镇。

（四）抓项目前期储备

加快项目前期工作经费调拨，加快推进荣将镇一级路连接线提升改造、城区基础设施改造等，提升城乡人居环境行动、污水处理厂二期及管网完善、西北过境公路、园区主干道二期等重大工程建设步伐。加快城乡人居环境、园区基础设施、水利等PPP项目“一方案两报告”的编制，完善市政基础设施PPP项目，谋划好芒果特色小镇、“直过民族”道路建设、煤矸石综合治理等PPP项目。加快推进中缅油气管道华坪门站输气管网及配套工程、通用机场、大攀铁路等项目前期工作。不断充实项目库，做到储备一批、新上一批、投产一批，为经济发展提供有力支撑。

（五）抓民生保障

一是扎实推进脱贫攻坚。严格按照“两不愁三保障”标准，突出精准，因户施策、因人施策，充分发挥丽江隆基、金芒果等县内企业用工需求和省人社厅驻上海等工作站作用，全力抓好劳动力转移就业扶贫工作，确保精准扶贫、稳定脱贫。二是落实好惠民实事。确保年内所有建制村通硬化路。深入推进城镇棚户区改造，顺利完成棚户区改造建设目标。加快职高迁建项目和荣将镇公立幼儿园项目建设进度。管理好文体中心体育场、文化馆及观演厅、游泳馆。三是加强生态环境保护。深入开展提升城乡人居环境和“绿化华坪”“清洁华坪”行动，全面推行“三长制”，抓好“两违”整治，加大对农村面源污染、煤矸石的治理，不断改善城乡环境。

（六）抓社会治理

牢固树立守土有责、守土负责、守土尽责的意识，当前切实把维稳和安全放在首位，绷紧安全稳定这根弦，强化前端管理，严密源头管控，强化矛盾纠纷化解，特别是对目前维稳难度较大的自发搬迁移民等问题，严格落实“五个一”（一个问题、一名领导、一套班子、一个方案、一抓到底）制度和“五包”（包信息掌握、包人员稳控、包思想疏导、包政策落实、包调处化解）责任，把一切安全稳定隐患消除在萌芽状态，确保经济社会和谐发展。

宁蒗县发展路径及对策研究

县域经济是城市经济与农村经济的结合点，是我国国民经济发展的重要组成部分和战略基石。县域经济以县城为核心，农村为腹地，连接工业和农业、城市和乡村，是城乡人口、资本、信息等要素集聚的空间枢纽，也是我国经济社会发展的重要基础和主要增长点。在新常态下，县域经济发展也进入了发展的新阶段，承担着促进国家区域持续健康发展的战略使命，面临着提质增效升级的战略任务，更蕴含着巨大变革和创新活力。在这一背景下，特别需要重新审视县域经济发展的战略意义，明确当前县域经济发展面临的主要问题，适应把握并引领新常态，谋划未来发展道路，促进县域经济的健康发展。

一、宁蒗县县域经济发展现状

（一）宁蒗县基本县情

宁蒗县位于滇西北滇川交界处，俗称“小凉山”。1950 年 1 月和平解放，1956 年 9 月 20 日成立彝族自治县。全县总面积 6025 平方千米，辖 15 个乡（镇），91 个村委会（社区），1152 个村民小组，2016 年末总人口 27.58 万人。

1. 宁蒗是一个集“山、少、偏、穷、特”为一体的深度贫困地区

“山”是指山区面积大，占总面积的 98.4%，平均海拔 3000 米。“少”是指少数民族聚居，有彝族、汉族、摩梭族、普米族等 12 个世居民族，少数民族人口占总人口的 83.2%。“偏”是指地理区位偏僻，远离中心城市，交通

闭塞。“穷”是指贫困面大、贫困程度深。1986年和2001年，宁蒗县先后被列为国家级贫困县和国家扶贫开发重点县，1999年被云南省政府列为全省八大少数民族贫困山区之一。“特”就是一个从原始共耕制、奴隶制、封建领主制并存的多种社会形态，经民主改革“一步跨千年”直接过渡到社会主义社会的特殊县份。

2. 宁蒗又是一片“美丽、和谐、富饶”的尚待开发的处女地

“美丽”：拥有以泸沽湖、药山青龙海等景观为代表的雄奇秀丽的高原自然风光；拥有彝族毕摩文化、普米族韩规文化、摩梭母系文化等特色民族文化。“和谐”：作为多民族聚居的地区、涉藏地区，生活在这里的各族人民团结进步、亲如一家。“富饶”：资源富集，开发潜力巨大，是云南生物多样性较丰富的地区，有药用价值的植物60科155种；有林地49万公顷，森林覆盖率68.7%，是长江上游重要的生态安全屏障；矿产资源储量丰富，其中已探明的煤炭资源储量3500万吨，远景储量在2亿吨左右；水能资源蕴藏量达30万千瓦以上（不含金沙江），可开发利用26.4万千瓦。

（二）宁蒗县2017年县域经济发展现状

“十三五”以来，宁蒗县深入贯彻习近平总书记系列重要讲话和考察云南重要讲话精神，以“四个全面”“五位一体”和“五大发展理念”总揽全局，坚持发展第一要务，以全面建设开放宁蒗、生态宁蒗、文明宁蒗、进步宁蒗、和谐宁蒗、幸福宁蒗为抓手，脱贫攻坚当标兵，打牢基础补短板，绿色发展创佳绩，团结干事做表率，赶转并举促跨越，全速推进民族团结进步示范县、生态产业重点县、旅游文化特色县建设，全县经济持续健康发展，民生不断改善，社会大局和谐稳定。

2017年宁蒗县县域经济发展现状如下：

表 1　2017 年宁蒗县县域经济发展主要指标

一级指标	序号	二级指标	单位	2017 年数值	发展速度（%）
经济发展指标	1	——总量指标：地区生产总值	万元	362937	9. 0
	2	财政总收入	万元	37257	13
	3	地方财政收入	万元	24152	15
	4	地方财政支出	万元	286431	16. 4
	5	全社会固定资产投资额	万元	483127	20. 2
	6	社会消费品零售总额	万元	114848	12. 2
	7	——人均指标 人均地区生产总值	元	13006	7. 5
	8	人均地方财政收入	元	865	13. 5
经济结构指标	9	一产占生产总值比重	%	22. 8	—
	10	二产站生产总值比重	%	37. 5	—
	11	三产占生产总值比生重	%	39. 7	—
	12	非公有制经济增加值占生产总值比重	%	40. 4	—
	13	城镇化率	%		—
	14	农村劳动力转移就业人数占乡村劳动力比重	%	—	—
社会发展指标	15	农民常住居民人均可支配收入	元	6723	9. 3
	16	城镇常住居民人均可支配收入	元	21156	8. 5
	17	新型农村社会养老保险覆盖率	%		—
	18	贫困发生率	%		—
	19	净脱贫人口数	人		—
	20	农村安全饮用水普及率	%	—	—
生态环境指标	21	单位 GDP 污染物排放量	吨/万元	—	—
	22	单位 GDP 能源消耗量	吨标准煤/万元	—	—
	23	森林覆盖率	%	70. 71	—
	24	人均常用耕地面积	亩/人	1. 59	—

一是综合经济运行平稳。宁蒗县全面贯彻落实云南省政府 22 条稳增长措施、丽江市政府 20 条稳增长措施，并制定实施了宁蒗县 19 条稳增长措施。通过努力，上半年完成生产总值 8. 46 亿元，同比增长 12. 5%；完成农业总产值 2. 3 亿元，同比增长 5. 2%；实现农业增加值 1 亿元，同比增长 5. 1%；规

模以上工业增加值完成2.2亿元，同比增长18.2%；实现社会消费品零售总额5.2亿元，同比增长12%；完成固定资产投资15.4亿元，同比增长17.6%；地方公共财政预算收入完成0.77亿元，同比增长5.6%；地方公共财政预算支出完成12.5亿元，同比增长45.7%；农村常住居民人均可支配收入达3427元，同比增长10.5%；城镇常住居民人均可支配收入达20971元，同比增长9%；招商引资签约资金33.22亿元，实际到位资金7.78亿元；全县金融机构各项存款余额55.6亿元，比年初增长1.96%；各项贷款余额31.9亿元，比年初增长30.58%。

二是脱贫攻坚扎实推进。紧扣10068人贫困人口脱贫销号、10个贫困行政村、2个贫困乡脱贫出列的年度目标，全力组织开展“找问题、补短板、促攻坚”专项行动，坚持问题导向，认真制定整改方案，全面整改落实，补齐工作短板。深入做好贫困对象精准识别和动态管理工作，确保扶贫对象“应纳尽纳”“应退尽退”“应扶尽扶”；整合资源，全速推进产业脱贫工程、易地搬迁脱贫工程、生态补偿脱贫工程、教育发展脱贫工程、社会保障兜底脱贫工程、“五网”建设脱贫工程、城镇带动脱贫工程、创新创业脱贫工程、金融支持脱贫工程。

三是社会事业蓬勃发展。推进各类教育协调发展，2017年高考一本上线率7.79%，二本以上上线率34.72%，总上线率93.77%，文理科包揽市状元。实施公立医院改革，加强县、乡、村医疗卫生服务一体化管理，促进基本公共卫生服务均等化。积极推进文化建设，完成4个“七彩云南”全民健身基础设施工程、6个“百县万村”示范工程；实施全民健身活动中心和毕摩博物馆、民族演艺中心建设项目。大力扶持就业创业，城镇登记失业率3.84%。社会保障体系不断完善，做好城乡居民基本医疗保险、养老保险工作，认真落实临时救助、医疗救助、优待抚恤等各项政策；新增发放廉租住房补贴200户，公共租赁住房续建项目竣工并分配入住400套、在建600套，棚户区改造货币化安置493户。

四是生态环境持续改善。扎实开展“城乡人居环境提升行动”“环境美化先锋行动”“绿化造林先锋行动”，全面推进河长制落实，打好创模攻坚战。关闭河道内违法采砂洗砂点21处，处理违法侵占河道案件3件；强化公路面山、城镇面山执法管理，取缔面山采砂采石场11家，坚决遏制土地矿产资源违反违规行为的反弹。加强森林资源保护管理和“平安林区”创建工作，护林防火工作成效明显；加大林产业建设、地质灾害防治力度；加强环境执法检查、节能减排、农村环境综合整治工作；全力推进泸沽湖水污染防治工作，泸沽湖稳定保持Ⅰ类水质。

五是和谐局面不断巩固。抓好安全生产责任落实，全县道路交通、工、矿、商、贸等领域未发生一般以上安全生产事故。实施旅游市场综合整治，旅游市场进一步优化。认真实施“法律七进”普法宣传活动，排查调处矛盾纠纷91件；全力防控涉藏维稳风险，强化社会治安稳控，深化缉枪治爆行动；认真贯彻党的民族宗教政策，切实维护民族宗教领域的和谐稳定。

二、宁蒗县县域经济发展存在的主要问题

一是贫困面大，贫困程度深。宁蒗县区域整体贫困与生态环境脆弱并存、人口素质偏低与基础设施落后并存、脱贫与返贫并存，虽然经过艰苦脱贫攻坚工作取得了很大成绩，但贫困面广、贫困程度深的现状还没有根本改变。目前，全县仍有4个贫困乡，占丽江市的26.67%；有36个贫困村，占丽江市的35.64%；建档立卡贫困人口27618人，占丽江市的40.94%；2016年，城镇、农村常住居民人均可支配收入分别排在云南省第129位、第125位。到2020年要实现与全国同步全面建成小康社会，任务十分艰巨。

二是经济发展水平低。受历史条件、基础条件、自然条件、交通区位等因素制约，宁蒗县经济发展起步晚、基础差、底子薄，经济总量不大、发展不快、结构不优，县级财政收支矛盾突出。虽然纵向比取得了较快发展，但横向比还存在很大差距，主要经济指标长期处在云南省、丽江市末尾。2016年在云南省排名中，宁蒗县生产总值全省排名第99位，较上年后退2位。

三是基础设施欠账大。交通基础设施落后，宁蒗县公路总里程为5500千米，其中上等级公路1744千米，公路密度每平方千米仅为0.91千米，是丽江市唯一不通高速路、上等级公路拥有量最少的县份。水利基础设施建设滞后，水利保障能力不强，目前全县只有1座中型水库、5座小（一）型水库、

8 座小（二）型水库，蓄水能力 4095 万立方米，水利化程度为 34%，工程性缺水严重，县城用水供需矛盾十分突出，1.7 万户农村群众饮水困难。

四是融资环境较差、资金制约较严重。现代经济的发展需要资金作为主要基础保证，而县域经济的发展更需要大量的资金进行维持，县域经济的发展还应该需要良好的融资环境和可以进行融资的渠道。但是从当前县域经济结构的整体来看，现在的农业结构并没有得到大量的资金支持，致使农业经济结构战略性调整没有得到改观。现阶段县域经济在发展过程当中最为主要的问题就是融资困难，各地在推进城镇化进程中也遇到了资金短缺的情况，资金的短缺致使很多农业新技术和新产品没有得到很好的推广，出现产品堆积、销售难的现象。现在大部分的县市都在依靠财政的拨款来维持，没有资金的注入就没有办法进行建设、发展，因此，如果农村不去发展经济，就会给社会带来不稳定的因素。

三、宁蒗县县域经济发展的路径及对策

（一）坚决打赢脱贫攻坚战

脱贫方面，每年减贫 1.2 万人，到 2018 年建档立卡贫困人口全部脱贫。摘帽方面，到 2018 年 5 个贫困乡、36 个贫困村全部摘帽出列，其中，2016 年出列 1 个乡、12 个村，2017 年和 2018 年每年出列 2 个乡、12 个村。增收方面，城乡居民人均可支配收入年均增长分别达 12% 和 15% 以上，贫困农村居民人均可支配收入增幅高于全省平均水平 2 个百分点以上，确保到 2020 年贫困发生率降到 3% 以下，消除绝对贫困现象。

（二）着力夯实发展基础

1. 破解交通制约瓶颈

加快建设宁蒗至永胜高速路，力争建设宁蒗泸沽湖机场经木底箐至竹地二级公路、宁蒗至华坪二级路、宁蒗至盐源二级路、宁蒗至古城高速路、泸

沽湖至香格里拉高速路，规划实施一批农村公路；做好泸沽湖至大理铁路前期工作；拓宽宁蒗泸沽湖机场航线，争取加密航线、航班，加快金沙江流域水运码头建设。力争到2020年，新增三级以上公路400千米；机场航线总数达10条，旅客吞吐量突破100万人次，货邮吞吐量达900吨。

2. 构筑“水安全保障网络”

争取实施一批骨干水源、民生水利、防洪减灾等工程，尽快开工建设宁利中型水库、大屋基水库、上库脚水库，积极做好小二地水库、战河水库等13个水利项目前期工作；继续改造县城供排水管网。力争到2020年，累计新增蓄水库容3600万立方米，县城供水保证率达95%以上，乡镇供水保证率达90%以上。

3. 补齐物流基础设施短板

加快完善客运站和宁蒗泸沽湖机场综合交通枢纽功能，建设空港经济区，推进乡镇商贸服务、物流配送和集贸市场建设，逐步构建现代物流体系，提升商贸流通服务水平。

4. 建设清洁能源基地

以重点电源和骨干电网为支撑，实施“宁电外送”战略，积极推进一批小水电开发、风力发电场和太阳能光伏电站建设。力争到2020年，电源装机超过80万千瓦，电压等级线路总长2300千米，将能源转化为“能量”，助推跨越发展。

5. 加快信息网络建设

扩大通信、宽带网、广播电视网络覆盖范围，加快“互联网+”步伐，提高信息化水平，提供方便、快捷的信息服务。力争到2020年，实现“三网”行政村全覆盖，无线网络自然村覆盖率80%以上。

（三）着力培育特色产业

1. 发展高原特色农业

巩固发展荞、麦、马铃薯等传统产业，稳定提升粮食产能；大力发展以黑绵羊和黑头山羊为主的畜牧业；继续发展核桃、花椒、苹果、烤烟、中药材、高原红米等生态产业；支持发展畜禽养殖、渔业、乡村旅游等综合农业。力争到2020年，农业增加值达10亿元。

2. 发展新型工业

加快工业园区建设，大力发展生物产品加工、矿产业，积极发展光伏、风力、水能等能源产业，提升工业经济运行的质量和效益。力争到2020年，第二产业增加值达21亿元，其中工业增加值达14亿元。

3. 发展旅游服务业

加快“一城一坝一湖一带”建设，把县城建设成具有彝族建筑特色的花园型新县城；把永宁坝打造成神奇美丽的“女儿国”；把泸沽湖创建成国家5A级旅游景区；把丽宁二级路、即将建设的宁蒗至古城高速路沿线，建设成具有彝族、傈僳族、普米族、摩梭族等民族特色的乡村旅游带。全力构建旅游综合服务体系，大力发展休闲观光旅游服务业。力争到2020年，旅游总收入达30亿元，第三产业增加值达24亿元。

（四）着力保护好绿水青山

1. 加强林草生态建设

实施公益林管护720万亩、封山育林70万亩，新增退耕还林10万亩、人工造林2.6万亩，森林抚育及低效林改造18万亩，力争到2020年全县森林覆盖率达71%；新增天然草原封育20万亩，建设人工草地17.3万亩。

2. 深入推进城乡环境综合整治

力争到2020年，城镇生活污水集中处理率达80%以上，生活垃圾无害化处置率达95%以上。

3. 开展生态系统保护、修复和治理

力争到2020年，石漠化治理100平方千米，小流域综合治理76平方千米，地质灾害治理29平方千米；单位GDP能耗下降完成省、市下达的目标任务。

（五）着力改变城乡面貌

1. 加快县城规划建设

新建客运枢纽 1 座、货运物流园区 1 个；实施民族商业中心、干河子段、三岔河片区开发建设项目，推进市政道路、电力、电讯、市场、公园、停车场、供排水及其他基础设施建设，形成比较规范的市政管理和社区服务体系。力争到 2020 年，县城建成区面积达 7.33 平方千米，城镇总人口达 7.5 万人，城镇化率达 38%。

2. 加快特色集镇建设

完善村庄规划布局，将人居、现代农业和田园观光相结合，加快推进集镇基础设施及配套工程建设，实施集镇周边房屋及棚户区民族特色化改造，实施村庄中心道路建设，形成比较完备的农村基础体系，着力打造 3 个重点集镇和 11 个小集镇。力争到 2020 年，实施农村危房改造 4.77 万户，25 户以上的自然村通自来水，40%的建制村有集市，50%的建制村有幼儿园，60%的村小组有文体活动场所，所有建制村通柏油路、通无线宽带网络、配备卫生室和垃圾池。

（六）着力保障和改善民生

1. 实施科教提质工程

推进科技创新，科技服务网络覆盖乡镇率达 100%，科技对经济增长的贡献率达 40%以上；继续深化教育综合改革，建立绩效基金和“双百”激励基金，均衡发展义务教育，普及高中教育，发展职业教育，健全特殊教育体系，力争到 2020 年，国民平均受教育年限超过 9 年，义务教育巩固率在 95%以上，高中毛入学率达 85%以上。

2. 实施社保提升工程

做好社会保险扩面征缴工作，完善职工养老保险制度，健全社会保险和社会救助体系，大力发展社会福利事业，健全基本养老服务制度，逐步提高最低生活保障标准，加强农村基层综合公共服务设施建设，持续提高社会保障水平。

3. 实施创业就业工程

加大人才资本投资，统筹人才资源市场，完善人才激励、服务保障和创业扶持体系，力争到2020年，累计劳动力转移2万人次、新增城镇就业6130人，城镇登记失业率控制在4.5%以内。

4. 实施文化惠民工程

打造文艺精品，丰富精神文化生活，加快文化设施建设，健全文化保护传承体系，广播电视覆盖率达98%以上，地方广播电视节目覆盖率达90%以上。

5. 实施健康宁蒗工程

深化医药卫生体制改革，加强食品药品安全监管；加快卫生事业发展，完善基层医疗服务模式，新农合参合率达97%以上，城镇居民医保参保率达98%以上。

6. 实施平安宁蒗工程

坚持和完善民族区域自治制度，巩固发展平等、团结、互助、和谐的民族关系；加强和创新社会综合治理，提高公共突发事件应急处置能力，切实保障公共安全；加强政府自身建设，提高依法行政水平，促进党群、政群关系积极融洽，社会大局保持稳定，人民群众安居乐业。

宁蒗县严格按照中央、省、市要求不折不扣坚决实施好年度脱贫攻坚工作；加快在建项目进度，抓紧新开工项目建设，抓好项目前期工作，极力增投资；深入推进农业供给侧结构性改革，严格落实各项惠农政策，努力稳农业；加强工业企业生产调度和服务管理，致力强工业。继续深化旅游市场秩序综合整治，促进旅游服务业健康发展，大力促消费；巩固现有财源，积极培育新财源，强化税费收入征管，合力保增收；全面发展教育、医疗卫生、文化科技、就业创业、社会保障、生态建设等事业，切实落实好政府承诺为民办好的“惠民实事”，倾力促和谐；着力转变社会管理方式，切实担负起保一方平安的政治责任。

参考文献

［1］周子仪，方诗圣.“一带一路”背景下萧县县域经济发展问题与对策研究［J］. 全国流通经济，2017（28）：55-56.

［2］李强，杨立国，王宇桐. 湖南省县域旅游经济发展问题与对策研究［J］. 中国市场，2017（35）：241-243.

［3］芦婷. 我国县域经济发展存在的问题及对策探析［J］. 中国商论，2018（2）：149-150.

［4］王鑫. 当前时期下县域经济发展中的问题与对策研究［J］. 科技经济市场，2018（6）：60-62.

［5］杨璐璐. 黑河市县域经济发展现状、问题及对策［J］. 农村经济与科技，2018（19）：212-213.

［6］房琬婷. 黑龙江省县域循环经济发展存在的问题及对策［J］. 全国流通经济，2017（8）：60-61.

［7］韩小琼. 邢台县域经济发展中的问题及对策研究［J］. 邢台职业技术学院学报，2017，34（2）：66-68.

［8］单山. 县域经济发展中招商引资现存问题及对策［J］. 赤子（上中旬），2017（2）：159.

［9］包东红. 甘肃县域经济发展存在的问题及对策［J］. 开发研究，2017（4）：67-72.

［10］张瑾. 兴平市县域农村经济发展存在的问题及对策探究［J］. 内蒙古民族大学学报（社会科学版），2017，43（4）：102-107.

园区经济篇

丽江市南口工业园区发展研究

一、丽江市南口工业园区现状

丽江市南口工业园区建于2003年，前身是丽江市老工业基地，园区在原丽江老工业厂区基础上进行规划，按照生物资源精深加工、农副产品加工和旅游工艺品加工为主的产业发展定位，先后引进了映华集团、得一公司等企业入驻，2005年被列入省级重点工业园区。随着玉龙新县城的建设，丽江火车客运站在该区域建成运行等因素，丽江南口工业园区发展空间不足的问题日益凸显。为此，玉龙县县委、县人民政府按照“一园多区”发展思路，对园区总体规划进行了修编，形成“一园两片区”的格局：丽江市南口工业园区火车客运站片区、丽江市南口工业园区雄古工业片区，总规划面积499.5公顷。《丽江南口工业园区总体规划修改（2013—2025）》已取得云南省工信委备案批复（园区〔2013〕478号），《丽江南口工业园区总体规划修改（2013—2025年）环境影响报告书》通过了云南省环保厅审查，取得审查意见的函（云环函〔2014〕122号）。

二、丽江市南口工业园区主要成就

2016年园区各项经济指标实现平稳健康发展，完成工业总产值68729.1万元；完成工业增加值21086.52万元；实现营业收入52878.4万元；实现利税总额1206.11万元；完成出口1386.29万美元；完成固定资产投资40020万元。

2017年上半年完成工业总产值20484.03万元；完成工业增加值6361.58

万元；实现营业收入 19378 万元；实现税收 170.03 万元；完成出口 482.28 万美元；上半年完成固定资产投资 29357 万元，其中园区基础设施建设完成投资 6200 万元。

（一）火车客运站片区项目有序推进

随着火车客运站建成运营，丽江南口工业园区火车客运站工业片区利用便利的交通条件及大量的客流量，重点发展商贸物流产业，将该片区逐步转型升级为商贸物流区。丽江得一公司雪山农场现代农业庄园项目顺利推进，雪山农场体验馆及配套设施建设项目顺利完成，新建滇西北道地药材现代仓储物流平台建设项目完成了项目备案、环评等相关手续办理工作。按照项目计划有序实施，已完成 1.2 万平方米滇西北道地中药材现代仓储物流仓库建设，并通过了 GSP 认证；新主中药材种植基地已完成土地流转、土地治理等基础工作，正在进行中药材种苗繁育、示范种植推广工作。生态牛奶公司火车站前商业广场建设项目全面完工，招商工作正有序进行。玉龙县电子商务产业园已投入使用，多家电商企业已入驻。丽江大然生物有限公司（丽江玉元食品公司与云南金塔实业公司共同成立）1000 吨魔芋寡糖生产线建设项目有序推进，前期工作已完成，并获得云南省卫生主管部门产品标准备案，同时已获得市场监督管理部门现场核查批准，可进行正式投产上市销售。

（二）雄古工业片区建设情况

1. 雄古工业片区规划情况

雄古工业片区位于九河乡香格里村委会雄古一组以北的山林地，总规划面积 362.5 公顷，其中林地面积 321.05 公顷，耕地面积 41.45 公顷，大丽高速连接线、214 国道穿境而过。随着丽香高速公路建设进程的加快，这两条公路将成为园区对外连接的主干道。《丽江南口工业园区雄古片区控制性详细规划》编制完成并取得县人民政府审批，产业定位为生物医药制造业、农特产品精深加工业、旅游产品加工业。

2. 雄古工业片区建设情况

（1）按长短结合的原则，雄古工业片区给水工程远期供水方案从老君山引水，近期供水方案从龙蟠乡宏文村提水，雄古工业片区提水工程项目总投资1500多万元，2016年4月21日试抽水成功。7月27日组织专家组进行验收，目前项目已全部完工，并投入使用。

（2）投资2000多万元与浙江卓越市政园林建设集团有限公司采取BT模式建设雄古部分支线道路，包括一号路、十号路、十九号路。三条支线道路已全面完工并通过验收。

（3）雄古工业片区污水处理厂建设项目总投资概算约为3500万元（包括场地平整和地基处理等附属工程）。主体工程已于2016年8月正式开工建设，项目有序推进，土建主体工程及设备安装已基本完成。

（4）大丽连接线给水管网工程项目已完成，并投入使用。

（5）映华集团“甾体激素原料药、药品产品升级及生产线迁扩建项目”用地162.36亩，总投资5.7亿元，分两期建设。项目于2014年12月11日开工建设，厂房及办公楼等主体工程已基本完成，目前，正进行厂区道路及绿化设施等附属设施建设。

（6）丽江慈航酵素生物科技有限公司酵素产业化开发生产项目正开展林地报批前期工作。

（7）新入园的丽江益民燃气有限公司、丽江广宇燃气有限公司石油液化气二甲醚配充装站项目是清洁载能产业的重点项目，两个项目已完成前期规划设计、可研、环评、林业等相关手续报批。目前，已开工建设。

（8）雄古工业片区35kV、110kV电力线路搬迁工程项目已完成。目前正在申请丽江供电局停电搭接。

三、丽江市南口工业园区存在的问题

（1）雄古工业片区开发建设过程中，土地指标受限，报批程序复杂，影响了园区基础设施建设、入驻企业开工建设和招商引资工作。

（2）项目前期工作手续报批缓慢，部分企业入园后发现前期手续报批过程中等待时间太久，出现撤资的情况，对招商引资工作有一定影响。

（3）雄古工业片区开发建设资金严重缺乏，已建成的设施（提水工程、供水工程）存在运行成本高（电费、水费）、维护难度大、维护管理工作管理人员不足等问题。

四、丽江市南口工业园区发展路径及对策

玉龙县将全面贯彻落实省、市、县《关于推动工业跨越发展的决定》精神，进一步统一思想，牢固树立无工不富的理念，以园区建设为抓手，努力培养玉龙县新的经济增长极，推动玉龙经济可持续健康发展。

（一）加快火车客运站片区商贸物流区建设

（1）按照工业与旅游相结合的思路，加快推进生态牛奶商业广场项目招商引资并运营。

（2）得一公司新建滇西北道地药材现代仓储物流平台建设项目取得实质性进展，真正将该片区打造成集生产参观、产品展示、带动销售于一体的工业旅游试验示范区。

（二）全力推进雄古工业片区建设

（1）积极协调服务好映华迁建项目，敦促映华迁扩建项目尽快实现实物投资量。

（2）协调服务好新入驻雄古工业片区慈航酵素公司完善有关审批手续后尽快开工建设。

（3）督促广宇燃气公司、益民燃气公司加快建设步伐。

（4）加快完善雄古工业片区污水管网建设。

（三）重视和加强项目储备、申报工作

尽量做到实施一批，储备一批，申报一批，尽可能向上争取资金支持。

丽江市金山高新技术产业经济区发展研究

一、丽江市金山高新技术产业经济区现状

2011年4月，丽江市委、市政府下发《关于加快工业园区建设的实施意见》（丽发〔2011〕7号），决定设立市级金山高新技术产业经济区。2012年5月，丽江市委、市政府下发《关于推动工业跨越发展的决定》（丽发〔2012〕11号），把金山高新技术产业经济区列为未来5年丽江市拟培育的2个省级工业园区之一。2017年3月，通过国家发改委复核，金山高新技术产业经济区进入省级开发区行列。

金山高新技术产业经济区属丽江市发展的核心板块，是丽江市重点培育的新型工业化示范园区，也是唯一通过国家发改委复核列入省级开发区的园区。园区地处丽江城区东郊，规划面积28平方千米，以“一园三区”模式，分金山、干地坝、新团三个片区布局。园区规划定位：丽江经济发展的带动区、体制和科技创新的试验区、城市发展的新区、对外开放的前沿区、新型工业化示范区、富民兴丽的创业区。园区产业布局：园区依托本地及周边丰富的自然资源及清洁能源优势，新团片区发展教育科研、高新技术、商贸服务业等产业；东山片区发展物流仓储、电子商务、高新技术、大健康、旅游商品加工等产业；干地坝片区发展清洁载能、再生资源回收利用、建材、新型墙体材料、石材加工等产业。园区发展目标：2015—2018年基本形成工业园区的雏形，力争培育成省级工业园区，实现销售收入超过100亿元的目标；2019—2030年，构建起产业聚集地和企业群体，建成省级特色工业园区，实现工业增加值占丽江市GDP的比重达到50%的目标。

目前，园区内共有企业10户，具体为：云南永保特种水泥有限责任公司

金山分公司、丽江共济混凝土搅拌有限公司、昆仑天然气门站3家已生产经营企业；先锋食品、飞驰电动汽车、丽江斐讯大数据产业园、斐讯智慧工厂、丽江朗德啤酒及矿泉水生产6家在建企业。

管理机构设置。2011年12月，丽江市委、市政府将古城区金山科技创业产业园管理委员会上划市级管理，并更名为丽江市金山高新技术产业经济区管理委员会，为市政府派出机构，负责园区规划、建设、招商、服务和管理工作。管委会下设办公室、规划建设科、经济发展科、项目建设服务科4个职能科室，核定人员编制16名，其中行政编制13名、工勤编制3名。目前，共有在职在编人员16人。党组织设置。2013年4月，市国资委党委以丽国资复〔2013〕2号批复成立中共丽江市金山高新技术产业经济区管委会党支部委员会。2015年8月，市委以丽委〔2015〕80号批准成立中共丽江市金山高新技术产业经济区管委会党组。2013年10月，市总工会直属机关工会以丽直工〔2013〕26号批复成立管委会机关工会委员会。目前，尚未设置共青团、妇女等基层组织。2012年1月，为便于园区融资及经营管理，市政府以丽政复〔2012〕3号批准成立了丽江市金山高新技术产业投资开发公司，负责开发区规划范围内的土地出让、基础设施建设以及园区国有资产管理运营。2012年7月，市国资委以丽国资复〔2012〕17号批复公司董事会、监事会组成人员，均由市国资委、管委会在职人员兼任。2014年12月，根据中共中央组织部《关于进一步规范党政领导干部在企业兼职（任职）问题的意见》（中组发〔2013〕18号）文件要求，市政府、市国资委分别按照管理权限及有关程序免去了所有公司兼职人员的职务，但投资公司保留至今。

二、丽江市金山高新技术产业经济区主要成就

园区成立6年来，在丽江市委、市政府的正确领导和市直有关部门、古城区的大力支持下，管委会紧紧围绕市委、市政府中心工作，群策群力，攻坚克难，狠抓项目建设、招商引资、企业服务以及党建、党风廉政、安全生产等工作，全力推进园区建设和发展，并取得了明显成效。

（一）主要指标稳定增长

6年来，园区各项经济指标实现了稳中有增、稳中提幅的目标。2016年，园区企业完成工业生产总值6.7亿元，实现工业增加值（规模以上）2.8亿元；完成工业固定资产总投资1.8亿元；实际到位市外招商引资资金5.2亿元。

（二）基础设施日臻完善

通过政府投资、施工方垫资等多种方式，筹集资金8742万元用于园区通道建设。一是完成了总投资2863万元的园区1#路下穿铁路工程，打通了进入园区的主通道；二是完成总投资5879万元的园区1#路主体工程及绿化亮化等配套工程，园区面貌焕然一新；三是配套设施建设顺利推进。已完成双创中心和物流园项目区内的水系改造及绿化，全面完成了1#路泄洪沟工程。

（三）前期工作有序推进

在抓好在建项目的同时，加快推进园区项目前期工作。一是确定了园区供水泵站、高位水池、管线以及园区用电开关站选址，正开展设计工作；二是完成了园区一期550亩林地报批和2#路、3#路可研以及2#路设计等前期工作，正在开展二期林地报批工作；三是市级安排2000万元财政资金，完成土地报批494亩，为入园项目顺利建设打下了坚实基础。

（四）招商引资成效显著

坚持把招商引资作为园区的第一要务和头等大事来抓，出台招商引资办法，积极开展产业招商、项目招商、服务招商，引进一批科技创新型、产业带动型、生态环保型、资源节约型项目。目前，签约项目10个，签约资金达71亿元。其中，昆仑天然气门站项目建成投产，双创中心、先锋食品、飞驰电动车、丽江斐讯大数据产业园、斐讯智慧工厂项目、朗德啤酒、朗德矿泉水7个项目已开工建设。

（五）资金争取实现突破

一是策划和包装了总投资6.39亿元的“丽江市双创中心”项目。经过不懈努力，双创中心项目纳入2016年国家第一批专项建设基金扶持项目（云南省纳入专项基金的2个“双创”项目之一），争取到国家发改委专项基金5600万元。二是争取到省国土厅“低丘缓坡”项目资金1000万元、省发改委“双创中心”扶持资金300万元。三是争取到市级重点项目前期费用200万元。

（六）安全生产强化提高

坚持安全生产“无特区、不涉软、全覆盖”三原则，认真履行监管职责，做到责任主体全覆盖。采取全年常态抓和节点重点抓相结合的方式，在与企业、项目业主层层签订安全生产责任书，加强平时监管的同时，围绕重要节点开展专项检查，及时查找生产企业、建设项目安全隐患，限期落实整改。加强《新安全生产法》贯彻实施，建立安全生产月检查制度，企业安全生产法律法规意识进一步增强，对安全生产工作重视程度明显提高。

（七）管党治党更加严格

6年来，管委会以开展群众路线、“三严三实”“两学一做”等学习教育活动为统领，扎实推进机关党建和党风廉政建设工作，努力使党建和党风廉政建设工作成果转化到推动招商引资和项目建设上，转化为安全生产、服务企业责任落实上，转化为加快园区发展的强大动力，推动园区又好又快发展。管委会党组全面贯彻落实从严治党要求，严格履行管党治党责任，坚持“围绕中心抓党建、抓好党建促发展”的思路，牢牢把握“服务中心、建设队伍”两大核心任务，扎实有效开展党建工作，党的基层组织建设得到加强，党员干部作风明显转变，党的凝聚力、制度约束力和干部执行力有效提升。严格落实全面从严治党主体责任、监督责任和一岗双责，层层签订党风廉政建设责任状，层层传导压力和落实责任。认真落实中央八项规定，制定《党组议事和工作规则》，修订《机关管理制度》，形成了决策讲规则、办事讲程序、工作讲效率的制度建设长效机制，做到用制度管事、管人、管钱、管物，有效遏制了“四风”问题的反弹。坚持做到逢会必讲廉政要求，坚持用反面典型长敲反腐警钟，坚持把廉政建设贯穿招商引资、项目建设、服务企业等重点工作始终，为园区快速发展提供强大的政治保障。6 年来，管委会没有发生党员干部因违纪违法受处理的情况。

（八）扶贫工作真扶真帮

开展脱贫攻坚“挂包帮”“转走访”工作以来，管委会先后选派了两名科长驻村开展扶贫工作。近两年来，共投入扶贫帮扶资金 64. 2 万元，扶持种植林果 10559 株、烤烟 141 亩；发放林果复合肥 10 吨；扶持水泥 140 吨，新建蓄水池 44 口；扶持水泥 72 吨，用于贫困户安居房建设；投入 4 万元，用于村委会引水管道、引水池及村组垃圾集中焚烧池建设。同时，积极扶持成立了“宁蒗县拉伯乡怡农花椒产业专业合作社”，通过提供贴息资金、协调短期贷款等方式，鼓励合作社成员依托国家产业政策扩大规范种植面积，依托“互联网+”技术手段拓展销售渠道，最终实现增产增收脱贫。

三、丽江市金山高新技术产业经济区存在的问题

当前，园区发展正处于爬坡上坎、负重前行的关键时期。通过几年的不懈努力，园区既具备了良好的发展基础和广阔的发展前景，又面临加快发展的紧迫压力。园区建设和发展还存在诸多制约因素，主要表现为：

（一）建设资金不足

6 年来，通过多种形式筹措资金，强行启动了园区 1#路及 1#路下穿铁路工程等基础设施项目建设，但由于资金投入需求量太大，园区 2#路、3#路等出入通道还未建设，基础设施建设严重滞后，影响了招商引资工作的开展。在基础设施项目建设过程中，丽江市委、市政府给予鼎力支持，省国土厅、省发改委也给予了 1300 万元的资金支持。尽管如此，基础建设资金缺口仍然很大。目前，园区 1#路及 1#路下穿铁路工程共投入资金 7683 万元，多方争取

支付了3000万元，还有4683万元资金缺口。仅2017年，需要支付园区1#路及1#路下穿铁路工程款2650.234万元。2018年，必须开工建设园区2#路、3#路，彻底打通出入园区的三大通道，还需要大量的建设资金。同时，开展项目前期工作、办理林地和用地报批手续也需要资金投入，而管委会没有资金来源，又缺乏融资渠道，建设资金紧缺已成为制约园区建设的最大因素。

（二）管理体制制约

园区管理委员会作为丽江市政府的派出机构，主要负责编制园区规划、建设、管理、服务等工作，但没有财税、项目立项、规划、建设、土地审批、人才招聘、资本运作等权限，权责不匹配，难以实现园区管委会快捷、高效的“一站式”服务功能。园区成立以来，规划、林地、土地等具体事务的办理，主要靠领导的批示或个人关系协调解决，因涉及面广，在办理过程中时常遇到推诿扯皮的现象，大大降低了运转效率。

（三）公司运作困难

管委会下属的投资公司，主要负责开发区规划范围内的土地出让、基础设施建设及园区国有资产管理运营。但投资公司成立至今，没有内设机构、人员配备、公司资产、融资能力，不具备独立经营的要求，加之园区土地利用权限在市、区职能部门，公司无法从土地出让中直接受益，也就无从投资开发建设园区。近年来，由于缺少必要的融资平台和融资渠道支持，园区基础设施建设投入主要来源于上级资金扶持。投资公司市场化融资能力滞后，严重制约了园区发展。

（四）用人机制不活

目前，园区用人机制远远不能适应园区发展和工作需求，突出表现在3个方面：一是“人员难进”。目前，市编办核定园区管委会内设机构4个、人员编制16人，已满编满员。受人员编制职数的限制，园区亟须的专业人才无法进入，许多专业性的工作难以开展。二是“人员难动”。管委会岗位职数少，既无法内部交流，也无法对外交流，干部“出口”不通畅，不利于园区的发展。三是“人员难用”。由于管委会没有机构设置和人员编制管理权限，难以根据发展需要自主设立工作机构和工作岗位，无法做到因事设岗、因需调岗，园区发展亟须的公共服务无法及时跟进。随着园区的发展，亟须增设新的内设机构和增加相应的人员编制。

四、丽江市金山高新技术产业经济区的发展路径及对策

管委会按照市委、市政府的总体工作部署，主动适应经济发展新常态，确定新目标，落实新举措，履职担当，积极作为，以招商引资增强发展后劲，以项目投资夯实发展基础，以强化服务优化发展环境，以理顺体制激发发展活力，以党建统领提供发展保障，努力实现市委、市政府确定的园区发展目标，为打造宜居丽江、诚信丽江、文化丽江、智慧丽江，建设法治丽江、平安丽江、文明丽江、和谐丽江做出新的贡献。

（一）以招商引资增强发展后劲

紧盯国家和省、市的政策导向，发挥园区资源、区位和产业优势，精准招商，招大引强，不断壮大经济发展实力。一是科学谋划抓招商。以新能源、特色农产品加工、建材、医药等为重点，精心谋划一批科技含量高、投资规模大、带动能力强、社会贡献大的项目，充实园区招商引资项目库。二是把握机遇抓招商。根据《国务院关于扩大对外开放积极利用外资若干措施的通知》精神和省、市出台的招商引资优惠政策，修订完善园区招商引资优惠办法，为扩大招商奠定基础。三是创新方式抓招商。强化以商招商，广泛动员入园企业招商合作发展；以重点项目为突破口，积极探索社会化招商；制定个性化招商方案，实行精准招商。加快园区“双创”中心平台建设，发挥聚集服务功能，促进招商引资规模上水平。

（二）以项目投资夯实发展基础

以扩大投资为主线，以项目建设为中心，把项目落地建设作为检验工作成效的标准，包挂项目，责任到人，协调联动推进项目，精准服务促进项目。

一是在建项目抓进度。加快推进“双创”中心、先锋食品年产4000吨高原特色生物产品加工、飞驰电动汽车等7个在建项目建设步伐，确定专人协调解决资源配置、水电接入、手续办理、运输通道等制约因素，确保早日建成。二是拟建项目抓落地。紧盯玉龙雪域轻型飞机组装生产线、昆仑燃气LPG等拟建项目，确定专人，做好跟踪服务，确保项目早日落地开工。三是洽谈项目抓跟踪。加强与有入园意愿项目的跟踪洽谈，盯住关键环节、关键人，有针对性地制定引进项目的措施和办法，力争项目早日签约落户园区。四是建成项目抓服务。采取有力措施协助企业做好资源争取、市场开发和产品营销工作，协调相关部门和企业推动互保共建措施的落实，促进企业健康发展，做大做强。认真研究国家政策和扶持重点，用足用活省级开发区各项优惠政策，帮助企业做好项目策划、技术改造、资金争取等工作，促进企业发展壮大。

（三）以强化管理优化发展环境

正确处理服务企业和管理企业的关系，做到在服务中监管，在监管中规范，提升各项管理的科学化、法治化水平。一是强化安全监管。全面落实“党政同责、一岗双责、失职追责”责任体系，严格落实管委会属地监管责任和企业主体责任，健全联合检查制度、约谈制度、定期通报制度和挂牌督办制度，加大警示问责和督导整改力度，强化园区内危险化学品、特种设备、消防及建筑施工、道路交通、人员密集场所等重点领域的安全监管及专项整治，消除安全隐患。积极协调配合市、区安监部门，实行联合执法和严管重罚，严厉打击非法违法生产经营和建设行为，确保不发生安全事故。二是强化环境保护。进一步落实园区环境保护属地监管责任和企业主体责任，严格按照新《环境保护法》的要求规范企业发展和生产经营行为，全面落实大气、水、土壤污染防治计划，积极配合环保部门加大环境保护监管力度，认真抓好生产企业减排工作，坚决杜绝污染环境事件发生。三是强化用地管理。严把土地供应关，做好入园项目投资强度和用地面积论证审查。创新供地模式，优先安排新产业发展供地，应用先租后让、租让结合等多种方式供应土地，提高土地利用效率。针对土地紧缺、用地不足的实际，积极配合国土部门盘活沉积土地。

（四）以理顺体制激发发展活力

争取解决园区管理体制中存在的问题，重点在明确功能定位、理顺权责关系上探索创新，在扩大市场融资、破解融资瓶颈上探索创新，在强化创新平台、集聚科技人才上探索创新，在优化人事管理、完善激励机制上探索创新。一是探索合作共建体制。采用以市为主、县区共建的建园模式，管委会主要负责经济管理，区、县主要负责辖区内社会管理，市、县（区）按照投资、引资比例等进行分税、分利、分产值。二是明确园区职责权限。管委会作为市政府的派出机构，授权其对辖区内的经济事务实施统一领导、统一管理。按照减少环节、提高效率、事权统一的原则，赋予园区管委会市级经济管理权限。三是解决审批权限问题。按照事权统一的原则，规划、土地开发、投资项目审批等权限下放或委托方式由管委会职能科室承担，发挥园区管委会“一站式”服务功能。四是解决融资困难问题。健全投资公司机构、人员，探索建立“园区管理、公司化开发”运行机制，以市场化的理念和方式，开发、建设、经营和管理园区，推动园区与社会投资合作，引导社会资本有序进入园区基础设施建设和公共服务管理，促进园区投资环境的根本改善。

（五）以党建统领提供发展保障

以中共十八届三中、四中、五中、六中全会以及党的十九大精神为指引，认真学习习近平总书记系列重要讲话精神，深入推进全面从严管党治党，不断提升园区党建科学化水平。一是加强党组织建设。不断增强从严管党治党的自觉性和坚定性，认真履行好党组主体责任和监督责任，认真学习贯彻落实《关于新形势下党内政治生活的若干准则》和《中国共产党党内监督条例》，完善党组议事规则和机关各项管理制度。二是抓好主题党建活动。巩固和扩大“两学一做”学习教育成果，落实“三会一课”“党员主题活动日”等制度，推动基层党组织和党员“学党章党规、学系列讲话，做合格党员”常态化、制度化。三是加强党员干部教育管理。采取“一把手”讲党课、邀请专家讲授、网络教育学习等方式，重点突出理想信念和纪律教育，全面提高党员干部综合素质。加强党员台账规范化管理，修订完善党员量化考核办法。四是加强党风廉政建设。在思想认识、责任担当、方法措施上跟上中央要求，把纪律和规矩挺在前面，把握运用监督执纪“四种形态”，以严明的纪律推进全面从严治党。认真落实党风廉政建设责任制，层层签订党风廉政建设目标责任书。严格执行《中国共产党廉洁自律准则》《中国共产党纪律处分条例》等党内法规，持之以恒落实中央“八项规定”、省市委实施办法等纪律作风要求，层层传导压力。加强廉政教育，进一步增强党员干部的法纪意识、制度意识、规矩意识和廉政意识，对于项目争取、资金申报、规划建设等重大事项，严格按程序报批，杜绝程序违规、办事违法的现象发生，不断提高干部运用法治思维、法治方式推动工作落实的能力和水平。五是狠抓机关作风转变。进一步强化服务，转变作风，提升效能。健全完善领导干部联系企业、联系项目制度，深入开展调查研究，准确掌握园区发展动态，及时跟踪解决企业在项目建设、生产经营、市场开拓等方面遇到的困难和问题。认真贯彻落实市委、市政府关于深入推进“不作为、慢作为”问题专项整治工作的要求，巩固和深化“不作为、乱作为”问题集中整治成果，进一步改进管委会机关党员干部工作作风，全面提升单位工作效能和服务水平。认真落实首问责任制、限时办结制等各项制度，对干部懒政怠政和不作为、慢作为的行为实施问责，以强有力的措施促进作风转变，提升服务效能。

（六）转型升级

把丽江市金山高新技术产业经济区打造为国家级示范园区，按副厅级的标准建制，一区多园——以丽江市金山高新技术产业经济区为主体，监管其他园区：①金茂丽江文化产业创意园区；②丽江南口工业园区；③古城区七和国际空港经济区。

附：表 1. 建成项目情况表

表 2. 已开工项目情况表

表 1　丽江市金山高新技术产业经济区项目建设情况表

（建成项目）

序号	项目名称	建设内容及规模	起止年限	总投资（万元）	年度投资目标（万元）	一季度完成投资（万元）	完成年度计划比例（%）	项目进展情况
1	园区1#路	全长 1.65 千米，K0—K1 路宽 24 米，K1—K650 米路宽 16 米，配套建设市政管网络化等设施。		6248			100	项目已完工，施工单位已完成自检
2	下穿铁路工程	全长 354.85 米，道路宽 24 米，下穿隧道长 60 米，配套管网、绿化等设施		2893			100	项目已完工，待验收
3	昆仑天然气门站	建设中缅天然气管道丽江支线及门站设备安装等工程		7000			100	已投产
合计				16141			100	

表 2　丽江市金山高新技术产业经济区项目建设情况表

（已开工项目）

序号	项目名称	建设内容及规模	起止年限	总投资（万元）	年度投资目标（万元）	9 月底完成投资（万元）	完成年度计划比例（%）	项目进展情况
1	双创中心	位于新团片区，占地 50 亩，总建筑面积 13.9 万平方米	2016.10—2019.10	69134.7	15000	1496.17	12	规划方案已批，河道改道已完工，正开展桩基施工招投标及施工图设计工作
2	先锋食品	占地 30 亩，新建高原特色高品质油脂产品（GMP+万级标准）生产线，配套建设技术研发中心、标准化厂房、仓库等设施	2016.10—2017.10	5500	1000	800	80	土地、项目备案、规划、水保、环评已经完成，开展地勘、施工图设计等工作
3	飞驰电动汽车	占地 39.4 亩，年生产 8000 辆旅游观光、城市中巴等电动汽车组装厂房及配套设施	2016.10—2017.12	30000	10000	5000	50	土地、项目备案、环评、水保、规划、人防、风评等审批已经完成，开展施工图审查、消防等工作
4	斐讯大数据产业园	总建筑面积 18.4 万平方米，建设大数据中心及配套的双创中心、培训中心	2017.10—2018.12	397947	8000	5000	62.5	地已出让、林地已审批；项目规划方案在修改完善；项目已备案，能评已编制；地勘已完成 100 孔工作量；水保、环评文本编制已完成，待审查

续表

序号	项目名称	建设内容及规模	起止年限	总投资（万元）	年度投资目标（万元）	9月底完成投资（万元）	完成年度计划比例（%）	项目进展情况
5	斐讯智慧工厂项目	租用飞驰电动车项目标准化厂房，生产路由器、服务器等	2016.10—2017.05	12000				飞驰公司已按斐讯要求完成厂房施工图设计，完成用地规划、工程规划许可证办理；进入施工图审查办理施工许可证阶段
6	丽江朗德矿泉水生产及配套设施	规划用地30000平方米，总建筑面积30100平方米，建设年产2万吨矿泉水生产线及绿化等配套设施	2017.7—2018.1	5600		200		已完成注册、备案、能评审批、红线确定、林木采伐；项目部建设已完成；场平方案已经完成；规划设计方案已经完成待评审。水保已评审。环评在编制
7	丽江朗德啤酒生产及配套设施	建设年产20万吨啤酒生产线，并配套建设啤酒文化广场	2017.7—2020.2	120102	7875	500	6.3	已完成注册、备案、能评审批、社会风险评估、红线确定；项目部建设已完成；水保已审查、规划设计方案已经完成待评审，环评在编制

续表

序号	项目名称	建设内容及规模	起止年限	总投资（万元）	年度投资目标（万元）	9月底完成投资（万元）	完成年度计划比例（%）	项目进展情况
8	园区2#路	全长1.692千米，配套建设市政管网络化等设施。	2017.7—2018.10	5145	2000	150	7.5	完成立项、施工图设计工作。开始启动招投标、环评、水保编制及林地报批工作工作
9	园区3#路	全长1.86千米，配套建设市政管网络化等设施。	2017.09—2018.10	3955	1000	300	30	已完成立项、风险评估、施工图设计、林地报批等；3#路招投标已完成；水保编通过水务部门审查、环评已通过环保局审查
合计				649383.7		13446.17		

古城区七河国际空港经济区发展研究

丽江市古城区国际空港经济区于2011年成立，属区级园区，管委会是古城区人民政府的派出机构，履行协调、服务、管理园区的职能。国际空港经济区管委会根据工作职能职责，从成立伊始，克服机构设置不合理、人员少、业务不熟、经验不足等重重困难，兢兢业业，全力以赴开展园区开发建设工作。

一、古城区国际空港经济区现状

（一）机构编制

管委会编制15个：设行政编制13名（缺9名），工勤2名（超编2名），其中，管委会主任1名，副主任3名（缺2名）。设6个内设机构及1个开发投资公司。

（二）园区概况

古城区国际空港经济区总体规划面积为8.74平方千米（13113.28亩），由漾西和七河两个片区构成，形成“一园两片”的总体格局。其中，漾西片区位于蛇山以南，大丽公路以西，沿大丽铁路两侧，北起南口变电站，南至木家桥，东依传统村落，西抵山脚，总用地面积为5.37平方千米（8044亩，除去丽攀高速422亩，还有7622亩）；七河片区分勒马、三家村、仁和三个组团，总用地面积为3.37平方千米（5055亩）。工业用地3.7368平方千米（5610亩，一类工业用地0.4689平方千米、二类工业用地3.2679平方千米）；仓储用地1.0219平方千米（1532.85亩）。

（三）园区产业定位

园区重点发展的有两个产业方向（漾西片区：生物大健康产业；七河片区：现代物流产业）五大产业（即农产品、食品及生物资源创新，临空物流业，信息与中介服务业，高新技术产业，旅游特色商品生产加工业）。

1. 漾西片区（规划总用地面积：5.37 平方千米）

（1）农产品及生物产品创新组团；

（2）高新技术产业组团；

（3）新能源产业组团；

（4）工业品电子信息交易组团；

（5）旅游特色商品加工产业组团。

2. 七河片区（规划总用地面积：3.37 平方千米）

（1）临空产业组团；

（2）空港物流产业组团。

3. 基础设施建设

交通工程、给排水工程、电力电信工程、绿化工程等。

（四）工作进展

目前，园区《总体规划》及《可研报告》均已通过市、区两级评审及省工信委的备案；园区《总体规划》已经由区人民政府批准，《可研报告》已经立项。《环境影响评价报告》已通过市级评审；《地质灾害评估报告》已通过省国土厅评审；《漾西片区自来水供排水可研及规划》已编制完成；《控制性详细规划》控制性详细规划已经编制完成，下一步将进入评审报批程序。

古城区人民政府成立了由区发改、财政、规划等相关部门负责人组成的区级园区开发建设工作领导小组。

积极衔接华丽高速路指挥部、开南街道等有关部门，深入园区，实地查看，准确掌握华丽高速路穿园基本情况（占地 422 亩、最宽 70.37 米、长 1.5 公里，建设两个服务区），积极寻求解决入园通道的办法。

漾西片区已被省国土厅列为云南省低丘缓坡试点项目。同时严格按照有关部门的要求，完成《漾西片区低丘缓坡试点项目定期评估报告》和《漾西片区低丘缓坡试点项目预算报告》编制工作。

抓住相关优惠政策，积极向上级相关部门申请项目资金，最大限度缓解园区建设资金压力。成立至今，共从省、市、区相关部门争取到 1955 万元专项资金。其中：2014 年从省国土厅争取到 1000 万元的低丘缓坡专项资金。

园区投资开发公司已组建完成，公司人员正逐步配备。

储备了一批符合园区规划的优质项目。

根据有关法律法规，管委会拟制定了包括土地优惠政策、税收优惠政策、产业扶持政策和一站式优质服务等的园区优惠政策（送审稿）及园区管理办法（送审稿）。

加强招商引资工作，寻求园区开发建设新模式。管委会认真分析投资商情况，对中国太平洋第十建设集团、云南建工集团（原西交投）、中国城市建设控股集团第六工程局集团公司、第十三工程局集团公司、中冶东北建设集团、中经（开泰）集团公司、中冶天工集团、中国水环境集团、中铁二十四局、南方卓越集团、云南风蓝控股集团有限公司、中国葛洲坝集团、国投兴邦资产管理公司（四川铁路建设集团）、南河实业投资公司、贵州中天集团等投资对象的公司背景、注册资本金、法人、各种资质、投资案例等情况进行了深入研究和分析。选择了 3 个整体实力突出、投资意向强烈、合作条件相对合理的公司（中冶天工集团、中国城市建设控股集团第六工程局集团公司、国投兴邦资产管理公司）提交给区政府常务会进行决策，并对国投兴邦资产管理公司与四川铁路建设集团联合进行了实地考察，将考察结果报告了区委、区政府，等待区委、区政府决策后即可签订双方合作框架性协议。

项目 PPP“两评一案”（物有所值评价报告、财政承受能力评估报告、实施方案）在网招商中。

园区漾西片区 1 号路《可行性研究报告》正在编制。

向市里争取到项目前期工作经费 300 万元。

二、古城区国际空港经济区存在的问题

（1）机制设置不科学，职能职责权限不足。园区管委会作为古城区政府的派出机构，没有独立的行政主体地位，园区承担行政服务职能过多，而行政审批职权没有，导致园区日常工作需要区委、区政府决策才能有效解决，行政效率低下。

（2）选人用人机制不活。管委会没有招考公务员及专业人员的权限，又因各种条件限制无法抽调人员，导致园区管委会选调人员难度大，专业人员紧缺，现有的8名干部职工都未从事过园区开发建设，缺少园区开发建设中坚力量。

（3）管委会投资开发公司成立时间短，受国家政策的限制，机制不活，运作方式简单，融资能力不强。

（4）各级思想认识不统一，重视不够。抓园区的推手作用不明显，抓手意识不强烈。没有真正营造出上下想工业、谈工业、抓工业的浓厚氛围。

（5）具体工作方面问题。一是土地收储工作未能按计划推进。由于土地收储工作未能按计划推进，导致园区招商引资、基础设施建设等各项工作不能真正落到实处，园区开发建设工作始终没有得到实质性的进展。

二是园区未列入国家目录，优惠政策等将无法享受。低丘缓坡试点政策的调整，园区未被列入国家目录，导致园区用地开发规模、计划指标、土地报批、土地征转分离、基础设施建设等方面不再享受国家低丘缓坡试点政策，税收优惠政策的取消，给今后园区开发建设带来极大困难。

三、古城区国际空港经济区的发展路径及对策

（1）针对园区未列入目录的实际，请求丽江市委、市政府将空港经济区挂靠金山高新区，实行“一区多园、分级结算、利税各享”的模式进行管理，便于空港经济区能利用金山高新区即将列入“省级园区”的国家目录之优势，享受相关政策优惠，对园区开展建设提供政策优惠保障。

（2）请区委、区政府加强招商引资工作或者在与区洽谈投资合作事宜的投资企业中遴选 1 个投资企业作为空港经济区开发建设合作商。由区人民政府与确定合作的企业签订战略合作协议。从各职能部门抽调相关人员成立园区开发建设指挥部，着手开始园区开发建设工作。

（3）对园区土地进行收储。召开全区园区开发建设工作推进会议（园区开发建设启动或动员会），落实各相关单位具体工作。

一是国土部门与相关镇（办事处）进行土地收储并报批。林业部门进行林地报批，并提供区土地供地参考价，便于区委、区政府决策。

二是财政部门及投资公司与投资单位对接确保投资前期费用的到位，金融办与基金组织的配合，发行园区产业发展基金，进行建设经费的融资事宜。

（4）按照空港经济区人员编制，调整配备选调规划、项目管理、招商引资、园区开发和投资开发公司人员。

一是配齐配强管委会班子及人员。请求配备副主任 2 人；特别要注重引进规划专业、工程建设专业、工程管理专业骨干人员。

二是按照“小政府、大社会、园区公司化运营管理”的理念，理顺管委会、投资开发公司的关系，同时加强投资开发公司人员配备。

华坪工业园区发展研究

一、华坪工业园区现状

华坪工业园区始建于 2002 年，2012 年被列为省级工业园区，2015 年被确定为全省拟培育的 10+50 个百亿元产业园区之一，2016 年被列为云南省清洁载能产业示范园区和全国 105 个增量配电业务改革试点之一。园区总规面积 66. 5 平方千米，控规面积 28 平方千米，按照“一区三园”进行布局，分别为石龙坝清洁载能产业园区、兴泉绿色建材产业园区和荣将生物产业园区，目前入园企业 85 户。石龙坝清洁载能产业园区是“一区三园”的核心区，位于石龙坝镇，总规划面积 43 平方千米，控规面积 20 平方千米，主要依托区位交通优势和电力优势发展清洁载能产业。兴泉绿色建材产业园区位于兴泉镇，园区总规划面积 18. 5 平方千米，控规面积 7 平方千米，主要依托丰富的石材等矿产资源发展建材和石材产业。荣将生物产业园区位于荣将镇，园区总规划面积 5 平方千米，控规面积 1 平方千米，主要依托华坪丰富的特色果蔬和生物资源发展高附加值的高原特色农产品加工产业。金沙云区块链大数据产业园位于石龙坝镇龙井村一组，属石龙坝清洁载能产业园区片区，目前园区内有金沙云区块链大数据项目。

至 2018 年三季度，工业园区实现工业总产值 20. 48 亿元，主营业务收入 18. 47 亿元，完成固定资产投资 11. 26 亿元，实现税收 1. 64 亿元。

（一）园区规划情况

一是按照省工信委云工信园区〔2018〕380 号及云工信园区〔2018〕381 号文件要求，在上版总规修编基础上再次对华坪工业园区规划进行了调整，将生态保护红线区域及永久基本农田调出园区规划范围，规划面积从66.5平方公里优化调整为32.22平方公里，其中：荣将生物产业园3.15平方公里、石龙坝清洁载能产业园（包括金沙云大数据园区）18.09平方公里、兴泉绿色建材产业园10.98平方公里。主导产业已从煤化工、冶金及电力产业调整为清洁载能、绿色建材及生物资源和农副产品加工业。二是按照县委、县政府对工业园区产业发展规划的安排部署，委托中介机构开展了华坪工业园区硅产业、碳产业、水电铝产业规划。

（二）园区建设情况

1. 基础设施建设情况

园区一期1.2公里主干道和跨河大桥已建成通车，二期3.025公里主干道已于2018年5月动工建设。园区主排洪沟、1号弃土场、2号弃土场已建设完成。园区双创中心办公楼、宿舍、食堂等基础设施已建设完工投入使用。日处理2万方的园区污水处理厂已完成初步验收；日供水量1.9万方的园区供水厂已建成投运供水。园区一期6GW单晶硅棒项目110kV专用变电站已建成投入运行，隆基二期6GW单晶硅棒项目110kV专用变电站已完成了设计公司招投标工作。拟新建的李家马店500KV变电站和里程碑220KV变电站已完成项目选址和可研编制。单晶硅配套服务设施项目招投标前期工作已经结束。

2. 重点企业项目建设情况

一是丽江隆基一期6GW单晶硅棒项目：总占地面积341亩，总投资40亿元，建设期为两年，投产后预计年产值40亿元，利税约7亿元，年用电量约10亿度，可解决约3000人就业问题。目前1号单晶车间5.3万平方米的标准化厂房建设已全部完成，已安装单晶炉设备384台并全部投入试产，截至2018年10月底累计产出单晶硅棒3368吨，实现产值6.15亿元。2号单晶车间已于4月中旬交付隆基公司进行内部装修及设备安装，目前384台单晶炉已经全部安装完成，其中有70台投入试产。生活区专家楼、宿舍楼和食堂已经交付隆基公司投入使用。二是华坪隆基二期6GW单晶硅棒项目：已于2018年4月3日签订投资协议，总投资30亿元，计划用地200亩，建设期限24个月，投产后预计产值40亿元，利税约7亿元，可解决2000人就业问题，项目于5月18日举行了开工仪式。目前项目场平工程已完成，地勘已完成80%。三是金沙云区块链大数据项目：项目位于石龙坝镇龙井村一组（金沙云区块链大数据产业园），占地面积1000亩，总投资58亿元，建设周期2~3年，建成运营后可实现年营业收入17亿元，年利润约1.92亿元。2018年1月中旬一期总投资10亿元的17栋中心机房已经全部建设完成，有5栋机房投入运营。至8月底一期17栋机房供电问题得到解决，至9月10日其余12栋机房已全部投入运营。四是攀枝花市东大冶金材料有限公司钝化镁项目：概算总投资5000万元，用地20亩，建成投产后预计年销售收入1亿元，利税1000万元。该项目于2018年1月开始动工，目前厂房主体工程和设备安装已完成，正在开展试生产前的消防验收。五是江苏华尔石英坩埚项目：该项目于4月26日签订了投资协议，总投资2亿元，占地20亩，建成投产后预计年销售收入5亿元，利税1.75亿元。前期工作已基本完成，已于2018年8月8日举行了开工仪式，现正在进行厂房主体建设，计划2019年1月实现投产。

3. 增量配电改革试点项目推进情况

2016年12月1日，国家发改委、能源局发布《关于规范开展增量配电业务改革试点的通知》，在丽江市委、市政府及市发改、工信的大力支持下，华坪县积极申报争取，华坪工业园区被列入全国第一批105个增量配电业务改革试点。并按照《云南省发改委国家能源局云南监管办关于推进增量配电业务改革试点的通知》（云发改能源〔2017〕447号）文件要求，有序推进了增量配电业务改革试点工作：一是委托云南省电力设计院有限公司编制完成了《华坪工业园区增量配电业务试点专项规划》和《华坪工业园区增量配电网建设方案》，并通过了市发改委组织的专家评审。二是依法依规开展了项目业主公开招标。通过公开招标，云南电网公司和云南省配售电有限责任公司组成的联合体中标，中标单位于2017年10月26日与华坪经开区管委会签订了《华坪工业园区增量配电网项目投资建设运营协议》。2018年9月14日，云南电网公司与云南省配售电有限公司在丽江召开了增量配电股东会、董事会、监事会，项目公司已在华坪注册完成，已于2018年10月10日正式挂牌。

5. 招商引资工作情况

经开区管委会依托园区区位优势和丽江水电资源优势，围绕单晶硅上下游及关联企业开展精准招商，着力引进多晶硅、石英坩埚、高纯石墨、碳化硅等清洁载能项目和大数据产业项目，打造水电硅材一体化产业集群。2018年以来，成功引进了总投资30亿元的华坪隆基二期6GW单晶硅棒项目、总投资2亿元的江苏华尔石英坩埚项目落户园区，总投资57亿元的深圳天宇华瑞碳化硅项目已经签订投资协议，总投资25亿元的亚洲硅业（青海）有限公司一期年产2万吨多晶硅项目已经签订框架协议，邀请了中铝集团和林丰铝电公司到园区考察水电铝项目，园区呈现出一片蓬勃发展的景象。

二、华坪工业园区发展存在的问题

（一）建设资金不足导致项目推进严重滞后

自启动丽江隆基年产6GW高效单晶硅棒项目标准化厂房及配套生产生活设施建设以来，已投入建设资金7.5亿元（其中：标准化厂房及宿舍等附属设施投入5.96亿元，污水处理厂、供水厂、园区主干道等基础设施投入1.54亿元），已经支付4.57亿元，资金缺口2.93亿元；隆基二期6GW单晶硅棒项目场平及标准化厂房建设还需约5.8亿元资金。目前，解决资金困难问题迫在眉睫、刻不容缓。

（二）增量配电改革试点推进缓慢

华坪经开区管委会与云南电网公司、云南省配售电公司签订了《华坪工业园区增量配电网项目投资建设运营协议》后，仅项目公司组建就用了1年时间，至2018年10月10日项目公司才挂牌成立，增量配电改革工作推进较为缓慢，严重影响了华坪县重大招商引资项目落地和园区已入园项目的用电保障。

（三）园区土地供应指标缺口较大

受全县建设用地总规模等指标约束，园区内项目建设用地供需矛盾突出，土地供应远不能满足项目建设用地需求。截至目前，石龙坝清洁载能产业园区布局规划建设用地指标6061.68亩，仅完成报批1762.61亩；已开工建设的丽江隆基一期6GW单晶硅棒项目、华坪隆基二期6GW单晶硅棒项目、金沙云区块链大数据项目需用地约1800余亩，已签订意向协议的碳化硅、多晶硅等项目需用地2300余亩，已多次到园区考察有投资意向的水电铝项目需用地1400余亩，建设用地供需指标严重不平衡，用地指标已成为工业项目落地的重要制约因素。

三、华坪工业园区的发展路径及对策

（一）进一步完善基础设施建设

规范产业园区开发建设，优化园区内部空间格局，推动园区高质量发展。着力完善园区功能，按照“统一规划、整体推进、适度超前”的原则，积极筹措园区建设资金，加快推进园区交通、供电、通信、医疗、物流、公租房等“六通一平”基础设施及生活配套设施建设，大力提升园区项目落地承载能力和招商引资综合竞争实力。

（二）继续加大招商引资力度

一是进一步强化招商氛围，坚持把招商引资作为“头号工程”来抓，继续围绕单晶硅上下游和关联企业实行精准招商。二是不断创新招商方式方法，鼓励已落户企业牵线搭桥，引荐更多的上下游企业和同行扎堆投资。三是继续做好已经签约项目的跟踪接洽，争取项目尽快落地开工。

（三）加快推进重点项目实施

突出项目带动，综合运用省市支持政策，坚决把各项政策措施落实到位，强化督促检查和指导服务，依法、依规、高效推动一批园区重点工业项目建设。创新在建项目推进机制，压实工作责任，优化投资环境，提高服务质量，强化要素保障，加强与项目投资方、施工方的沟通协调，建立重大项目专报制度，按照“保落地、保开工、保当期”的原则，强化督查考核，加大跟踪督促力度，加快推动在建项目建设进度，确保完成当年投资计划。

（四）着力拓宽园区融资渠道

全力争取更多省市产业发展基金投资园区建设。完善金融和资本支撑体系，建立开放的投融资体制，积极推行市场化方式进行园区基础设施及配套设施建设，千方百计撬动社会资本、民间资本投向园区发展。拓宽清洁载能产业园区融资渠道，切实加强平台公司建设，提升平台公司融资能力，力争在融资方面取得新突破，尽快解决园区建设资金不足问题，为园区基础设施建设提供充足的资金保障。

（五）创新园区土地供给方式

推行工业用地租赁和弹性年期出让制，推进工业用地长期租赁、先租后让、租让结合方式供地，项目业主可在规定期限内按照合同约定分期缴纳土地出让价款。凡符合国家产业政策和省市确定的重点清洁载能项目，按照“一企一策”“一事一议”的原则，优先纳入土地利用总体规划和用地保障需要，项目用地及时报批、及时供地。完善园区土地利用机制，支持项目业主在符合规划、不改变用途的前提下，依法依规按照程序提高现有工业用地利用强度，增加容积率，推动园区土地节约集约利用。

永胜工业园区发展研究

一、永胜工业园区现状

永胜工业园区是以绿色生态为主要特征的特色农产品加工的现代化综合工业园区，是云南省人民政府在《关于印发〈云南省新型工业化重点产业发展规划纲要〉的通知》（云政发〔2004〕8号）中确定的全省30家重点工业园区之一。建设涵盖永胜县，即把永胜县作为一个园区整体，规划总面积400公顷。总体布局为“一园三区”，“一园”即永胜特色农产品加工工业园，“三区”即以县城为主体的县城中心园区，规划面积199.34公顷；以三川镇为主体的三川坝工业园区，规划面积70.14公顷；以程海、期纳、涛源为主体的南片工业园区，规划面积130.52公顷。在开发过程中采取“一次性规划，分步实施，滚动发展”的模式。截至2017年12月，永胜工业园区共有入园企业44户，提出申请入园企业8户，其中规模以上企业22户，完成工业总产值40.75亿元，完成主营业务收入36.08亿元，实现利润5.72亿元，完成税收1.96亿元。其中，规模以上企业完成工业总产值34.91亿元，完成工业增加值15.01亿元；规模以上企业实现主营业务收入31.38亿元；实现利润4.6亿元；完成税收1.67亿元；固定资产投资完成4.12亿元；完成外贸出口3790.85万美元，从业人数达到3304人。

（一）近年来基础设施建设情况

在完成中心园区一、二期建设的基础上，完成了总投资902万元的仁和工业园区五一坪片区长545.95米、宽16米的入园道路建设项目；完成了投资75万元的10KV电力线路改造工程；协同配合水务局实施了投资121万元的园区自来水改造项目和投资 254.48 万元的中心片区污水处理泵房建设工程。完成投资 28.62 万元的县城中心园区三期开发 10KV 电缆线路改造项目。丽江程海保尔公司 1500 吨螺旋藻技改扩建一期项目已全面建成投产。2016 年永胜工业园区第三期入园的 5 家企业项目，分别为：丽江永胜森源食品有限公司丽江高原生物特色食品加工制造项目、丽江飞创生物开发有限公司年产 2000 吨核桃系列产品精加工生产建设项目、永胜县医药有限公司医药配送中心建设项目、永胜滇西本草药业有限公司永胜滇西本草百草科技园建设项目、丽江云岭生物科技开发有限公司永胜中药饮片加工厂及道地药材种植示范基地建设项目。项目估算总投资 2.16 亿元，涉及野生牛肝菌、玫瑰、三七、天麻、藏红花、核桃等特色生物资源开发、食品加工制造，中药材加工、研发、销售、医药配送等产业。截至 2017 年 10 月底，5 个项目累计完成投资 3176 万元。除永胜滇西本草药业有限公司永胜滇西本草百草科技园建设项目因规划环评还未通过评审，暂未统计入库外，其他 4 个项目已完成统计入库工作。

（二）2017 年招商引资服务工作情况

紧紧围绕高原特色产业强县，人力资源强县、绿色宜居永胜的目标，突出一园发展战略，着力打造“百亿工业园区”和建设“云南省独具特色的生物产业食品产业园”，坚持“特色化、专业化、集聚化”的发展原则，以产业转型升级为主线，着力在强规划、打基础、上项目、促招商、优服务上下功夫，大力推进园区项目开发建设，一是为增强园区吸引力，尽快形成与产业发展相适应的基础设施体系，为园区招商引资打基础，也为入园企业提供良好的创业条件。二是广泛收集招商引资项目，夯实招商引资项目基础，收集整理了 5 个招商引资项目，积极报送省、市工信委。三是做好三期 5 户入园企业项目的协调服务工作，积极推进项目建设。对入园的招商引资项目，坚持全程服务，针对项目建设中出现的热点、难点问题认真分析研究，帮助投资企业想办法，集中解决项目实施中的具体困难；加强与各部门、企业及外界的沟通和联系；针对审批手续繁杂、耗时的项目，与相关部门加强协作，及时协调解决，全力以赴推进项目建设。四是加大宣传力度，创办了《永胜工业园》杂志，开展了《永胜工业园招商指南》的编撰工作。五是认真做好入园项目招商工作，先后两次到上海开展云南食品与消费品制造业项目进行招商。2017 年 4 月 13 日，评审通过丽江康然辣木产业有限公司 1 万亩藜麦产业化种植及 3000 吨藜麦加工建设项目入园建设，建筑面积 3000 平方米，其中厂房 1500 平方米，仓储 1000 平方米，其他 500 平方米，项目总投资 3309.8 万元。初步评审通过了振源机动车检测有限公司和龙申加油站两个入园项目。

（三）企业管理服务情况

一是为了适应园区经济发展的需要，进一步健全园区管理体制，维护企业的合法权益，成立永胜工业园区工会联合会，并于 2017 年 7 月 14 日召开了永胜工业园区工会联合会第一次代表大会。二是建立入园企业经济运行动态数据调查分析系统，通过强化信息化建设，加强对入园企业生产经营情况的跟踪、监测、分析、诊断，全面掌握和适时调整园区经济运行情况，进一步加大统计工作力度，要求入园企业和管委会统计人员必须按季度如实填报统计数据，做到应统尽统。三是完成 2016 年度省级以上工业园区统计数据质量第三方评估工作，确保了园区数据的真实性，促进了工业园区企业健康发展。

二、永胜工业园区存在的问题

由于永胜县工业经济明显出现了增速换挡、效益回落、工业经济下行的局面，工业园区建设存在以下七个方面的问题和困难：

（1）永胜工业园区建设水平低、起点低，投入不足，产业聚集度不高，主导产业不突出，产业结构主动性不强，管理体制创新不够。

（2）园区对区域经济发展的示范带动作用和辐射力仍然薄弱，产业不强、园区不活成为制约永胜经济发展的软肋。

（3）由于面对新常态缺乏应对准备，经济增长粗放，产业结构调整、转型升级相对滞后。

（4）缺乏科技含量高、带动效益强的大项目，园区经济发展后劲乏力。

（5）企业科技创新能力亟待加强、增长方式还比较粗放，部分企业生产效益低，产品附加值低，产业优势不强。

（6）工业园区产业培育不足，产业内部分工不够，导致外部产业链过短，难以形成竞争优势。

（7）基础设施建设投资能力较弱，融资筹资的办法还不够多，资金不足、基础设施建设跟不上，工业园区总体开发、配套建设比较缓慢。

三、永胜工业园区的发展路径及对策

立足永胜资源优势，紧紧围绕“一园”发展战略，以建设百亿产业园区，构建集健康、养老、养生、医疗等为一体的生物药业和大健康产业体系为目标，以“做优存量、扩大增强、抓改革、调结构、转方式、培产业、促跨越”为主线，以“三去一降一补”为重点，着力培育发展高原特色现代农业、信息化、现代物流、生物医药和大健康、食品与消费品制造、旅游文化六大重点产业，积极打造具有永胜特色的城市一体化综合特色工业产业集群，全力加快新型工业化进程。

（一）抓好园区转型，着力打造样板工业园区

坚持走“专、特、优、新”的工业园区发展道路，积极探索园区管理新模式，突破体制机制束缚，适应园区发展需求，加快产业转型步伐，以改革开放为动力，以招商引资的项目实施为抓手，以科技创新为支撑，以政策措施为保障，按照“做强做优、彰显特色、绿色发展”的要求，大力发展生物医药产业、农特产品加工产业，加快发展清洁能源、新型建材、矿产资源产业，积极发展生产性服务业，着力提升园区基础设施配套、产业及服务配套水平，提高产业集中度，增强产业竞争力。

（二）抓好园区规划，着力打造特色工业园区

进一步明确园区功能定位，优化园区产业布局和空间布局。强化规划的严肃性，坚决做到不符合园区产业规划的项目不准入园，不符合国家产业政策导向和环保要求的项目禁止入园，严厉打击乱占乱建、破坏园区整体规划

的违法行为。

（1）根据《云南省工业园区管理办法》强化对工业园区的空间规划布局，对县城中心片区控制性详细规划和仁和工业园区五一坪片区控制性详细规划进行审查备案，组织实施永胜产业园区规划编制工作。抓好园区的土地储备工作，保障入园项目建设用地，加快用地各项报批手续的协调办理服务工作。

（2）结合县城中心园区、程海微藻养殖和精深加工区的特色，依靠产业招商，逐步形成企业集中、产业集聚，把县城特色农产品加工产业区建设成云南省独具特色的生物资源示范基地，重点抓好螺旋藻产业集群的规划和发展工作，着力谋划程海生物医药大健康产业基地建设，把程海微藻养殖和精深加工区建设成为集研发、养殖、加工、展示、培训、检测和旅游观光为一体的现代化生物产业园。

（3）加强与昆明兴滇技术经济咨询公司、云南师范大学联大科技公司的合作，做好中小企业孵化园的规划编制和实施工作，将为永胜现有中小企业和即将入孵的中小企业和科技人才提供孵化平台，将进一步增加园区的“造血”功能，推进园区工业发展进程。

（三）抓好园区建设，促进产业集群发展

（1）坚持“聚集优势办工业、集中园区办工业、聚集产业办工业”的总体要求，结合《云南省工业园区产业发展布局规划（2015—2025）》和省、市“十三五”工业和信息化规划纲要，进一步优化产业空间布局，加快推进工业园区转型升级，构建产业突出、特色明显、优势互补、分工有序、协调发展的园区产业格局，推动园区健康快速发展。永胜县所有新建项目必须按园区的空间布局和产业定位进行审核评审通过后，方能入园。

（2）千方百计筹资，继续采取 BT、BOT、PPP 等模式，加快一园五区水、电、路等重点基础设施建设力度，尽快形成与产业发展相适应的基础设施体系，为园区招商引资打好基础，也为入园企业提供良好的创业条件。依靠创业创新加工，致力于“永胜牌”有机农产品的品牌打造，努力建设高原特色产业强县、绿色生态食品产业基地。

（四）抓好产业培育，促进园区经济协调发展

按照园区主导产业定位，做大做强特色产业，策划园区发展项目，重点抓好特色产业培育，增强持续发展后劲。

（1）着力培育农特产品加工为主的“食品与消费品制造业”。以中源公司为龙头加快食用菌产业基地建设，实现食用菌产业的规模化发展。以边屯食尚公司、三川集团为龙头，依托永胜县独特的立体气候，积极培育食用菌、火腿、核桃、朝鲜蓟、青刺果、蔬菜等绿色产业，推进上规模、上档次的绿色保健食品精深加工，延伸产业链条，促进高原特色农业的提质增效。

（2）着力培育以薇藻开发为主的“生物医药大健康”产业。以保尔公司为龙头，扩大螺旋藻和红球藻的养殖规模，引进科研院所和专家院士，建立螺旋藻的研发和监测中心，严格执行地理标志产品保护，提升微藻的养殖、加工、研发水平，把程海微藻产业园区打造成中国的“薇藻之都”。

（3）积极培育红花、续断、滇重楼、三七、桔梗、天冬、当归等中药材基地建设和深加工。构建集健康、养生、医疗、康体等为一体的生物医药和大健康产业。

（五）抓好招商引资，强化园区重点项目支撑

对项目实行“四定三保”，定时间、定目标、定责任、定措施，保证项目如期注资，保证每年均有高质量企业入驻园区投资开工建设，保证按时竣工投产。

注重项目的策划储备，保证园区有策划的项目，在谈的项目、在建的项目、投产的项目。

注重项目服务工作，竭尽全力协助入园企业做好项目报批、征地拆迁、用水用电、纠纷化解等保障工作，确保项目早开工，早竣工，早投产，早见效。

（六）抓好要素保障，增强工业园区可持续发展能力

坚持低碳绿色发展，着眼于经济发展与环境保护的协调性，经济效益、社会效益和生态效益的平衡性，打造良好的园区生态和人文环境，着力发展

生态型、环保型产业，促进资源消耗小、经济效益高的高新企业聚集发展，实现开发与保护并重。

（1）立足园区实际，充分考虑要素保障，科学确定园区主导产业，强化工业园区用地保障。

（2）新建工业项目按产业空间布局一律进入园区，鼓励地方原有工业企业逐步迁入园区，提高土地利用率和投资强度。

（3）加强园区环境保护工作，强化企业废水处理设施建设、管理、使用力度，持续整治园区突出问题。

（4）设立园区发展专项基金，逐年加大对工业园区的财政投入。

（5）建立“银园”定期沟通制度，与金融机构就园区资金需求和项目建设情况进行定期沟通，积极争取扩大银行抵押、担保范围。

（6）加强工业园区人才培养，把培养和打造经济管理干部队伍、企业家队伍和技工人才队伍作为永胜工业发展的重要任务，适当增加工业战线的力量和人才配备，使学习培训定期化，人才引进社会化，人才奖励制度化。

（七）抓好园区服务，营造良好的发展环境

规范园区设立条件与审批程序，推动园区建设管理向制度化、规范化转变。从政策、环境、制度等方面全面提升服务，营造良好环境。积极为企业排忧解难抓服务。积极搭建融资、技术研发、人才培训、电子商务等平台，为园区企业提供贷款、科技、销售、管理提升等服务。加强与昆明兴滇技术经济咨询公司、云南师范大学联大科技公司的合作，构建工业园区孵化器，着力从金融、科技、人才、劳动用工、信息、市场等方面加强园区服务体系建设，积极推进物流等生产性服务业发展，为园区企业提供全面有效的公共服务。坚持常规监测，定期分析园区经济运行情况，对异常情况及时提出对策建议，帮助停产、半停产企业恢复生产，为销售困难的企业寻找销路，确保园区经济良性运转和健康发展。强化融资体系建设，着力构建园区投资开发公司，实体化、市场化运作，实现体制顺畅、渠道多元的园区投融资体系。以园区投资公司为主体，注入财政资本金，吸纳金融单位及园区企业入股，解决园区建设缺资金和入园企业融资难的问题。

宁蒗县工业园区发展研究

工业园区是一个国家或区域的政府根据自身经济发展的内在要求，通过行政手段划出一块区域，聚集各种生产要素，在一定空间范围内进行科学整合，提高工业化的集约强度，突出产业特色，优化功能布局，使之成为适应市场竞争和产业升级的现代化产业分工协作生产区。工业园区建设是促进区域经济结构调整优化，推进区域城镇化的重要抓手，对实现产业集聚，打造区域特色优势产业，促进区域经济社会发展具有重要作用。

一、宁蒗县工业园区发展现状

根据云南省市关于工业经济发展的相关文件要求及宁蒗县发展工业经济的迫切需要，中共宁蒗县委宁蒗彝族自治县人民政府于 2011 年 2 月成立了宁蒗县工业园区筹建协调工作领导小组办公室，正式开展工业园区建设工作，2012 年 12 月正式成立了宁蒗彝族自治县工业园区管理委员会，按照宁蒗县委、县人民政府的总体部署努力开展工业园区开发建设工作，进展如下。

（一）前期软环境建设项目有序推进

继 2017 年以前完成了《宁蒗工业园区总体规划》《宁蒗工业园区可行性研究报告》《宁蒗工业园区产业发展规划》《宁蒗工业园区总体规划环境影响评价》《宁蒗工业园区战河片区林产品加工区控制性详细规划》《宁蒗工业园区战河片区矿电结合产业区控制性详细规划》，出台了《宁蒗县工业园区管理办法（暂行）》后，目前正委托云南开发规划设计院实施的《宁蒗工业园区总体规划》修编及《宁蒗工业园区建设项目可行性研究报告》。2017 年上半年，宁蒗县着力开发建设宁蒗生物产业园区，目前，生物产业园区的控制性详细规划正在编制之中，第一期建设用地的征用工作已完成。

宁蒗工业园区规划为“一园三片、两重一轻”的组团式空间结构，三片分别为“战河片区、白云岩片区和红旗片区”。在产业布局上，依托资源优势，战河片区重点发展煤炭、林业森工、建材、金属和非金属矿产加工业；白云岩片区生产镁合金；红旗片区重点发展农特生物产业及旅游工艺品加工业。在目前正在实施的《宁蒗工业园区总体规划》修编中，将红旗轻工业片区调整到红桥二坪厂至梁水井公路沿线，规划为新型建筑材料产业区以发展建材产业。经过反复调研，现计划在新营盘乡蜂子岩规划建设宁蒗县生物产业园区，该片区目前已完成建设用地测量纳入全县土地利用总体规划相关工作，修编工作完成后形成“一园四片区”的格局。

（二）积极争取资金建设园区基础设施

办工业先是投钱的产业，投资回报周期长，见效慢。由于县级财政困难，难以拿出资金来建设园区的基础设施，为此，工业园区基础设施建设推进缓慢。工业园区的作用在于筑巢引凤，工业园区没有“五通一平”基础设施，没有让投资方架起设备就能生产的标准厂房，如果没有筑好“巢”就难以引来“凤”，要实现工业跨越式发展根本就是空谈。基础设施建设滞后，致使一些农特生物加工投资项目在对工业园区投资环境及基础设施建设情况进行初步考察后就没有了下文。自工业园区开发建设工作启动以来，宁蒗县工业园区管委会根据已落实的招商引资项目的建设需要并结合宁蒗县实际，全力向省、市、县争取工业园区基础设施建设资金，2012—2015 年，县工业园区管委会先后从省市争取到 2000 余万元园区基础设施建设资金，完成了以下基础设施项目建设。

（1）2012—2013 年完成了以下基础设施项目建设。完成了总投资 378. 89 万元，全长 7320 米的宁蒗工业园区战河片区供水工程项目建设。此供水工程能实现日供水 4000 立方米，项目的建成，很好地解决了战河片区园区企业及战河乡城镇居民生产生活用水。进行了宁蒗工业园区飞鹰商贸公司木材深加工建设用地土地平整项目建设，项目建设款 530 万元（不含征地费），土地平整工程面积 35373. 69 平方米。

（2）2014—2015 年完成了以下基础设施项目建设。完成了投资 289 万元（不含征地费）的战河片区林产品加工区入园公路路基工程项目的建设。完成了总投资 170 万元的宁蒗工业园区战河片区铁合金产业区主干道路面硬化工程项目的建设。完成了宁蒗工业园区战河片区林产品加工区电力线路工程项目的建设，该项目总投资 236.9 万元，建设内容为战河变电站 10kV 出线工程，战河变电电站三条 10kV 出线涉及厂区线路段迁改工程，战河工业园区 10kV 双回线路供电工程。完成了宁蒗工业园区林产品加工区山体滑坡的治理，该山体滑坡治理工程建设总投资 590 万元（不含征地费）。

（3）2015—2016 年完成了以下基础设施项目建设。完成了投资 20 万元的宁蒗工业园区战河片区矿电结合区铁合金产业区供水管网项目建设。完成了投资 46 万元的宁蒗工业园区战河片区林产品加工区排水管网项目的建设。完成了投资 33.5 万元的宁蒗工业园区战河片区林产品加工区公路边坡塌方治理修复工程。2017 年，正在向市级申请资金用于园区基础设施建设。

（三）加快推进入园项目建设

1. 宁蒗县格桑铁合金厂

宁蒗县格桑铁合金厂是第一家落户宁蒗工业园区的企业。该厂原来是租用原战河纸厂的生产车间冶炼铁合金，园区办成立后，结合宁蒗县实施“矿电富县”发展战略，为促进园区矿电结合产业发展，园区办委托中介机构对原战河纸厂生产厂区的 146 亩工业用地及房屋资产进行了测量评估，报请宁蒗县人民政府同意后依法将其处置给了宁蒗县格桑铁合金厂，用作该厂技改扩建建设用地。该厂于 2011 年 9 月完成了 16500 千伏安矿热炉技改扩建项目及 7600 平方米标准厂房建设，包括收购干布河电站在内的总投资 1.2 亿元，安排当地人员就业 250 人。2014 年投资新建了 16500kVA 矿热炉配套 4000kVA 精炼炉技改项目。针对该厂受电力供应不足影响正常生产的问题，县工业园区管委会通过多方协调，并到云南省市相关部门积极争取，于 2014 年完成了新增 31500kVA 供电项目建设，实现了正常供电，随后该厂实施了与电力供应部门签订协议的方式实施供电，电价由县人民政府与供电部门协商决定。另外，该厂收购嘎布河电站后，投资了 2686 万元对嘎布河电站 1 号、2 号机组进行了增效扩容。2015 年，为解决该厂生产生活用水供应不足的问题，园区管委会投资 20 余万元建设了宁蒗工业园区战河片区矿电结合区铁合金产业区供水管网项目。

2. 宁蒗工业园区飞鹰商贸公司木材深加工项目

该项目于 2011 年 7 月与宁蒗县人民政府签订了实质性投资协议，项目总投资 1.8 亿元，项目建成后，可形成年加工木材 20 万立方米的规模。到 2014 年上半年，投资方已完成该项目建设的所有前期工作，工业园区管委会已完成该项目建设所需的所有基础设施建设，包括供水工程、供电项目、通路项目、土地平整项、滑坡治理项目及排水工程项目。该项目迟迟未动工建设的主要原因在于投资方资金不到位。

3. 云南宁蒗国家高性能结构材料——镁合金产业园项目

该项目于 2014 年 11 月 11 日与宁蒗县人民政府重新签订了投资协议。按照投资协议，该项目在 2015 年 6 月前完成项目立项备案批复等前期工作，两年内建成投产，2015 年 7 月后进入实质性投资阶段，全面展开项目建设，拟定产能为年产 20 万吨镁及镁合金，总投资约 30 亿元。项目投资方云南合隆矿业投资有限公司已将履约保证金转入了宁蒗县招商局专户并在宁蒗设立了分公司，该项目的厂址预选等工作已完成，项目建设用地已有 270 亩纳入宁蒗县 2010—2020 年土地利用总体规划指标。根据投资方规划建设的需要，园区管委会已完成项目拟建区 1∶500 地形图测量，《白云岩片区供水工程初步设计》《白云岩片区供水工程水保》及《白云岩片区供水工程环境影响报告》等前期工作，投资方至今没有实质进展。

4. 宁蒗县天然气管道及供气建设项目

该项目是云南合隆矿业投资有限公司宁蒗分公司为实施云南宁蒗国家高性能结构材料——镁合金产业园项目而建设的配套能源供应项目。该项目计划投资 10 亿元，投资方于 2015 年完成了投资项目备案等前期工作并进行了厂址预选，目前还在开展相关前期工作。

5. 丽江巨龙交通能源投资有限公司2500t/d熟料新型干法水泥生产线项目

该项目已动工建设，到2015年底已完成投资6400万元，但未能正式取得省级部门批准立项及资金不到位而处于停建状态。

6. 丽江市宁蒗御俯堂中药饮片有限公司中药材加工项目

该项目已于2015年动工建厂，项目总投资3500万元，该项目于2016年下半年完成项目建设并进行试生产。

另外，正在抓紧落实的有四川中府实业有限公司计划投入8000万元在宁蒗县生物产业园区建设木本油料加工厂项目，在林产品加工区内建设年产10万立方米家用半成品及中密度纤维板加工项目。

二、宁蒗县工业园区发展中存在的主要问题

目前，宁蒗县工业园区规划建设中由于工业园区“五通一平”等基础设施建设需要政府投入，水、电、路以及移民搬迁安置所需的资金大，一方面，宁蒗县财政困难；另一方面，工业园区自身还没有造血功能，难以筹措工业园区基础设施建设资金。基础设施建设的滞后，致使一些农特生物加工投资项目在对工业园区投资环境及基础设施建设情况进行初步考察后就没有了下文。2017年8月份，政协宁蒗彝族自治县委员会对宁蒗县生物产业园区进行了选址调研，建设县委、县人民政府安排专项资金在新营盘乡蜂子岩开发建设宁蒗县生物产业园区，对首期的465亩进行政体开发，一次性征用建设用地，搞好水、电、路基础设施和土地平整工作，促进宁蒗生物产业加工业的发展，该465亩土地的征用工作已完成。宁蒗县工业园区建设虽然取得了一定的成绩，但与发达地区和周边县市发展较好的工业园区相比，其瓶颈和制约因素迫切需要得到解决。具体表现如下：

1. 融资渠道狭窄，发展步伐缓慢

一方面，园区基础设施建设融资渠道狭窄，靠政府投入的依赖性较强，没有形成商业化开发、吸引多方投入的良性循环，单一的财政投资使园区基

础设施建设难以为继，影响了项目的推进和建设进度。由于工业园区建设前期投入较大，短期内需要政府投入大量财力、人力和物力，而政府财力有限，无法满足工业园区建设对资金的需求，造成园区相关功能不够完善，对客商吸引力不够。另一方面，由于诚信体系和担保体系不健全，企业发展的信贷支持力度有限，融资困难，导致园区内企业技术更新步伐缓慢，效益低下，企业做大做强比较困难，园区化经济的集聚作用、整合作用和带动作用难以凸现。

2. 招商引资难度大，部门审批程序繁杂，引入企业难

从客观条件而言，受区位、交通、人才、资金等客观因素的制约，给招商引资工作带来了一定难度。同时宣传手段相对单一，招商项目的包装和深度不尽理想，加之部门审批程序繁杂，一些部门对所要求的资料解释马虎，投资人不能很好地做项目审批报件，投资人在项目审批时耗时过多，意见较大，使得项目进展缓慢。诸多原因造成好的项目不肯来，主动选择入园的企业不多。从主观条件看，工业园区的招商理念、方法、措施还不够超前，园区的载体功能较弱，一定程度上影响了招商引资的质量和效果。

3. 土地征迁难度大，土地开发成本较高

园区周围群众配合意识不强。由于一些园区周围群众对发展工业认识不足，思想观念相对滞后，给园区建设征地带来了不少难题。一方面，随着重点工程土地征迁补偿标准的出台，工业园区的土地征迁工作受到一定影响，周围群众补偿要求过高，矛盾协调困难较多。另一方面，受园区所处地理位置的自然条件影响，交通、电力、通信等基础设施相对欠缺，致使土地开发成本相应提高。

三、宁蒗县工业园区发展的对策及建议

依托资源优势，以转型升级为目标推进新型工业化，深入实施“工业强县”战略，以矿产品精深加工为主导，以发展先进制造业为主体，以大项目为重点，着力推进工业园区建设，加快发展特色生物创新产业、矿电产业，

提升工业经济运行的质量和效益。下一步，工业园区将在积极推进已签约项目落地建设的同时，对生物产业园区进行整体开发，促进宁蒗生物产业加工业的发展。依托生物产业基地，巩固发展生物物品加工业；以基础设施建设为抓手，大力引进和开发应用食品高新技术、设备和工艺，发展天然、绿色、安全、健康等符合现代消费理念的食品制造业、饮料制造业，实施工业园区中药材加工项目，大力发展生物医药产业，切实促进“云药之乡”建设，推动生物资源加工业由粗放型向集约型转变，提高宁蒗特色生物产品附加值，变资源优势为经济优势。

（一）做好园区总体规划的修编工作

在目前正在实施的园区总体规划修编中，在新营盘乡蜂子岩新规划了一个农特生物产业片区，将红旗片区调整到红桥二坪厂至凉水井公路沿线，规划为建筑材料产业区，从而形成“一园四片区”的格局。计划在“十三五”期间对目前正在做测量上的新营盘乡农特生物产业区进行整体开发，对建设用地进行一次性征用，搞好水、电、路、土地平整及标准厂房建设相关工作，厂房建好后以出租或出让的方式供给投资方使用。在加大招商引资力度，引进大项目、大企业的同时，做好发展壮大本地农特生物加工企业的工作，做到既要抓大，也不放小。

（二）做好蜂子岩生物产业区整体开发工作

请求宁蒗县委、县人民政府安排专项资金，对首期蜂子岩片区 465 亩生物产业园区进行整体开发。对建设用地进行一次性征用，搞好水、电、路、土地平整、标准厂房和相关的办公楼等附属设施的建设，或采取招商引资的形式，由企业完成“三通一平”等基础设施项目建设。一是发展生物制品加工业，今后凡新建、引进的生物制品加工业，均进入该园区聚集发展；二是作为物流园区使用；三是作为企业孵化器或创业园使用；四是作为发展电子商务的基地作用。在加大招商引资力度，引进大项目、大企业的同时，做好发展壮大本地生物物品加工业的工作，做到既要抓大，也不放小，以加快推进生物产业加工企业的建设发展，来实现解决就业、农民增收。

（三）全力做好工业园区开发建设协调服务工作

充分发挥园区管委会职能作用，为企业做好项目指导和服务工作，全力提供全方位、多层次、宽领域服务，真正为企业办好事、办实事，提升服务水平，凸显园区优质服务和良好环境的新优势，把园区打造成对外开放的窗口、工业聚集的基地、经济跨越式发展的重要支撑。特别是处理好了原战河纸厂工业用地处置后继问题及协调好了各方关系，让企业正常生产经营。

（四）以园区招商为主线，实施园区招商战略，靠招商引资推动园区开发

一是突出产业招商。充分发挥宁蒗县开发滞后、资源丰富等优势开展招商，特别是围绕国家产业转移，依托本地优势资源，引进产品生产或配套经营企业，延伸产业链条，努力做大做强现有产业。二是坚持以商招商。依托目前园区内较大企业或意向投资商的对外影响开展招商，通过以商招商，加快园区开发和项目建设步伐。三是加大园区招商推介力度。通过参与和组织各种形式的招商推介活动，多形式、多渠道宣传推介宁蒗县工业园区建设和招商引资政策，通过政策引导，激励调动，形成全县招商引资大气候。

（五）以项目建设为核心，立足“建大园区、引大项目”，靠项目建设构筑园区经济发展支撑

在宁蒗县委、县人民政府统一安排部属下，全力推进园区项目建设，立足“科技引领、特色发展、龙头牵动、产业强区”，重点抓好发展前景好、科技含量高、产业关联度强的项目。一是本着扶强扶优的原则，重点抓好园区内现有企业，确保入园企业正常运营，靠现有企业保总量。二是全力盯办在建项目，尽快形成新的经济增长点。三是积极谋划拟建项目，加大招商引资力度，招大商，招有实力的好商，以入园项目的建设推动园区的发展。

（六）以创新工作为突破口，抓关键、破难题，积极推进园区基础设施建设

一要创新思维，破解园区建设融资难问题。围绕园区基础设施建设，特别是镁合金产业园区的开发建设，全力包装园区路网管网项目、供水和污水处理项目、能源供应项目，积极引进战略投资者，探索建立企业化运作、市场化融资搞建设的新机制，加速推进园区建设。二要多渠道筹资，全力搞好工业园区水、路、电、通信等基础建设。

参考文献

［1］赵玉婷，董林艳，李小敏，许亚宣，姚懿函，李亚飞. 长三角工业园区发展存在问题及对策［J］. 环境影响评价，2018，40（5）：13-17.

［2］鲁蕙如. 金融支持工业园区发展成效、问题及对策建议——对益阳市的调查［J］. 金融经济，2018（14）：168-170.

［3］叶东升，浦爱军，乔光兵，黄馆生，吴雅琴. 江苏省沭阳县乡镇工业园区发展存在的问题及对策研究［J］. 经济师，2017（8）：191-193+197.

［4］胡海洋，姚晨. 贵州省工业园区发展存在的问题及对策研究［J］. 知识经济，2015（4）：66.

［5］成家宁. 县域工业园区农产品加工业发展存在的问题及对策——以旬阳县生态工业园区为例［J］. 现代农业科技，2015（6）：305-307.

［6］曾文. 工业园区发展中存在的问题与对策［N］. 中国审计报，2015-06-01（002）.

［7］陈京宇. 株洲市工业园区发展存在问题及对策研究［D］. 湖南工业大学，2014.

［8］薛晓峰. 浅析羊达工业园区发展问题及对策［J］. 商场现代化，2014（7）：194.

［9］杨雪婷. 重庆歌乐山镇工业园区发展存在的问题及对策［J］. 市场论

坛，2014（6）：24-25.

［10］刘德伟. 加快工业园区发展面临的问题和对策探讨——以昆明市禄劝县为例［J］. 时代金融，2013（32）：392-393.

［11］宁常郁，李学辉. 广西工业园区发展现状、问题与对策研究［J］. 市场论坛，2013（12）：28-30.

［12］王尧. 重庆市工业园区环境管理发展现状、存在问题及对策［J］. 中国科技信息，2012（9）：176.

社会发展篇

丽江市民营经济发展现状、路径及对策研究

支持民营企业发展，是党中央的一贯方针。丽江市历来重视发展民营经济，全力扶持民营经济发展，民营经济所处的地位越来越突出，发挥的作用越来越明显，体现的价值越来越重要，有效支撑了丽江市经济的发展。

一、丽江市民营经济发展现状

（一）民营经济发展基本情况

2016年丽江市民营经济组织户数达6.8万多户，其中：私营企业12246户，个体工商户55837户，从业人员达23.8万人，民营经济增加值168.84亿元，占GDP比重达54.4%，上缴税收23.42亿元。2017年丽江市民营经济组织户数达8.4万多户，从业人员达28.6万人，民营经济增加值183.68亿元，占GDP比重达54.1%，上缴税收25.5亿元。民营经济已经成为丽江市经济社会发展中最具活力、最具潜力、最具创造力的积极因素。

（二）民营经济发展的主要成就

1. 落实惠企政策措施，减轻企业负担

一是落实税收优惠政策。2016年丽江市地税免征税收25921万元，国税免征税收47955万元。二是持续优化金融生态环境。加强银政银企合作，不断扩大信贷规模。三是加大用地支持，2016年供应民营经济用地28宗66.88公顷。四是放宽市场准入。深入推进注册资本登记制度改革，放宽注册资本

和场地准入条件，简化登记手续，为丽江市新登记内资企业登记注册提供了方便。五是实行社保优惠。下调失业保险、工伤保险和生育保险等社保缴费标准，2016 年共为企业减负 4760 万元，同时实行缓缴社保费、给予就业补助、开展岗位培训等稳增长、稳就业扶持政策。六是实施鼓励创业“贷免扶补”政策。2016 年丽江市有 1115 人 10024 万元享受政府贴息贷款，带动就业 2967 人。七是支持企业对外合作。组织小微企业参加广交会、昆交会、境外各种招商活动和产品展销会，促进民营企业拓宽对外合作和产品外销渠道。

2. 加大财政支持力度，助推民企发展

加大财政资金投入，丽江市实施“稳增长开好局”20 条举措，市财政出资 4000 万元设立产业信贷引导资金，以解决丽江市企业融资难问题，并安排特色新型工业化贷款财政贴息资金，推动工业转型升级。同时对扩销促产、发展电子商务等企业由市财政给予资金补助和奖励。各县（区）也设立了民营经济发展专项资金，支持民营经济加快发展。

3. 创新金融服务模式，破解融资难题

一是设立中小企业金融服务专营机构。工行丽江分行设立了专营机构，其他银行业通过专门的业务系统实现了小企业信贷业务专门化。二是创新小企业信贷业务。推出了“速贷通”“成长之路”“网贷通”“周转贷款”等系列金融产品和服务，品牌效应明显。三是加强企业融资服务。发挥财政资金的杠杆作用和放大效应，开展“惠企贷”“助保贷”工作，降低企业融资成本。宁蒗县格桑冶炼厂等 3 户企业获得“惠企贷”资金 6850 万元，华坪县星火农贸公司等 18 户企业获得“助保贷”贷款 6733 万元。同时，财政、金融、工商联等部门多次协调组织金融机构和中小企业召开银企对接会，为企业搭建融资平台。四是推进融资担保体系建设。定期对融资担保企业的相关数据进行收集审核，为企业解决一些发展过程中的困难和问题，促进企业健康发展。五是开展优质小微企业信用贷款入库工作。积极推荐丽江市民营企业进入云南省优质小微企业信用贷款资源库名单，促成企业实现无抵押、无担保贷款。

4. 推进企业培育工作，激发创业活力

一是实施中小企业成长工程。丽江市民营企业中，有规模以上工业企业58户，云南省重点培育上市企业2户，省级成长型中小企业36户。其中，东巴谷于2015年12月23日在新三板成功挂牌。二是加快工业园区建设。丽江市正积极推进华坪工业园区、永胜县工业园区、南口工业园区3个省级工业园区，以及金山高新技术产业经济区、古城国际空港经济区、宁蒗工业园区建设，实现了四县一区园区全覆盖。2015年入园企业168户，完成总产值72.68亿元，实现利税13.8亿元。三是培育微型企业。扎实推进“两个10万元”微型企业培育工程，2015年丽江市共扶持创办400户微型企业，拨付扶持资金1200万元，受扶持企业完成投资34924万元，带动4365人就业。四是推进项目建设。由民营企业投资的194个项目中，在建（续建）项目156个，到位资金120.7亿元。新开工项目38个，到位资金30.1亿元。新签约项目27个，协议投资111.9亿元。

5. 维护企业合法权益，优化发展环境

一是纠正不正之风。2016年以来，各职能部门、各县（区）按照“谁主管、谁负责”的原则，对乱收费、乱摊派、乱罚款和乱检查、乱培训、乱评比等涉企“六乱”行为进行了整治，坚决纠正加重企业负担的不正之风。二是实行涉企收费目录清单管理。清理减少和规范涉企收费项目，对确需保留的实行目录清单管理，纳入政务公开范畴，通过政府网站实时对外公开，接受社会监督。三是清理行政审批前置服务项目。各部门、各县（区）在公开行政审批事项清单的同时，将前置条件一并公开，对没有法律法规依据的一律取消。四是建立民营企业维权投诉机制。成立了民营企业维权服务中心、民营企业投诉中心，畅通各类市场主体维权投诉渠道。同时丽江市每半年开展一次企业负担情况问卷调查，两户企业直报国务院减负办，三户直报省减负办，五户直报市减负办。

6. 完善体制机制建设，提升服务能力

一是健全民营经济管理体制。市、县（区）党委政府都成立了领导小组，并建立完善了相应联席会议制度。二是实行领导挂钩联系企业制度。市、县

（区）四班子领导每人挂钩联系 1~2 户重点民营企业，并经常深入挂钩企业调研指导，帮助企业协调解决生产经营中的困难和问题。三是实施年度目标责任考核。每年丽江市都与县（区）政府签订目标责任书，将民营企业经济发展各项指标和任务进行细化分解，确保有人抓、有人管。四是建立工作督导制度。丽江市委、市政府聘请市级退休老干部成立工作督导组，通过深入督导、开展调研等方式，督促各项政策措施的贯彻落实。五是规范政府部门权力运行。市、县（区）和乡镇（办事处）三级政府部门公布权力清单和责任清单，推进机构、职能、权限、程序、责任法定化。六是推进公共服务体系建设。成立了丽江市中小企业公共服务中心，通过“窗口式”面对面服务、网络在线服务、电话呼叫服务 3 种服务方式，为企业和个人提供创业辅导、人才培训、融资投资“一站式”服务。

二、丽江市民营经济发展存在的问题

一是民营经济发展环境仍然有待优化，一些部门和干部思想保守、观念陈旧、认识滞后，庸政、懒政、怠政现象突出。一些项目审批仍然存在手续烦琐和效率不高的情况，一些政策制定不严谨，针对性和可操作性不强，落实不到位，以诚待商、热情富商的理念尚未形成。

二是民营经济融资难问题仍然存在。尽管各部门和金融机构都采取了一系列措施帮助民营企业解决融资难问题，但是资金紧张、融资困难仍是当前制约企业发展的首要问题，要求加强信贷支持的呼声非常强烈。

三是民营经济土地供需矛盾加剧。受严格的用地审批政策影响，政府下达的建设用地指标和企业的需求相比缺口较大，制约了本地民营企业的规模扩展和转型升级。

四是民营企业转型升级亟待加强。一些民营企业内部缺乏民主与约束机制，很难引进人才和留住人才。大多数民营企业没有自己的研发机构，科技创新能力较弱，缺乏高层次科研人才，发展后劲不足。

三、促进民营经济发展的路径与对策

民营经济是富民兴丽的基石，是未来丽江市经济增长的主要源泉。在当前经济持续下行、企业运转困难的形势下，进一步强化措施、改善环境、提振信心、释放活力，确保民营经济不断发展壮大显得尤为重要和紧迫。针对存在的问题，提出以下促进民营经济发展的路径与对策。

（一）促进民营经济发展，必须进一步提高思想认识

经过多年的发展，以中小微企业为主体的民营经济已成为丽江市经济发展的重要支撑、财政收入的重要税源、扩大就业的重要载体、社会稳定的重要基础。实践证明，推动丽江加快发展，希望在民营，活力在民间，动力在民资。2018 年 11 月 1 日，习近平总书记主持召开的民营企业座谈会，是在全面建成小康社会决胜阶段、改革开放 40 周年的重要节点，党中央围绕促进民营经济发展召开的一次高规格会议，在中国民营经济发展史上具有里程碑意义。习近平总书记在座谈会上的重要讲话科学回答了新时代要不要民营经济、要什么样的民营经济、怎样发展壮大民营经济等重大问题，与 2016 年 3 月 4 日关于毫不动摇坚持基本经济制度、推动各种所有制经济健康发展的重要讲话精神一脉相承，进一步丰富和发展了习近平新时代中国特色社会主义经济思想，为做好新时代民营经济发展工作提供了强大思想武器和根本遵循，是新时代指导非公有制经济领域工作的纲领性文献。促进民营经济发展，首先要认真学习贯彻习近平总书记关于发展民营经济的系列重要指示精神，始终坚持“两个毫不动摇”，以更有力的举措、更高效的服务、更优良的环境，进一步激发市场主体活力，为民营经济持续健康发展松绑鼓劲、铺路护航，共同推动丽江经济社会高质量跨越式发展。

（二）促进民营经济发展，必须进一步加强融资服务

一是建立协调机制。资金是企业的血液，事关企业生死存亡。目前各商业银行采取谨慎放贷政策，中小微企业融资难、融资贵问题日趋严重。建议

由各级政府领导牵头，建立与金融机构定期协调协商机制，对在转型升级中出现暂时性资金紧张、有市场、有效益、信用好的重点民营企业，积极协调金融机构按照“一企一策”原则实施金融帮扶，避免“一刀切”式的抽贷、停贷、压贷造成企业资金链断裂。另外，我们在调研中还发现，银保监会出台的一些扶持小微企业的新政，在丽江没有得到很好的贯彻执行。如 2014 年 7 月 23 日中国银监会出台银保监会发〔2014〕36 号文件，旨在解决小微企业的“倒贷”问题（即“借新还旧”，不用先还后贷，避免企业“资金断流”），但享受到该利好政策的企业寥寥无几。建议由丽江市政府金融办牵头，联合人行、银监局，组织开展一次融资环境的专项整治行动，积极督促协调银行业金融机构认真落实银保监会 36 号等文件精神，在严控风险的前提下，尽量简化企业贷款手续，降低贷款门槛。二是成立担保公司。云南省政府于 2016 年 5 月 17 日印发了《关于推进政策性融资担保体系建设的意见》（云政发〔2016〕48 号），由首期注册资本金 20 亿元的省再担保有限公司设立省融资担保体系建设基金，以参股或控股方式支持各州市、县（区）组建政策性融资担保机构。建议丽江市政府和有条件的县（区）政府抓住这一有利机遇，寻找合适的切入点，尽快筹备成立政策性融资担保公司，为民营企业融资提供再担保服务，缓解企业融资难的问题。三是拓宽融资渠道。建议丽江市政府出台鼓励丽江市企业上市融资的扶持政策，支持符合条件的民营企业在区域性股权、产权交易市场等多层次资本市场挂牌融资，对民营企业成功上市、“新三板”挂牌、发行债券的，建议各级政府要加大补助和奖励力度。发挥政府资金引导作用，引导社会资本共同设立产业投资、创业和风险投资等各类投资基金。支持和引导相关机构搭建第三方支付机构、网络信贷、众筹融资、商业保理、互联网金融门户等互联网金融平台，引导广大中小企业适应互联网金融的发展，及时便捷融资。四是设立调头资金。建议借鉴一些地方的成功做法，由财政出资设立小微企业还贷应急调头专项资金，为资金周转暂时出现困难的小微企业按期还贷续贷提供短期垫资服务，防止“调头资金”“过桥贷款”引发企业资金链断裂而陷入危机。五是改善金融服务。建议积极引进金融机构、基金公司、信托投资公司等金融服务企业入驻丽江，壮大金融产业规模。鼓励金融机构和农村信用社完善为产业服务的网点布局，切实解决农村金融服务缺失的问题。

（三）促进民营经济发展，必须进一步强化用地保障

一是统筹安排用地指标。建议各级政府要统筹安排民营企业投资项目用地指标，确保每年批准的民营企业用地不少于当年批准建设用地面积的50%。同时各类产业园区要为民营企业发展预留用地，重点民营企业项目由市级预留用地计划指标予以保障。二是拓宽企业用地渠道。要充分利用省政府企业用地保障政策，鼓励民营企业工业项目通过租赁、作价出资（入股）等流转方式，使用经依法批准的农村集体建设用地。鼓励中小微企业使用园区标准厂房和盘活利用适宜的商业、服务业类地产。对投资项目已经批准建设以及项目完工投入生产尚未办理土地和林地有关手续的民营企业，建议各级政府和国土部门要根据国家有关政策，统筹解决历史遗留问题。三是降低企业用地成本。建议对丽江市鼓励发展的工业项目和农产品加工项目，符合节约集约用地条件的，要给予适当倾斜，在确定土地出让价格时实行适当的优惠政策。要严格执行云发〔2012〕12号、云办发〔2015〕22号文件精神，对民营企业参与城市基础设施、公益性科技和非营利性教育、文化、卫生等社会公益事业项目使用的土地，符合国家划拨用地目录的，按划拨方式供地。在工业园区投资建设生产性服务业，执行工业用地价格。对符合规划、不改变土地用途、利用企业自有存量土地进行建设、提高土地利用率和增加容积率的项目用地，不再征收土地价款。工业园区标准厂房建设免收市政配套费。

（四）促进民营经济发展，必须进一步加大扶持力度

一是加大财政资金扶持。当前民营经济发展面临诸多困难和挑战，社会信心不足的苗头开始显现，提振信心显得尤为重要。建议各级政府继续增加对民营经济扶持的财政投入，保持稳增长刺激政策的延续性。二是落实税收优惠政策。面对持续低迷的市场环境，突击征税等于“竭泽而渔”。建议各级政府采取“放水养鱼”的措施，在不违背国家政策的前提下，尽可能放宽税收减免范围，做到应减尽减、应免尽免。三是实施社保优惠政策。社保等部门要帮助企业用好、用活、用足各项社保优惠政策，通过“降、缓、补”等

举措帮扶企业渡过难关。四是加大政府采购支持。政府采购中心要认真落实国家关于政府采购促进中小企业发展的有关规定，优先推荐使用本地企业的产品和服务。五是争取减轻电费负担。电价偏高是丽江市也是云南省企业反映较为突出的问题，已经引起了云南省委主要领导的高度重视。建议丽江市委、市政府领导和相关部门密切关注政策动态，加大协调争取力度，做好前期工作。六是制定企业减负清单。习近平总书记特别强调要“实质性降低企业负担”。贯彻落实讲话精神，解决民营企业普遍反映强烈的税费负担重、降成本实效不明显等问题，就要突出“实质性”这个目标导向，多措并举，打好“组合拳”。加快推进涉企行政事业性收费零收费。在严格规范税费征管的同时，简化操作流程和中间环节，让企业得到实实在在的实惠，用民营企业家的切身感受体现政策效果。

（五）促进民营经济发展，必须进一步拓展发展空间

一是深化商事制度改革。打好“放管服”组合拳，继续深化商事制度改革，通过“降门槛”“简手续”推进投资贸易便利化，调动全社会投资创业的积极性，促进市场繁荣。二是支持创办小微企业。企业是经济的基本细胞，是市场主体。企业兴则经济兴，要抓住省政府实施鼓励创业“贷免扶补”、小额担保贷款、劳动密集型小企业贷款、“两个 10 万元”微企培育工程等政策的有利时机，大力支持创业型、劳动密集型小微企业发展。三是推动“大众创业，万众创新”。当前民间投资增速有所回落，必须采取有力措施，抓好创新驱动发展战略的细化落实，建议通过财政补贴等方式加大对众创空间、小企业创业基地、科技孵化器等的支持，构建低成本、便利化、全要素、开放式的新型创业创新服务平台，助推小微企业成长和个人创业，加快形成“大众创业，万众创新”的生动局面。四是建设公平竞争环境，使企业的发展空间更广。良好的营商环境是民营企业发展的重要保障。要坚持公平正义导向，坚决破除市场限制多、准入难的障碍，政策执行不能戴“有色眼镜”，不能搞“一刀切”，而应一碗水端平，对各类所有制企业执行同样标准。要构建新型政商关系，积极主动提供服务，解决实际困难，更好激发民营经济活力和创造力。

（六）促进民营经济发展，必须进一步推动转型发展

一是支持民营企业转型升级。丽江市民营企业多处于产业链低端，可持续发展能力低，建议各级党委政府要着力引导企业推进技术进步，发展精深加工，延长产业链，提高产品附加值，加快改造提升传统产业。引导民营企业坚持以供给侧结构性改革为主线，坚持质量第一、效益优先，坚持创新创造，主动聚焦实业，矢志做精主业，打造质量品牌，加快转入高质量发展轨道。此外，丽江的产业不仅少、小、弱、散，而且结构不合理，匹配性差，叠加效益不充分。在全球经济再平衡和产业格局再调整的背景下，建议各级党委政府要敏锐把握新常态、新机遇，下好“先手棋”，赢得主动权，紧紧围绕国家、省“十三五”产业发展战略，制定产业发展规划，扎实推进供给侧结构性改革，重点支持民营企业发展轻工、生物医药等新兴产业，发展高原特色农产品、旅游产品、民族手工艺品等“专精特新”产业，发展现代物流、金融服务、商业服务等生产性服务业，发展“互联网+”、电子商务等新业态，以产业综合实力大提升支撑经济大发展。二是引导民营企业兼并重组。通过抓大促小，培植主导，建好支柱，推动丽江市民营企业做大做强，加快培育一批龙头型民营企业。此外，在民营经济发展工作中要坚持数量服从质量、速度服从质量，鼓励和指导民营骨干企业开展强强联合、以强并弱、上下游整合等多种形式的兼并重组，提高产业集中度和资源配置效率，不断增强民营企业的市场竞争能力、抵御风险能力、可持续发展能力。如华坪的芒果产业，华坪县可以探索将行业内同一竞争性企业进行兼并重组，有效解决重复建设、恶性竞争等问题，最大限度地发挥规模经济与优势互补效应，打造具有核心竞争力的“行业排头兵”。三是加强品牌标准质量建设。建议各级党委政府要依托各自的区位优势、产业优势和资源优势，深入实施品牌经济战略，鼓励民营企业申报中国名牌、中华老字号、中国驰名商标、地理标志商标、云南省著名商标等，帮助企业做好品牌培育、创建、运营、宣传，加强知识产权管理，保护自主品牌。四是加大民营企业人才培养。企业的竞争归根到底是人才的竞争，建议各级党委政府深入实施“人才战略”，树立“像培养党政干部一样培养民营企业家”的观念，切实加强民营企业家队伍、专业技术

人才队伍、熟练劳动工人队伍建设。民营企业家要坚持依法经营、依法治企、依法维权，在守法诚信经营中不断提高企业竞争能力。

（七）促进民营经济发展，必须进一步优化发展环境

一是加强组织领导。习近平总书记在讲话中坚持问题导向，强调要抓好6个方面政策举措落实，并从工作力量、目标任务等方面提出具体要求，做出明确部署，为新时代发展壮大民营经济开出了“对症良方”。建议丽江市委、市政府进一步加强对丽江市民营经济发展工作的组织领导，充实专门机构的力量，通过联席会、协调会、调度会、现场办公会等形式，定期研究解决民营经济发展中存在的突出问题。进一步完善民营企业走访制度，各级领导干部要用“亲”“清”二字密切新型政商关系，定期到企业调研了解情况、指导帮助工作，积极为企业排忧解难。二是完善政策执行方式。加强政策协调性，制定相关配套举措，推动各项政策落地、落细、落实，让民营企业从政策中增强获得感。去产能、去杠杆要对各类所有制企业执行同样标准，在安监、环保等领域微观执法过程中避免简单化、“一刀切”。要督促各涉企部门树立管理就是服务的理念，多服务、少干预，多帮忙、少添乱，多设路标、少设路障，既要坚决纠正“门难进、脸难看、话难听、事难办”的官僚主义，又要避免“门好进、脸好看、话好听、事不办”的推诿行为，为企业提供优质高效的服务。在调研中有企业反映，有的地方和单位领导存在说一套做一套、朝令夕改以及承诺不兑现、“新官不理旧事”等现象，建议要规范权力运行机制，教育干部做诚信建设的标杆，保持政策和规划的连续性、稳定性，给企业吃下“定心丸”。同时建议各级纪检监察机关加强对涉企部门履职尽责情况开展经常性、持续性、系统性的督查，以“零容忍”的态度坚决整治不正之风和腐败现象。建议丽江市委、市政府建立由民营企业反向测评政府部门行政效能的机制，创造条件让民营企业监督政府，在丽江市上下建设既风清气正又积极作为的良好政治生态。三是推进简政放权。建议进一步规范和严格执行政府部门权力清单和责任清单，并按照“最简手续、最快办结”的原则，在审批上做“减法”，在服务上做“加法”，对行政审批事项办理流程进行优化再造，让企业办事“少跑腿”。进一步规范收费行为，各级政府要定

期向社会公布行政事业性收费和政府定价经营服务性涉企收费目录清单，清单之外一律不得收费。四是改善中介服务。建议丽江市政府组织相关部门认真抓好中介机构的清理整顿工作，坚决取缔依托行政机关、依靠行政权力提供强制服务、收取高额费用的“红顶中介”。一方面，要严禁各部门将职责范围内的工作转移或委托给行业协会、中介机构变相收取费用，严禁将注册登记、行政许可、行政审批与企业缴纳咨询费、培训费等挂钩。另一方面，要培育中介服务市场，引入竞争机制，打破中介市场垄断，为企业提供质优价廉的中介服务。要探索建立丽江市统一的评估认证平台和专家库系统，试行中介机构对同一对象相同性质的评估报告通行通用制度，归并环评、能评、安评等类似评估事项，进行一次性集中评价，分头出具文书。五是保护合法权益。行政执法部门在针对民营企业的执法过程中，要尽量以批评教育、限期改正等形式进行警告，一般不要以罚款、责令停产停业、吊销营业执照等形式进行处罚。对存在违法违规行为的企业，不能一罚了之，而应强化日常监管，针对存在的问题进行帮扶，使其尽快走上合法经营的轨道。政法机关要加大对危害民营企业生产经营秩序、侵犯经营者合法财产及人身安全等案件的查处力度，并从严从重从快处理，对涉及金额大、造成损失大、影响恶劣的案件要实行挂牌督办，对重点项目实行“驻警办公”，积极为民营经济发展保驾护航。六是整治发展环境。良好的发展环境是对投资者的最大支持，建议丽江市委、市政府坚持问题导向，组织一次投资环境的专项整治行动，重拳整治单位和公职人员不作为、慢作为、乱作为等工作作风方面存在的突出问题，一些地方阻挠项目施工、欺生排外、欺行霸市、敲诈勒索等侵企扰企的不法行为，以及一些综合市场周边私搭乱建、堵路占道、“马路市场”、环境脏乱差等影响企业生产经营秩序的问题，抓一批典型的违纪违法案件，公开剖析、公开曝光、公开处理，竭力打造有利于企业发展的良好环境，让企业家放心投资、安心发展。七是营造良好氛围。民营企业和民营企业家对丽江市经济社会发展做出了巨大贡献，是丽江最宝贵的财富和依靠力量。要对民营企业高看一眼，厚爱一分，对优秀民营企业家给予政治待遇、精神鼓励和物质支持，营造重商、亲商、安商、富商的良好环境，在全社会形成尊重企业家、支持民营经济发展的浓厚氛围。

参考文献

[1] 做好新时代民营经济发展工作的根本遵循 [EB/OL]. www. qstheory. cn.

[2] 陈豪在全省民营企业座谈会上强调始终坚持"两个毫不动摇"全力支持民营经济持续健康发展合力开创民营经济更加美好明天 [N]. 云南日报, 2018-11-01.

丽江市高原特色农业产业发展研究

高原特色农业产业，就是将高原内独特的农业资源开发为区域内特有的名优产品，转化为特色商品的现代农业。高原特色农业的关键点就在于“特”，高原特色农业之“魂”是唯我独有，按照“物以稀为贵”的经济逻辑，对于发展高原特色农业来讲，也只有做到了人无我有、人有我优才能“特”起来。高原特色农业之“根”是天赋，丽江具有“一山分四季，十里不同天，一村不同族，同村不同俗”自然、人文资源禀赋。高原特色农业之“本”是传统，即坚持健康、绿色与生产、生活、生态“三生共融”。2014年以来丽江高原特色农业发展，按照习近平总书记考察云南时提出“着力推进现代农业建设”的重要指示精神，全面落实中央惠农政策，围绕农业增效、农民增收和农村稳定，以改革创新为动力，以结构调整为重点，着力培育新主体，打造新业态，增添新动能，拓宽新渠道，采用新方法，推动适度规模经营，增强“双创”动力，确保粮食生产能力不降低、农民增收势头不逆转、农村稳定不出问题，为丽江经济发展奠定稳步发展的基础。

一、丽江市高原特色农业发展现状

（一）传统种植业发展现状

丽江市农业总产值从2014年的78.7亿元增加到2016年的86.93亿元，增长了10.45%，农村常住居民人均可支配收入从2014年的7183元增加到2016年的8750元，增长了21.8%。

2016年丽江市农作物总播种面积283.64万亩，其中粮食作物播种面积202.4万亩，粮食总产量52.4万吨，经济作物播种面积81.24万亩，农民人均有粮 499 千克。

在粮食作物构成中，夏收作物 59.5 万亩，平均单产 185.8 千克，总产 11.06 万吨；秋收作物 142.8 万亩，平均单产 289.3 千克，总产 41.34 万吨。主要粮食作物面积及单产如下：

水稻 22.4 万亩，单产 481.9 千克，总产 10.8 万吨；玉米 62.7 万亩，单产 308.2 千克，总产 19.3 万吨；马铃薯 30.9 万亩，单产（折粮）232.7 千克，总产 7.2 万吨；小麦 21.3 万亩，单产 199.2 千克，总产 4.2 万吨；大麦 9.5 万亩，单产 239.2 千克，总产 2.3 万吨；蚕豆 17.4 万亩，单产 170.5 千克，总产 2.9 万吨；豆类（大豆、芸豆、绿豆等）15.4 万亩，单产 151.3 千克，总产 2.3 万吨。

（二）高原特色产业稳步发展

丽江市特色经济作物是最具差异化发展的领域，主要体现在：丰富多样的物种资源、立体多样的生态气候、天蓝地绿水净的生态环境、得天独厚的旅游开放格局，以及迅速发展的农村电商和物流。2016 年，丽江市把这一特色作为丽江市农业供给侧结构性调整的重中之重，不断扩大蔬菜、水果、药材、花卉、烤烟、木本油料等经济作物面积，加大冬农开发力度，加快经济作物布局生态化、种植标准化、管理绿色化、产出品质化、经营产业化，全年粮经作物播种面积比为 70.3∶29.7，经济作物面积占比较上年提高 1.3 个百分点，实现产量、质量、效益同步提高。

1. 冬农开发

把冬季农业开发作为种植业结构调整的重点，积极发展无公害蔬菜、中药材、冬早马铃薯、冬油菜等增效品种，2016 年实施冬农开发 52 万亩，比上年增加 3.2 万亩，实现产值 9.28 亿元，同比增长 6.4%，成为农民增收的重要途径之一。

2. 蔬菜

积极发展金沙江干热河谷区的冬早蔬菜和冷凉坝区、山区、半山区的夏秋冷凉蔬菜、设施蔬菜和露天蔬菜并重，推进种植规模化、标准化、生态化，打造蔬菜优质品牌。2016 年丽江市蔬菜种植面积 27. 3 万亩，实现总产量 27. 93 万吨，分别比 2014 年增加 2. 9 万亩、3. 43 万吨。

3. 水果

把生态林果作为农民增收的重要途径，积极发展芒果、软籽石榴、雪桃、苹果、葡萄、梨、柑橘等丽江市特色优势果种，大力推广矮化密植、树型改造、平衡配方施肥、果实套袋、病虫害综合防治等林果生产技术。2016 年丽江市水果种植面积 51. 8 万亩，总产量 16. 84 万吨，增长 6. 96%；总产值 14. 16 亿元，产值同比增长 9. 9%。分别比 2014 年增加 2. 3 万吨、2. 84 万吨、2. 86 亿元。

4. 生物药材

丽江在金沙江和玉龙雪山奇丽山水之间，遍地生长着奇花异草，素有“药材王国”的美誉，有 264 科 2010 种中药材，占《中药大辞典》入典药物的 34. 9%，先后被云南省科技厅、云南省食品药品监督管理局认定为第一批“云南省云药之乡”，被中国林业产业联合会授予“中国林药之乡”，是名副其实的中国中药源头区域之一。

生物药材是丽江市高原特色农业五大重点产业之一，是丽江市最具气候优势、资源优势和产业优势的农产业，中药材适宜和最适宜面积分别有 92. 5 万亩和 57. 9 万亩，分别占丽江市常用耕地的 58. 5% 和 36. 6%，中药材发展前景广阔。2016 年丽江市有 58 家企业、172 个专业合作社（2696 家农户）从事中药材产业，中药材种植面积 22. 3 万亩，种植品种达 26 个，干品产量 5. 8 万吨，农业产值 17. 37 亿元，加工产值 0. 75 亿元，销售额 11. 2 亿元。

5. 烟茶

以稳定规模、提质增效、优化布局、创新发展、突出特色为主线，以提高烟叶有效供给能力和烟农增收为重点，打造金沙江绿色、生态、特色、优质烟叶基地，全年种植烟叶 22. 3 万亩，收购烟叶 60. 2 万担，实现烟农收入 8. 84 亿元和烟税收入 1. 84 亿元；以华坪乌木春高香型绿茶为重点，提高茶业科技和管理水平，茶叶种植面积 1. 6 万亩，投产采摘面积 1. 32 万亩，产量 810 吨，产值 3050 万元。

6. 花卉

发挥丽江旅游优势，围绕旅游业发展花卉产业，重点在“一坝（丽江坝）一湖（泸沽湖）两海（拉市海、程海）一线（旅游主干道沿线）”扩大花卉种植，实现花卉产业自身效益和提升旅游业整体形象的双重效益。2016 年丽江市种植花卉 4.5 万亩，成为丽江市重要的新兴产业。

7. 油料产业

2016 年，核桃、油橄榄、花椒、油菜等油料产业较快发展，核桃、油橄榄、油菜面积分别达到 316 万亩、6.8 万亩和 3.5 万亩。

（三）加快发展高原养殖业

畜牧、水产标准化养殖快速发展，畜渔产品检验检疫严格，质量监管到位，产品品牌力提升，逐步实现由数量型、粗放型向质量型、效益型转变。

1. 畜牧业

顺应肉类消费结构升级，发挥丽江市 1230 万亩天然草场、50 万吨农作物秸秆和丽江猪、宁蒗黑绵羊、他留乌骨鸡等优质地方畜禽遗传资源优势，实施粮改饲，扩大青贮玉米和饲草种植，推进山地牧业产业规模化、养殖标准化、品质生态化、品牌高端化，稳定发展生猪产业，大力发展草食畜牧业，积极发展特色禽类。2016 年，丽江市宁蒗县和永胜县分别被云南省厅列为草牧业试点县和牛羊养殖大县，共争取 1000 万元南方现代草原建设和草牧业试点县项目资金。丽江市畜禽标准化规模养殖场达 724 户，年内完成省级标准化示范场创建 5 个；草原生态奖补资金达 3290 万元，同比增长 31.7%，草原奖补绩效奖励资金达 2097 万元，同比增长 113%；示范种植青贮玉米 362 亩，生产青贮氨化饲料 65 万余吨；引进和培育推广各类优良种畜 1850 头只，地方畜禽遗传资源品种得到有效保护和开发；免疫牲畜 960 多万头只次、禽 1230 多万羽次，免疫密度达应免畜的 100%，丽江市无区域性重大动物疫病流行；加强动物卫生监督，屠宰上市动物产品检疫率、合格率、持证率达 100%，确保无重大畜产品安全事故发生。全年大小牲畜存栏 343.88 万头只，家禽存笼 368.12 万羽。生猪、肉牛、肉羊出栏分别达到 178.93 万头、13.35

万头、65.17万只，分别增长3.55%、10.6%、7.64%；肉禽出笼387.26万羽，增长0.77%。肉类总产量达15.5万吨，同比增长9.11%；禽蛋产量达0.57万吨，同比增长4.73%。

2. 淡水渔业

充分利用丽江市淡水资源、鱼类资源和气候生态优势，引进资金和技术，继续改善基础设施和生产装备，建设高原生态渔场，打造以玉龙为中心的滇西北冷水鱼产业园区。坚持生产生态并重，大力推广稻田鱼、特色冷水鱼和名特优水产品养殖，积极开展生态养护和增殖放流，强化水产品质量安全监管，狠抓渔业执法，加快构建现代渔业产业体系，提高渔业组织化、产业化、规模化水平，保障水产品有效供给和渔民收入持续增长，实现渔业健康发展。丽江市淡水鱼养殖面积6.75万亩（其中稻田养鱼3.6万亩），实现产量1.96万吨，同比增长9.2%；产值达2.64亿元，同比增长7%。

（四）科技创新取得突破

丽江始终坚持把农业科技创新，高原特色农业的发展作为一项基础性工作来抓，2006年9月在永胜涛源乡曾创造过单季稻亩产1287千克的世界纪录，2016年以马铃薯、水稻、玉米、中药材等特色、优势品种为抓手，加大种质资源收集、保护和鉴定力度，整合科研院所及种业企业科技资源，实施了一批种业科技项目，着力培育了一批具有较好应用前景和自主知识产权的优良新品种，在特色种业创新方面取得了新突破，保持了优势特色产业的领先地位。由丽江市农科所研发的丽薯6号、丽薯8号、丽薯10号、丽薯11号、丽薯12号等系列马铃薯品种通过云南省品种审定，其中丽薯6号被省农业厅确定为云南省马铃薯生产主导品种，受到省内外广大消费者和企业的青睐。丽江伯符农业科技发展有限公司承担实施了“丽江市优质马铃薯脱毒种薯产业化开发”和“滇西北马铃薯脱毒种薯生产技术集成及产业化示范”等重大科技项目，有力地推动了丽薯系列马铃薯品种商品化进程，玉龙县太安乡已成为“丽薯”系列马铃薯种薯的主要生产基地，成为当地群众脱贫致富的重要产业。市农科所“丽粳”系列水稻品种的研发也取得突破，丽粳14

号、丽粳15号、丽粳11号获国家植物新品种种权证书，丽粳9号在永宁创造低纬度高海拔高寒稻作区连片种植产量最高纪录。丽江广大种业有限公司开展了“广玉”系列玉米新品种研发，“广玉”系列玉米新品种已发展为云南省较有影响力的玉米品种。由绿鑫绿色生物科技有限公司、云全生物开发有限公司培育的“滇重楼1号”“滇重楼2号”和“云全1号”等滇重楼新品种通过省级认定，已经成为全省滇重楼产业主推品种。由国海药材种植场培育的“云和1号”“云和2号”“云和3号”珠子参新品种填补了我国珠子参品种的空白，产品市场前景较好。具有丽江特色的“丽江猪”“他留鸡”和“拉伯鸡”等一批畜禽品种获得国家遗传资源保护品种认定。

2016年5月8日，由云南省农业厅科教处主持，邀请国家小麦产业体系、国家大麦青稞产业技术体系等省内外专家组成专家组，对丽江市玉龙县黎明乡大麦、青稞极量创新示范区进行实收测产，分别以亩产745.9千克、608.2千克创造全国最高产量纪录；10月17日由云南省农业厅组织并主持，邀请国家杂交水稻工程技术研究中心和云南省市县有关专家，对丽江市宁蒗县永宁乡（海拔2670米）实施的高寒稻区极量创新丽粳9号连片示范区进行现场实测验收，以亩产607千克创造高海拔水稻世界纪录，并整理成“云南高原粳稻创世界高寒稻区最高单产纪录”项目入选“2016年云南十大科技进展”评选活动。一年之内，连创两项全国纪录，一项世界纪录。

（五）培育新产业新业态

培育新产业，打造新业态，推进一二三产业深度融合，是转变农业发展方式、推进供给侧结构性调整的重要抓手。2016年，丽江市高端粮食藜麦种植、高档水果软籽石榴、高价食用菌稻后羊肚菌等新兴产业起步良好，效益显著。涌现出花花色玫瑰庄园、雪山玫瑰庄园、九色玫瑰小镇等一批农旅结合、三产融合的典型，起到了示范引领作用。农业同特色加工、休闲旅游、电商物流、文化创意等产业的融合不断深化，实现发展模式有创新，发展规模有突破，发展质量有提升，农业综合效益大幅提高。

1. 新兴产业起步良好

推广种植高端粮食藜麦3755亩、高档水果软籽石榴2.5万亩、高价食用羊肚菌2000亩，高效农业探索示范态势良好、潜力巨大。

2. 突出新型农业经营主体培育，加快土地流转，壮大产业规模

2016年，丽江市有农业龙头企业142家，比2014年增加35家（其中国家级1家；省级34家；市级107家），是历年来数量增长最快的一年，农民专业合作社3015个，比2014年增加1385个，家庭农场认定376户，比2014年增加376户，农业精品庄园12个，农业产业园区30个，现代农业示范区3个；培训新型职业农民957人。全年龙头企业完成固定资产投资25亿元，实现销售收入43.8亿元，同比增长8.17%；休闲观光农业收入达4.8亿元，同比增长4%；农产品加工产值33.1亿元，同比增长8.22%。

（六）农产品供给安全有效

规范标准化种养，强化市场监管，保障农产品质量安全。配合农业生态环境治理，推进化肥、农药减量增效，推进秸秆、地膜、粪污基本资源化利用，禁用高毒、高残留农药，严格监管违规使用兽药、饲料和添加剂，广泛宣传农产品质量安全相关法律法规，同时引导企业进行农产品“三品一标”认证。丽江市共出动执法人员5000余人次、执法车辆930辆次，重点清查市场劣质种子、假冒化肥、违禁农药和饲料添加剂；配合云南省农业厅完成4个季度120个蔬菜水果样品的例行监测和2次90个蔬菜水果样品的监督抽测，例行监测样品的检测合格率为98.12%，监督抽测样品的检测合格率为100%，160批次畜产品禁用药物和兽药残留检测合格率达到100%；丽江市没有重大农产品质量安全事件发生。

（七）农村改革深入推进

丽江市农业局根据省、市深化农村改革实施方案的相关精神，紧紧抓住改革重点，不断开拓创新，积极稳妥推进各项改革，农村改革取得了较好的进展和初步成效。下发了《中共丽江市委、丽江市人民政府关于开展农村土地承包经营权确权登记颁证工作的意见》，对丽江市农村土地确权工作进行了全面部署。制定出台了《丽江市关于引导和规范农村土地经营权流转发展适

度规模经营的实施意见》，明确了丽江市土地流转和发展适度规模经营的主要工作内容和目标任务，并根据文件精神加强了农村土地流转指导与服务。积极探索土地流转的新途径和管理手段，完善了土地流转管理制度，加快了农业适度规模经营。丽江市土地流转面积 11.85 万亩，占承包面积的 7.6%，绝大部分流向农户（占流转面积的 71%）种植经济作物。

（八）积极打造精品农庄

现代农业庄园是以市场为导向，以科技为支撑，以资本为纽带，以经济效益为中心，实现农业生产要素优化配置、延伸产业链条、促进农业现代化发展的一种新型经济组织和发展模式。大力发展现代农业庄园，对带动工业化、加速城镇化、实现农业现代化、推进农民增收致富具有现实意义，是带动和促进传统农业向现代农业转型升级，实现农村发展、农民致富的有效手段，是推动经济、社会、生态联动循环发展，并最终实现农业现代化的崭新发展途径。丽江已发展建设 12 个以花花色玫瑰庄园为代表的省级、市级高原特色农业精品庄园。

（九）加快农产品电子商务发展

把发展农产品电子商务作为促进农业经济发展方式转变、提升特色优势农产品核心竞争力的重要手段，结合丽江农业产业发展特点，整合农产品优质资源，积极引导农业市场主体开展电子商务应用，大力构建良好的农产品电子商务发展环境，有效推进了农产品电子商务的发展。据不完全统计，目前，丽江市已有 32 家农业龙头企业在开展大规模农产品电子商务交易，32 家企业中，自建网络、微信销售平台的有 18 个；2016 年丽江市农产品电子商务销售额达 14520.53 万元。芒果、石榴、野生菌等丽江特色产品在电商销售中备受消费者青睐。

（十）打造“净土丽江，生态农业”品牌

2016 年丽江市有“三品一标”农产品 139 个（无公害农产品 72 个，绿色食品 49 个，有机农产品 13 个，地理标志农产品 5 个），比 2014 年增加 23

个，中国驰名商标2个，云南省著名商标33件，云南名牌农产品18个（新增4个），丽江雪桃、华坪芒果入选“2016全国名优果品区域公共品牌”。在2016年底召开的第十四届中国国际农产品交易博览会暨第十二届昆明国际农业博览会上，丽江市22家企业参展包括芒果、软籽石榴、辣木、野生菌、藜麦、乌骨鸡在内的100多个展品，深受消费者青睐，提高了丽江农产品的知名度和影响力。

二、丽江市高原特色农业存在的困难和问题

1. 高原特色农业产业链短，特色农产品加工水平低，附加值不高

丽江市经过多年的发展形成了特色鲜明的农产品并成为农民增收的主要途径，但这些特色农产品对优势资源的开发力度还不够，还处于低层次的粗放式经营阶段，缺乏精深加工高附加值的农产品。这些特色农业无论是在规模上还是在带动能力上都无法使当地农民从根本上摆脱贫困。

2. 懂技术会管理的农业人员少，科技成果推广难度大

目前，丽江市有近300万亩农作物种植面积，105万多农民，共有农业科技人员1757人。其中，推广研究员12人、副高职称318人、中职职称694人，农业科技人员总体数量仍然不足，大多数农村劳动力文化素质偏低，影响了农民接受新技术的能力，他们很难将新技术、新成果应用到实际生产中，加大了科技成果转化的困难，成为制约农业增效、农民增收的主要障碍。随着城市化和工业化的推进，有一定文化的农村青壮年劳动力大部分外出务工，农村年轻劳动力短缺的问题表现突出，对农业技术的普及、良种的推广、新技术的应用影响越来越大；大中专毕业生普遍不愿回乡从事农业生产和特色产业开发，农村专业技术人才普遍缺乏。

3. 品牌认知度低，缺乏特色农产品品牌

丽江市依靠资源优势，发展了多种特色农产品，由于缺乏品牌意识，具有国内和国际知名度的特色农产品品牌很少，农产品只作为初级产品加工输出，产业链短，没有将产品加工成具有高附加值的半成品或成品，没有真正做到

"名、优、精、特"。因此，降低了特色农产品的市场竞争力，特色农产品的经济效益没有真正发挥出来。农业生产经营者大多是农民，受传统生产方式的影响，缺乏市场观念和品牌意识，不少优质特产因未创建品牌、无注册商标，以致价格和竞争优势不强，不能在市场上充分体现产品价值。

4. 农业生产大而不强、广而不精

虽然丽江市农业产业化基地形成了一定规模，但综合效益普遍较低。农业产业种类多，每个县甚至每个乡（镇）都有几个，甚至十几个产业，但真正形成规模效益的特色产业不多，综合效益普遍不高。丽江市农村土地一家一户经营比重占比仍较大，仍以"小而全""小而散"的农户家庭经营为主体，发展方式粗放，与市场化、规模化、信息化为主要特征的现代农业发展要求差距仍较大，农业竞争力、创新能力、抗风险能力和可持续发展能力弱；农村休闲旅游服务业层次不高，休闲农业多以农家乐为主，层次低，效益差。

5. 农村农业自然灾害严重，抵御风险能力不足

丽江市大部分地区的耕地是靠天吃饭，在干旱时节，很多农作物由于没有得到及时浇灌，产量和质量受到较大影响。丽江市山区、半山区居多，常年雨季偏长，雨量充沛，是滑坡泥石流高发之地，农业生产极易受影响。丽江市防汛抗旱指挥部办公室发布了《丽江市金沙江"11·3"白格堰塞湖泄洪灾害损失统计》。截至 2018 年 11 月 15 日 12 时，金沙江干流白格堰塞湖泄洪已造成丽江市玉龙县公路交通、水利（水文）基础设施、民房等不同程度受灾，无人员伤亡。此次灾害造成直接经济损失共 42.7155 亿元。

三、丽江市高原特色农业产业发展的路径及对策

丽江高原特色农业经过几年的实践和发展取得了一些成绩和进步，但面临的困难和问题仍然不少，今后将以深化农业供给侧结构性改革为主线，立足资源实际，发挥丽江优势，以市场需求为导向，以提质增效和农民增收为目标，以改革创新为动力，实现农业供给侧结构改革；着力培育新主体，打造新业态，增添新动能，拓宽新渠道，采用新方法，推动适度规模经营，增

强“双创”动力，保障农产品有效供给，提高农业综合效益和竞争力等方面推进高原特色农业的发展。

（一）提质增效，促进丽江高原特色农业农产品的多样化①

以市场需求为导向，调整完善高原特色农业的生产结构和产品结构、区域结构，增加特色农产品的花样品种，减少无效和低端农产品供给总量，扩大中高端特色农产品的有效供给，提升特色农产品质量水平，增强特色农业竞争力。

（二）拓宽边界，促进丽江高原特色农业的信息化②

“互联网+丽江高原特色农业”是促进丽江高原特色农业发展、推动丽江高原特色农业供给侧改革的重要措施之一。在“五网”建设中，积极搭建“互联网”服务平台，促进丽江高原特色农业智能管理、流通销售及服务升级，大力推进电子商务进农村。

（三）注重规模化，促进丽江高原特色农业的经营主体新型化③

规模经营产出比高、抗风险能力强。适度发挥规模经营，如以土地适度流转经营、“合作社+龙头企业+农户+精准扶贫”等形式，把资本、科技、管理、装备等生产要素进行集中投入，在生产、销售、流通各个环节提供统一服务，促进服务和组织规模化，能够使农民成为规模经营的参与者和真正受益者。

（四）延长链条，促进丽江高原特色农业功能的拓展化④

谭鑫博士认为，在云南高原特色农业转型发展过程中，推进云南高原特色农业现代化经营，延长产业链是增加农民收入的重要方向。同时，2017 年的中央一号文件特别规定，支持有条件的乡村建设以农业合作社为主要载体，让农民充分参与和收益，建设集循环农业、创意农业、观光农业、农业体验于一体的田园综合体。为此，丽江高原特色农业可依托田园风光、乡土文化等资源，推进农业与旅游、文化、健康养老等产业融合，不断拓展丽江高原特色农业的功能。

（五）加大农村人力资源开发力度，助推丽江高原特色农业人才队伍建设

加快建立农村人力资源开发制度、流动制度、使用制度和社会保障制度，构建配套完善的政策体系。以培养新型农民为目标，大力发展农村职业教育，强化农民培训，突出抓好种养能手、能工巧匠、农民技术员、农民企业家、乡村干部 5 支队伍建设。进一步改善农村人力资源开发环境，实现人力资源开发与农村产业结构、经济结构和所有制结构相适应，与建设新农村的要求相协调。同时，也要大力培训农村实用人才，以提高科技素质、职业技能、经营能力为核心，大规模开展农村实用人才培训；充分发挥各部门各行业作用，加大各类农村人才培养计划实施力度，扩大培训规模，提高补助标准；加快培养村干部、农民专业合作社负责人、到村任职大学生等农村发展带头人，培养农业植保员、防疫员、水利员、信息员、沼气工等农村技能服务型人才，培养种养大户、农机大户、经纪人等农村生产经营型人才；大力培育新型职业农民，对未升学的农村高初中毕业生免费提供农业技能培训，对符合条件的农村青年务农创业和农民工返乡创业项目给予补助和贷款支持。

（六）提高品牌意识，打造绿色品牌，逐步形成丽江高原特色农业品牌效应

近年来，丽江市品牌建设能力明显提高，已形成部分品牌产品，但品牌效应不强。丽江市、县各级政府以及农业相关部门要通过各种途径，采取多种形式开展宣传教育和培训，广泛进行农产品质量、品牌、商标、广告以及营销策略的宣传教育和培训。要让农产品市场经营者树立新的农业发展观，增强品牌意识，重视地理标识认证和产地认证，扩大无公害农产品、绿色食品、有机食品生产规模，不断提高农产品市场竞争力。

（七）加快推进农村农业改革，构建丽江新型高原特色农业经营体系

丽江农业生产方式仍以“小散弱”经营特征为主，投入大、资源浪费

大、产出低、效益差。要加快培育发展农民专业合作社、种养殖业大户、家庭农场、龙头企业等多种形式的经营主体，积极引导农民土地经营权采取入股、租赁等形式合理流转，鼓励农民以土地承包经营权、林地林木使用权入股开展生产合作，积极支持农民专业合作社承接和连片开发经营农民自愿流转的土地和林地，推进分散的农民承包土地向农业庄园、专业合作社、专业大户、家庭农场、龙头企业等新型农业经营主体集中，发展多种形式的集约化经营，促进人、地资源合理配置，促进资源利用率、土地产出率和劳动生产率提高。

［注］

①②③④谭鑫. 云南高原特色农业供给侧结构性改革研究［M］//. 杨铭书. 党的十八大以来主体班讲课提纲选编. 北京：中共中央党校出版社，2017：461-463.

参考文献

［1］汪楹. 金融服务滇西边境山区高原特色农业产业发展问题研究——以云南省保山市为例［J］. 西南金融，2013（9）：73-76.

［2］罗浩. 云南高原特色农业产业发展成果丰硕 2015 年农业总产值达 3383 亿元［J］. 云南农业，2016（9）：96.

［3］杨永莲. 云龙县高原特色农业产业发展思考［J］. 农业与技术，2016，36（20）：148-149.

［4］杨金飞，刘灿，张旭，冯稚进. 屈冬玉副部长到昭通市调研高原特色农业产业发展［J］. 云南农业，2018（8）：2.

［5］“一把手”科技工程助推昭通高原特色农业产业发展［J］. 云南科技管理，2014，27（3）：6-8.

［6］吴杰莲. 云南巍山县高原特色生态农业产业发展浅析［J］. 北京农业，2015（9）：283-284.

［7］文彬，庄春海，杨俊敏，张林，张小倩. 云南高原特色农业装备技术创新及产业发展探讨［J］. 机械研究与应用，2015，28（4）：241-243.

丽江市精准扶贫研究

党的十八大以来，丽江市委、市政府坚持以习近平新时代中国特色社会主义思想为指导，坚决贯彻落实中央、云南省委、省政府决策部署，坚持以脱贫攻坚统揽经济社会发展全局，扎实推进精准扶贫、精准脱贫各项工作，脱贫攻坚工作取得了阶段性成果。截至 2018 年 8 月，丽江市 250 个贫困村已退出 63 个，44133 户 175584 建档立卡贫困人口已累计脱贫 22657 户 92002 人，贫困发生率由 14.39%降至 8.96%，贫困地区农民生产生活条件显著改善，贫困群众获得感显著增强。

一、丽江市脱贫攻坚工作现状

丽江市所辖的一区四县中，宁蒗县、永胜县、玉龙县为扶贫开发工作重点县，古城区为滇西边境片区天窗县，是一个集山、少、偏、穷于一体的地区。丽江市区域性、整体性贫困问题突出，贫困面大，贫困程度深，脱贫成本高，巩固脱贫成果难度大。丽江市有纳西族、彝族、傈僳族、白族、普米族等 22 个少数民族，其中有 12 个世居民族。丽江市常住人口为 128 万人，少数民族人口 70.69 万人，占丽江市总人口的 56.79%。全市 250 个贫困村，44133 户 175584 建档立卡贫困人口。

丽江市现有未脱贫的建档立卡贫困人口 21476 户 83582 人（古城区 178 户 591 人、玉龙县 1014 户 3541 人、永胜县 8497 户 29961 人、华坪县 2566 户 8743 人、宁蒗县 13712 户 56054 人）。其中：①因病致贫 5436 户，占 20.93%；②因残致贫 1203 户，占 4.63%、；③因学致贫 1998 户，占 7.69%；④因灾致贫 405 户，占 1.56%；⑤缺土地 429 户，占 1.65%；⑥缺水 796 户，占 3.07%；⑦缺技术 2899 户，占 11.16%；⑧缺劳动力 1384 户，占 5.33%；

⑨缺资金7223户，占27.82%；⑩交通条件落后1654户，占6.37%；⑪自身发展动力不足2540户，占9.78%。贫困人口主要集中在小凉山片区和金沙江干热河谷区，居住环境恶劣，彝族、傈僳族群众占比高。根据中央和云南省委、省政府的决策部署，2015年丽江市全面启动脱贫攻坚战，2016年深入推进脱贫攻坚各项工作，2017年以来重点开展“找问题、补短板、促攻坚”专项行动和强化动态管理工作，脱贫攻坚政策措施逐步完善，精准扶贫、精准脱贫向纵深推进。通过丽江市上下深入贯彻落实中央和省脱贫攻坚各项重大战略部署，紧紧围绕发展生产、易地搬迁、发展教育、生态补偿、社会保障兜底、创业就业、基础设施建设等工作重点，加快推进脱贫攻坚步伐，脱贫攻坚工作取得阶段性成效。

（一）抓机制，重统筹

一是加强部署。深入学习贯彻习近平总书记关于扶贫开发战略思想和精准扶贫、精准脱贫方略，及时传达部署中央和省脱贫攻坚会议精神以及系列扶贫工作文件要求，引导丽江市广大干部将思想认识统一到中央、省委对扶贫开发工作的决策部署上来，用习近平总书记扶贫战略思想武装干部头脑、指导扶贫实践，以脱贫攻坚统领丽江市经济社会发展全局。2017年以来，丽江市先后召开6次市委常委会、5次市政府常务会、4次市扶贫开发领导小组会议、2次全市动员部署会议和5次专题工作会议，并分别在宁蒗、永胜两个扶贫开发重点县召开现场推进会，深入研究部署脱贫攻坚工作。二是强化领导。实行脱贫攻坚党政主要领导双组长责任制，市、县、乡（镇）逐级签订脱贫攻坚责任状，明确脱贫目标、工作重点、扶持政策、考核办法、组织保障。细化量化目标任务，层层签订“军令状”，倒排时间节点，逐项明确推进措施，切实把压力和责任传导到每个层级，真正建立起横向到边、纵向到底的脱贫攻坚责任体系。三是健全制度。先后制定出台《中共丽江市委、丽江市人民政府关于贯彻落实中央和省脱贫攻坚重大战略部署的决定》及《决定分工方案》《丽江市贫困乡（镇）脱贫退出考核办法》《关于深入开展严禁领导干部违规使用扶贫资金专项整治和财政扶贫资金专项检查工作实施方案的通知》《丽江市市级领导扶贫攻坚联县挂乡包村方案》《丽江市市直机关省属驻丽单位扶贫攻坚挂乡包村方案》《丽江市领导干部深入基层协调指导脱贫攻坚专项行动方案》《丽江市脱贫攻坚八个责任清单》等一系列政策措施，确保脱贫攻坚有章可循，有制度保障。

（二）抓规划，重引领

围绕到2020年稳定实现农村人口不愁吃、不愁穿，义务教育、基本医疗和住房安全保障（“两不愁、三保障”），确保丽江市农村贫困人口实现脱贫，3个贫困县全部摘帽，101个贫困村出列，解决区域性整体贫困的目标，编制了《丽江市“十三五”脱贫攻坚规划（2016—2020）》。规划项目总投资255.05亿元，规划实施产业脱贫、转移就业脱贫、易地搬迁脱贫、教育扶贫脱贫、健康扶贫脱贫、生态保护脱贫、社会保障兜底等脱贫工程。分项制定实施《易地扶贫搬迁三年行动计划》《丽江市农村劳动力培训和转移就业扶贫行动计划》《丽江市“十三五”特色农产业精准扶贫规划》《丽江市旅游产业扶贫规划》《丽江市加强教育精准扶贫行动计划》《丽江市健康扶贫行动计划（2016—2020年）》《丽江市社会救助实施细则》等各专项扶贫规划，形成统分结合、齐抓共管的扶贫合力。

（三）抓识别，重精准

聚焦扶贫开发成效考核“两率一度”和贫困退出考核“三率一度”的要求，认真细致地核对贫困户户档、贫困村村档、贫困乡乡档，核实脱贫认定、收入、退出等核心数据，一户一户检查、一人一人对照、一档一档审查，整理完善档案信息资料。把应进未进和返贫的人口纳进来，把应退未退的非贫困人口退出去，把识别不精准的贫困人口剔除出去，实现有进有出、动态管理，不断提高信息采集、贫困识别和贫困退出的精准度。在贫困对象动态管理工作行动中，丽江市共组建工作队505支，参与动态管理6680人。为进一步强化动态管理，丽江市于2018年7月24日召开了市扶贫开发领导小组第三次全体会议，对丽江市脱贫攻坚工作特别是贫困对象动态管理工作进行了专题研究部署；成立了指导组，从7月26日起分赴一区四县开展贫困对象动态管理市级抽查工作；8月2日，组织召开了丽江市贫困对象动态管理工作紧急视频会议，进一步查找分析丽江市开展贫困对象动态管理工作中存在的突出问题，对贫困对象动态管理攻坚阶段的各项工作任务进行了安排部署；8 月 21 日—25 日，在各县（区）召开丽江市全国扶贫开发信息系统数据录入培训会。目前，各县（区）完成了遍访所有农村住户、贫情分析、实地调查、信息数据复核、提出初步方案、公开评议、逐级审定七个步骤的各项工作，此次贫困对象动态管理工作已全面结束。

（四）抓投入，重保障

2018 年 1—6 月，丽江市投入财政专项扶贫资金 4. 64 亿元。在 2017 年市本级预算中，安排了扶贫专项资金 1800 万元、农村易地扶贫搬迁农户建房贷款贴息和新农村基础设施建设贷款贴息资金 1500 万元、脱贫攻坚摘帽奖励资金 2000 万元、农村危房及抗震加固安居工程资金 2000 万元、民族发展资金 1500 万元。扶贫方面的市级投入比上年同期增加了 3 倍。2017 年市级从新增地方政府债券资金中专项安排 3 个扶贫开发重点县扶贫资金 1. 4 亿元。目前，三个贫困县都已完成 2017 年资金整合方案编制，工作正在有序推进。按年初统计，2017 年丽江市三个贫困县预计可纳入统筹整合使用的财政涉农资金总规模在 11 亿元左右，计划整合资金 8 亿元，截至 2017 年 6 月，实际已完成整合资金 3. 25 亿元。2017 年，市级把纳入整合范围的资金使用权、项目审批权全部下放到县（区），由县（区）人民政府根据脱贫攻坚规划，安排脱贫攻坚项目，杜绝“撒胡椒面”现象。成立了丽江市基础设施投资公司，从市级层面加强扶贫投融资工作，通过整合市级涉农资金，向国开行、农发行等政策性银行申请贷款支持，扩大融资规模，集中投入各县（区）。指导、督促县（区）人民政府扎实开展脱贫攻坚融资、财政涉农资金整合工作，注重财政资金监管和效益发挥，同时全面推进小额信贷扶贫工作，努力为脱贫攻坚提供资金保障。

（五）抓宣传，重培训

一是抓宣传。加强对脱贫攻坚精准扶贫新政策、新举措的宣传。围绕特色产业、转移就业、易地扶贫搬迁、实施生态补偿、教育扶贫、社会保障兜底等重点工作，大力宣传在脱贫攻坚工作中创新机制体制的做法、经验和成效。编印发放《脱贫攻坚政策文件汇编》500 册、《脱贫攻坚基本政策手册》3000 册，制定发放“两册一卡”（《脱贫攻坚工作责任清单册》《脱贫攻坚整改责任清单册》和《丽江市精准扶贫精准脱贫明白卡》）1000 套。扎实开展扶贫日活动，深入脱贫攻坚一线挖掘丽江市亮点和特色、先进典型事迹、先进典型人物，树立榜样，加大宣传，动员和吸引更多的社会力量参与脱贫攻坚。二是抓培训。2017 年以来全面加大扶贫政策和业务培训力度，举办精准扶贫培训，邀请国家行政学院教授、省扶贫办领导授课，安排市扶贫办、市财政局、市纪委等 10 个部门主要负责人做讲解，丽江市行业扶贫有关部门负责人、县（区）驻村扶贫工作队总队长和副总队长以及所有乡镇的党政主要负责人 188 人参加培训。分别在一区四县举办两轮贫困对象动态管理培训，各县（区）有关部门负责人、乡镇主要领导和分管领导以及驻村工作队共计 1809 人参加培训。通过开展培训，有效提升了一线扶贫队伍的业务能力。

（六）抓督查，重落实

一是不断强化监督检查。建立脱贫攻坚督查制度，成立由厅级领导为组长的 5 个脱贫攻坚督查组，每季度全面开展一次督查工作。由丽江市纪委牵头，组织市扶贫办等部门扎实开展脱贫攻坚常态化监督检查工作。成立“挂包帮”督查考核组，开展对丽江市 139 个市级挂联单位和四县一区每县 3 家挂联单位的“挂包帮”督查考核。成立脱贫攻坚监督检查组，对标“6965”贫困退出标准，深入贫困村贫困户，及时发现和纠正存在的问题，同时对项目实施过程中群众反映强烈的事项进行督办。成立重点项目督查组，对三峡集团帮扶、烟草企业帮扶及其他扶贫重点项目进行全面督查。二是扎实开展“找问题、补短板、促攻坚”专项行动。结合《云南省扶贫开发领导小组关于丽江市 2016 年党委和政府扶贫开发工作成效考核情况的通报》，共收集整理出丽江市脱贫攻坚工作 23 个方面的问题，列出问题清单 57 个和对应的 73 个整改措施，进一步明确了整改牵头部门、整改配合部门、整改责任单位和整改时限，对标对表问题进行认领和整改销号，精准发力，全力补齐脱贫攻坚短板。

（七）抓带动，重整合

目前，挂联丽江市一区四县的中央、省、市单位共有155家，其中中央单位2家、省级14家、市级139家。丽江市共派出244支驻村扶贫工作队，队员1676人，其中建档立卡贫困村101支856人，非建档立卡村143支820人。市直挂联单位累计投入帮扶资金超过2亿元。积极争取扶贫协作支持，对接落实滇沪合作及省烟草公司、三峡集团、大唐集团对口帮扶工作。各帮扶单位努力帮助贫困地区争取项目资金，开展捐资助学、劳务输出培训等工作，为贫困地区经济建设和社会事业发展积极做贡献。

（八）抓重点，补短板

1. 加强产业扶贫

坚持把推进产业扶贫作为重要抓手，切实加大引导扶持力度，完成丽江市101个贫困村产业发展规划，实现了由千篇一律向“个性化定制”的转变。一是发展种养业扶贫。围绕资源优势，发展“一村一品”，制定实施《丽江市农产业“五个十大”推进方案》，引导贫困地区扩大经济作物种植和畜禽养殖，帮助有条件的贫困农户掌握实用技术，拓宽增收渠道。加快雪桃、芒果、中药材和畜禽养殖基地建设，覆盖17个乡镇、178个行政村，基地农户13000多户。二是发展电子商务扶贫。建成电子商务进农村县（区）级服务中心4个，建成乡（镇）村级服务站点219个；丽江市25家农业龙头电商企业中，自建网络、微信销售平台的有18个，商务销售额达11952.3万元，电子商务正在成为推动脱贫攻坚的新生力量。三是发展乡村旅游扶贫。成功申报16个建档立卡贫困村为省级旅游扶贫重点村，带动贫困人口1674人。投入旅游产业发展资金600万元，支持乡村旅游扶贫工作，加快贫困人群脱贫，提升乡村旅游品质。四是开展转移就业扶贫。截至2017年8月20日，丽江市25967户建档立卡户已培训18871户20920人。

2. 加强易地搬迁扶贫

2016年国家下达丽江市易地扶贫搬迁建档立卡贫困人口计划7234人，除古城区和华坪县以外，其他 3 个县均完成或超额完成计划任务。认真抓好易地扶贫搬迁整改工作，通过调出搬迁范围、直系亲属共建、由县级平台公司作为共有产权人等方式，1240 套超标住房已全部进行整改，整改超标面积 28997 平方米，整改后已实施搬迁人口住房面积 238766 平方米，人均住房面积 24.23 平方米；通过建新村集中安置、扩老村集中安置、进城安置等方式，合理布局集中安置点，数量由原先的 96 个调整为 27 个。已搬迁的建档立卡贫困户全部签订“三个协议”（搬迁、搬新拆旧和脱贫就业协议）。

3. 加强教育扶贫

进一步完善“控辍保学”工作制度，严格控制学生辍学，全力提高九年义务教育巩固率。认真执行进城务工人员和农转城人员随迁子女义务教育阶段就读政策，保证随迁子女 100%在流入地接受义务教育的权利。现役军人子女 100%解决就近入学问题。

4. 加强健康扶贫

加强卫生医疗基础设施建设，丽江市农村居民参加城乡居民医保参保率达 99.35%，建档立卡贫困人口参保率达 100%，实行补偿减免政策，贫困住院患者医疗费用报销比例最高达 95%，基本住院费用支付限额为 15 万元，大病保险年度支付限额提高到 30 万元。针对 2016 年底的建档立卡贫困人口开展了为期 1 个月的因病致贫筛查工作，统计出丽江市建档立卡贫困户中有因病致贫家庭 9265 户；建档立卡贫困人口中有因病需救治人口 12371 人。此次贫困对象实施动态管理后，将进一步深入开展因病致贫筛查工作，准确锁定因病致贫、因病返贫群众，不断加强贫困地区疾病防控等重点工作，着力解决因病致贫、因病返贫问题。

5. 加强生态扶贫

2017 年，在玉龙、永胜、宁蒗三个贫困县投入 1390 万元，安排建档立卡贫困人口生态护林员 1455 名。目前，5 万亩退耕还林项目已完成 4.4 万亩建设任务，启动实施 2017 年度 1 万亩陡坡地的生态治理项目建设。

6. 加强社会保障兜底扶贫

加强农村低保与扶贫开发政策、对象、标准、管理有效衔接，做到应扶尽扶、应保尽保、应退尽退、动态管理，截至 2017 年 8 月底，丽江市城乡低保对象 126556 人，1—8 月发放低保资金 22487. 16 万元。

二、丽江市精准扶贫存在的问题

（一）外界对丽江经济发展认识存在偏差

作为世界知名旅游目的地，丽江名声在外。然而，光鲜背后藏有忧愁，美丽外表难掩贫穷。由于受贫困人口多、贫困程度深、区域发展不平衡、相对封闭的自然环境、交通和水利等基础设施的滞后、发展缓慢等先天因素制约，丽江仍然存在着区域性整体贫困的问题。

（二）融资工作受到制约

由于受到财政部、发展改革委等 6 部委《关于进一步规范地方政府举债融资行为的通知》（财预〔2017〕50 号）和《财政部关于坚决制止地方以政府购买服务名义违法违规融资的通知》（财预〔2017〕87 号）文件限制，致使政府融资工作受限，要完成规划投资额资金筹措困难较大。

（三）山高谷深、居住分散、条件恶劣致使扶贫成本高

丽江市贫困人口主要分布在自然环境恶劣的高寒冷凉山区、干热河谷地区和少数民族聚居区，产业结构单一，群众无持续增收的支柱产业，产业扶贫成本高，实际投入与贫困地区的需求差距较大。目前财政扶贫资金缺口大，难以支撑贫困村贫困户产业发展。

（四）直过民族众多，商品意识淡薄、扶持难度大

丽江市直过民族众多，贫困面广、贫困程度深，属综合型整体性贫困。由于受“生活方式落后，依赖思想严重；群众文化素质偏低，生产效率低下；社会发育程度低，思想观念陈旧；经济发展滞后，缺乏市场竞争意识；产业结构单一，农业生产方式落后；生态环境恶化，山地灾害频繁；水电路等基

础设施落后”等因素影响，致使扶贫成本高，脱贫难度大。

三、丽江市精准扶贫工作的路径及对策

始终要把扶贫开发作为全面建成小康社会的首要任务，到2020年，丽江市21476户83582人建档立卡户实现稳定脱贫，187个贫困村（深度贫困村110个）脱贫出列，贫困县脱贫摘帽，全市农村基础设施条件明显改善，教育、卫生、社保等优惠政策惠及所有贫困人群，实现贫困地区农民人均可支配收入增长幅度高于全国平均水平，贫困地区基本公共服务主要领域指标接近全国平均水平。紧紧围绕贫困县摘帽、贫困村和建档立卡贫困人口脱贫出列的目标任务，把思想和行动统一到党中央、国务院和云南省委、省政府的重要部署上来，上下齐心、步调一致，凝心聚力、精准用力，以更坚决的态度、更明确的思路、更有效的举措，啃下硬骨头、兑现军令状，打赢脱贫攻坚硬战，确保与全国、全省同步全面建成小康社会。

（一）突出攻坚难点，聚焦深度贫困地区

聚焦1个深度贫困县（宁蒗县）和110个深度贫困村，切实解决区域性整体贫困问题。一是着力改善深度贫困地区基础设施条件。切实解决深度贫困地区出行难问题，加快贫困地区饮水安全巩固提升工程、小型水利工程和在建重大水利工程建设进度，实现农网动力电全覆盖。二是解决深度贫困地区群众特殊困难。实施好健康扶贫攻坚行动，分级分类落实禁毒脱贫举措。三是推动深度贫困地区倾斜政策落实。推动贫困地区专项扶贫，加大教育医疗保障、生态功能区转移支付、危房改造、车购税收入补助地方资金、一般债券限额等倾斜政策落实力度。

（二）分类施策，精准帮扶，深入推进“十一大行动”

一是全力推进产业扶贫行动，夯实贫困地区产业发展基础。二是全力推进就业扶贫行动，达到培训一人、就业一人、脱贫一人的目标。三是全力推进易地扶贫搬迁行动，对符合条件的贫困人口实施整村搬迁。四是全力推进

教育扶贫行动，提升贫困地区义务教育质量。五是全力推进健康扶贫行动，因病致贫、因病返贫问题得到有效解决。六是全力推进农村危房改造行动，提升住房安全。七是全力推进生态扶贫行动，推进生态保护与脱贫致富双赢。八是全力推进综合保障行动，做到应扶尽扶、应保尽保。九是全力推进贫困残疾人脱贫行动，确保现行标准下建档立卡户残疾人如期实现脱贫。十是全力推进农村基础设施公共服务行动，补齐短板。十一是全力推进扶贫扶志（智）行动，增强贫困人口致富信心和能力。

（三）强化责任分解促担当

严格落实“8个责任主体”责任清单：市级领导脱贫攻坚工作责任清单、县（区）党政主要负责人脱贫攻坚责任清单、县（区）党委副书记和政府分管副县（区）长脱贫攻坚直接责任清单、“挂包帮”单位帮扶责任清单、行业部门脱贫攻坚责任清单、扶贫部门脱贫攻坚责任清单、乡镇村干部脱贫攻坚责任清单、驻村工作队脱贫攻坚责任清单，进一步细化量化各级领导干部和各级各部门职责任务，不断压实责任。同时，进一步强化政策业务学习培训，提升各级干部职工脱贫攻坚的担当能力。

（四）强化督查考核保实效

严格落实《加强脱贫攻坚常态化监督检查工作方案》，进一步细化脱贫攻坚主责部门和县区的责任清单，明确加强脱贫攻坚常态化监督检查的工作任务、工作方式、工作措施和责任追究，不断强化督查考核。督查巡察工作坚持专项督查与明察暗访相结合，民主监督与社会监督相结合，确保督查实效。在丽江市脱贫攻坚专项督查工作领导小组开展专项督查的基础上，成立工作组进村入户开展明察暗访，推进督查巡察工作常态化。创新考核方式，严格县、乡党政主要领导和领导班子扶贫开发工作成效考核，把考核结果运用到评先评优、干部任用、奖励惩处等各方面。

（五）强化资金监管提效益

一是加快各类涉农资金统筹整合使用工作进度，加大脱贫攻坚融资工作力度，加强与农发行、国开行等银行的融资工作。二是用好滇沪合作、烟草公司帮扶宁蒗县、三峡集团帮扶普米族、大唐集团帮扶直过民族等对口帮扶机制，积极争取资金、项目、产业、人才培训、劳务输出等方面的支持。三是充分发挥各级融资平台作用，利用财政专项资金、政策允许整合的各类资金作为资本金和今后的还本付息来源，由融资平台通过金融机构放大投资，进一步扩大融资规模。四是督促指导各县（区）建立完善项目资金县级财政回补报账制、公示公告制、进度监测制、审计验收制、分级督查制、廉政承诺制和廉政评议制等项目管理制度。组织查找资金拨付使用的薄弱环节和风险点，进一步健全完善日常管理机制，减少资金审批环节和流程，确保资金封闭运行。开展财政扶贫资金专项检查，抓好跟踪问效，防止资金沉淀，造成闲置浪费。

（六）强化队伍建设增合力

一是充分发挥“挂包帮”单位优势，从项目、资金、人才等方面给予帮助，提高帮扶的精准性和实效性。二是切实加强驻村帮扶力量引导和监管，坚持谁挂包谁负责、谁定点谁负责的原则，持续抓好帮扶计划、帮扶措施和年度计划的落实。不断强化驻村工作队管理，调整充实驻村工作队员。三是通过选调领导干部、抽调业务骨干、安排选调生等多种途径和方式，进一步加强各级扶贫部门的队伍建设，充分发挥其在脱贫攻坚战役中的“参谋部”和“作战室”作用。

丽江市发展农村电子商务的 SWOT 分析与对策研究

在当前全面开展“精准扶贫”工作的大背景下，探索农村电子商务对于推动丽江农村经济社会发展，促进丽江广大农村脱贫致富具有重要的意义。本研究结合丽江市农村电子商务的发展状况进行 SWOT 分析，并提出相应的对策。

一、丽江市发展农村电子商务的意义

丽江市多样性的地理和气候孕育了丰富的农产品。但因交通不便，丽江农村地区开放程度低，农产品不能与市场有效对接，资源优势没有有效转化为产业优势和经济优势，影响了农村地区的经济增收，使丽江脱贫攻坚工作面临巨大的压力。

习近平总书记强调指出：“一个地方的发展，关键在于找准路子，突出特色。欠发达地区抓发展，更要立足于资源禀赋和产业基础，做好特色文章。”可见，对丽江广大农村来说，发展的着力点还在于发展当地农业，因此，要解决丽江农村增收问题，应充分利用农村各具特色的农业资源，而农村电子商务是发展农业产业的重要抓手。

二、丽江市发展电子商务进农村现状

（一）实现了电子商务进农村的全覆盖

2015 年 10 月，丽江市被列为省级电子商务进农村试点市；古城区、华坪县被列为省级电子商务进农村试点县；玉龙县、永胜县、宁蒗县被列为国家级电子商务进农村试范县，实现了电子商务进农村的全覆盖。

（二）物流配送体系框架基本建成

物流配送体系方面，玉龙县已与多家物流企业建立了县域内三级物流体系合作关系，建设了玉龙电子商务物流公共配送中心和中通物流分拣配送中心，并在已建成的100个农村电子商务服务站点配置了物流功能。永胜县依托电子商务进农村综合示范县项目，引进快递企业入驻产业园，承担农产品配送服务。目前网点乡（镇）覆盖率100%、村覆盖率70%。已投入5辆配送车确保48小时完成到村级网点的配送。

（三）品牌培育和质量保障体系建设初见成效

在品牌培育和质量保障体系建设上，丽江市已完成17个乡镇“一乡一品”的调研选型，并做出了相应规划，确定了雪桃、中药材、蜂蜜、野生菌、坚果类5大类县域品牌并建成产品品控标准化体系。

（四）电商从业人数不断增加

随着电子商务进农村工作的深入开展，丽江市电商从业人数不断增加，一些青年返乡创业。各级各部门自觉懂网、学网、用网，电商的理念更加深入农村，贴近群众。2016年底，有近100多家生产型企业、300多家农民专业合作社、种植养殖大户在第三方平台开设了网店。

（五）丽江农产品销售渠道得到拓宽，切实为老百姓带来了效益

玉龙县鸣音乡中罗村种植的日本富士苹果，黎明乡美乐村的中药材、蜂蜜、白芸豆、核桃、野生菌，古城区金江乡产构村的冬早蔬菜，华坪县的芒果等农特产品近年来借助电商平台，不仅在市场上卖得火热，而且在网上也很抢手。农村电商让大山里的农特产品走出了大山，切实帮农户增加了收入。

三、丽江市发展农村电子商务的 SWOT 分析

（一）丽江市发展农村电子商务的优势

（1）丽江市有打造高原特色农业产业的优势。全市年平均气温在 12.6～19.9℃，全年无霜期为 191～310 天，年日照时数为 2321～2554 小时。境内森林覆盖率为 66.15%，是云南省重点林区之一，有植物 1.3 万多种。已发现中药材 2000 多种，占国家药典所列品种 1/3 以上。最高海拔 5596 米，最低海拔 1015 米，独特的地理环境和气候培育了独特的高原特色农业，丽江具备人无我有，人有我优的竞争力。

（2）丽江高原特色农业品牌建设成效显著。从《丽江市 2016 年政府工作报告》中了解到，丽江已建成生态产业基地 440 万亩，并在高原特色农业产业示范园区建设、农业精品农庄方面也取得了显著成效，并成功创建了一批著名商标，形成了具有区域特色的高原特色优势产业体系。2010—2015 年农业增加值年均增长 6.5%，为丽江发展高原特色农业产业打下了较为坚实的基础。

（二）丽江市发展农村电子商务的劣势

（1）信息基础设施发展不平衡。2015 年末，丽江市常住人口 128.5 万人。年末移动电话用户 95.62 万户，互联网宽带用户 8.23 万户，固定电话 13.24 万户。可见在丽江广大农村信息化基础设施发展不平衡的问题依然突出，这极大地制约了电子商务进农村的发展。

（2）农村电商人才缺乏。农村电商作为“互联网+”的一种新型业态，要求从业人员有相应的知识和技能。在丽江，农村人口受教育程度较低，大部分青壮年外出务工。因为城乡差别，具备一些互联网知识和技能的青年不愿意回到农村。

（三）丽江市发展农村电子商务的机会

（1）国家电子商务进农村相关政策的实施为丽江发展农村电子商务带来机遇。从国家层面来看，一是国家大力推进电子商务进农村综合示范工作，相关部门从政策和资金方面都给予了巨大支持，农村电商正迎来前所未有的良好机遇。二是云南高原特色农业及其现代化是云南省委、省政府紧密结合云南实际做出的战略决策。三是丽江市为实现“十三五”目标，大力发展高原特色现代农业，着力推进产业培育，发展能力获得新提升。

（2）道路通达条件和信息化基础设施稳步推进。一方面是国务院扶贫办等部委联合出台的《关于促进电商扶贫的指导意见》明确要求“改善贫困地区电商发展基本条件”；另一方面是《丽江市“十三五”规划》提出：“到2020年丽江将构建起村村硬化、组组通达、县际相邻乡镇通畅、道路交通安全设施完善的公路网。”这将会让丽江农村地区发展电商基础条件得到极好的改善，更好地支撑电子商务进农村解决“最后一公里”的问题。

（四）丽江市发展农村电子商务的威胁

（1）滞后的传统观念和参与的被动性导致农民增收效益不明显。一方面，丽江地处偏远，交通不便，经济发展在云南省来说仍处于相对落后的位置。开放程度相对较低，造成村民传统农耕思想根深蒂固，对于农村电子商务发展认识较为浅薄。另一方面，目前丽江农产品网商多是家庭或个人，生产方式主要还是分散经营，加上资金的缺乏使得许多村民无法承受市场带来的风险而不愿参与。能力的缺乏制约了农户参与电子商务的发展，增收的不明显又影响了农户参与农村电子商务的热情。

（2）解决“最后一公里”的问题面临诸多困难。据第六次人口普查结果显示：2016年末，丽江市常住人口128.5万人，总面积为21219平方千米。居住在乡村的人口为898724人，占总人口的72.2%；从土地面积与人口密度来看：古城区人口密度最大，为125.8人/平方千米，接近全国平均水平，高于全省平均水平（116.6人/平方千米）。其他四县人口密度均未过百，最低的玉龙县，仅为35.1人/平方千米。广大农村多处于山区半山区，交通条件较差。物流通达条件差低、配送成本高。

（3）有产品，有市场，但目前还没有很好地对接。一是从农特产品到商品是一个复杂的过程。丽江有很多农特产品，这些是丽江的优势产品，也有市场，但中间的环节还没有很好地打通。具有区域特色的农产品没有被充分开发挖掘，导致经济效益不明显。二是农产品生产标准化、品牌化程度低。丽江市农业增加值从2010年的26亿元增加到2015年的46亿元，年均增长6.5%。但农业的发展科技含量不高，规模较小，很难形成统一的标准，有而不优，附加值不高，严重影响了农村电子商务的规模和质量的发展。

四、丽江市实施电子商务进农村对策建议

（一）提高农户电子商务意识，加强电商人才的培养

一是要针对制约丽江市电子商务进农村发展的电商人才问题，大力培养广大农户的电商意识，培训“互联+高原特色农业”的意识。培养一批本土农村电商人才。二是要营造氛围，要立典型，吸引本土人才回乡创业，提高本地村民参与农村电子商务的热情。

（二）完善农村配送物流体系

要想实现农村电子商务的持续发展，首先，要大力加强农村地区交通基础设施建设，改善物流基本条件。其次，针对物流企业在农村投资意愿低下的现状，政府要在政策上给物流企业适当的支持来完善现有的配送体系。最后，针对农特产品的特点，在现有基础上可以加设农村代购服务。

（三）提高农产品生产和交易的标准化水平

要大力引导各方提高农产品生产和交易的标准化水平，也只有这样，农村电商才能实现可持续发展。改变过去散户生产模式，在标准化、规模化上下功夫，提高产品的抗市场风险能力，产生较好的经济、社会、生态效益。同时也提高了老百姓的种植热情和参与意愿，使丽江高原特色农业可持续稳

定地发展。

（四）要更加注重农产品的品牌营销

对丽江而言，高原生态农业就是品牌，在发展高原生态农业的过程中，一定要彰显丽江高原生态农产品的生态牌。提高科技含量，保证产品的质量。努力树立自己的良好品牌，这样才会有利于农村电商良性发展。在精准扶贫过程中，要充分考虑、利用各具特色的资源，开发具有区域特色和较高市场竞争力的高原特色产品，切实提高丽江贫困地区发展能力。

综上所述，电商进农村在丽江农村取得了很大的成效，但还有很多工作需要各个方面的努力，培育丽江高原生态农业产业优势，借助农村电商把丰富的资源分享出去，把资源优势转化为产业优势和经济优势，最大限度地提高农产品的附加值，促进农业增收、农民致富、农村发展，走出一条助推精准扶贫的路子。

参考文献

［1］夏金弟，方亮．我国农村电子商务发展研究——以安庆市为例［J］．电子商务，2016（11）：24-25.

［2］张琼．不同地区农村电子商务发展的差异性研究——基于衢江区和歙县的比较分析［J］．企业改革与管理，2017（5）．

［3］周婕．城乡一体化视角下衡阳农村电子商务发展现状与对策探讨［J］．现代商业，2017（15）：39-40.

丽江市乡村振兴发展研究[①]

一、乡村振兴发展时代背景

乡村振兴战略是习近平同志2017年10月18日在党的十九大报告中提出的战略。农业农村农民问题是关系国计民生的根本性问题，必须始终把解决好“三农”问题作为全党工作的重中之重，实施乡村振兴战略。2018年1月2日，中央一号文件公布，即《中共中央国务院关于实施乡村振兴战略的意见》。2018年3月5日，国务院总理李克强在做政府工作报告时指出，大力实施乡村振兴战略。2017年12月29日，中央农村工作会议首次提出走中国特色社会主义乡村振兴道路，让农业成为有奔头的产业，让农民成为有吸引力的职业，让农村成为安居乐业的美丽家园。按照党的十九大提出的决胜全面建成小康社会、分两个阶段实现第二个百年奋斗目标的战略安排，中央农村工作会议明确了实施乡村振兴战略的目标任务：实施乡村振兴战略时间表，到2020年，乡村振兴取得重要进展，制度框架和政策体系基本形成；到2035年，乡村振兴取得决定性进展，农业农村现代化基本实现；到2050年，乡村全面振兴，农业强、农村美、农民富全面实现。乡村振兴的最终目标，就是要不断提高村民在产业发展中的参与度和受益面，彻底解决农村产业和农民就业问题，确保当地群众长期稳定增收、安居乐业。

---

① 2018年丽江市哲学社会科学课题“丽江乡村振兴计划发展研究”，课题编号ljsk201807。

二、乡村振兴发展研究综述

乡村振兴发展是我国 2017 年提出的国家战略，对于乡村振兴的发展研究，已经有了比较好的研究基础。20 世纪 80 年代，已经有大量学者开始研究乡村振兴。路光[①]等（1984）在《发展蚕桑生产振兴乡村经济——珥陵乡发展蚕桑生产的回顾》一文中，以珥陵乡发展蚕桑生产为例，提出亩产茧已从当时的 30 斤左右提高到 220 斤；总产茧已由 160 余担发展到目前的 9000 多担，蚕桑收入达 250 万元左右，人均产茧 22.15 斤，人均蚕桑收入达 61 元，提出了产业发展振兴乡村发展的模式。王树义[②]（1989）提出，北陵乡的乡村工业有了突飞猛进的发展，到 1988 年乡村工业总产值达 3 亿元，是 1978 年的 39 倍，连续 5 年始终处于沈阳市同行业的领先地位，主要靠利用好国家现行的优惠政策，适应形势发展，多方筹措资金发展新企业，并走向市场化运作。20 世纪 80 年代学者的研究主要从各个地区的经济发展模式出发，来初步探讨如何有效地振兴乡村经济，为后来的研究奠定了一定的基础，但是总体来说研究数量还比较少，还没有形成对乡村振兴规律性、系统化的研究。20 世纪 90 年代，随着我国经济的进一步发展，相关研究数量继续增加，也开始有了一些对边疆少数民族地区乡村振兴的研究。胡天才[③]（1990）提出狩猎生产是鄂伦春民族的传统生产方式，但是从鄂伦春民族定居 30 多年的发展变化看，狩猎生产已不是唯一的生产方式，特别是近几年，猎业经济的收入只占总收入的 8%~10%。因此，人们普遍意识到从事农业及多种经营生产，是鄂伦春民族发展的根本出路。20 世纪 90 年代的研究延续了 80 年代的研究模式，可以看到，随着我国乡村经济在 20 世纪 90 年代的蓬勃发展，各地都有了大量乡村振兴发展的经验。但是，总体研究从深度上还是有所不足，更多的还是乡村经济发展的经验总结，还没有形成系统化、体系化的研究。进入

---

① 路光，王龙生．发展蚕桑生产　振兴乡村经济——珥陵乡发展蚕桑生产的回顾［J］．江苏蚕业，1984（3）．

② 王树义．发展乡村企业是振兴北陵经济的支柱［J］．新农业，1989（5）．

③ 胡天才．振兴少数民族经济的一点启示——对新生鄂伦春民族乡发展乡村企业的调查［J］．黑龙江民族丛刊，1990（3）．

21世纪后，特别是2010年以来，随着国家对乡村发展的重视和全国乡村经济的发展，有了大量相关研究来探索乡村振兴发展。赵承华[①]（2007）提出乡村旅游是我国农业经济新的增长点。发展乡村旅游对于优化农业经济结构，转移农村剩余劳动力，增加农民收入有重要作用，是振兴农业经济、促进新农村建设的重要战略步骤。在发展乡村旅游的过程中，要延伸乡村旅游产业链，加强城乡旅游交流合作，并注意在开发和经营乡村旅游的过程中发展循环经济，实现农业经济的振兴和可持续发展。王仁彧[②]（2016）分析自我国以免费师范生教育为核心的教师教育改革政策实施以来，不仅帮助贫困学子圆了大学梦、教师梦，也在一定程度上提升了全社会对教师职业的重视，推动了我国乡村地区教师队伍建设和乡村教育发展。然而，新理念与旧现状、高关注度与低现实性、高热情与差环境、学生身份与教师角色之间的诸多矛盾不断冲击着教师专业精神的培育、影响着免费师范生教育政策的积极落实和乡村教育的振兴与腾飞。为此，积极开展学习期心理认知规划、提升入职前心理调适教育、强化入职后职业认知调整、增强终身学习意识等，不仅有利于教师专业精神的塑造，而且将成为推进免费师范生教育可持续发展、促进乡村教育振兴的关键。多位学者从多个角度，对乡村振兴提出了很多有价值的研究。2017年10月，习近平同志在党的十九大报告中提出了乡村振兴的国家战略以后，激发了大量学者研究乡村振兴的研究热情，相关研究开始爆发，研究也越来越系统化、多元化、深入化，为我国乡村振兴战略奠定了较好的研究基础。王巨禄[③]（2018）指出，习近平总书记提出的乡村振兴战略，是关系实现中华民族伟大复兴中国梦的重大决策。这一战略构想，逻辑严谨、内容全面、路径清晰、目标明确，完全符合自然规律、经济规律、社会发展规律，为建设新时代中国农村和农业现代化指明了方向，开启了全面建设社会主义现代化强国的新征程，广大人民群众倍受鼓舞。贾磊[④]（2018）等认

---

① 赵承华．发展乡村旅游与振兴农业经济的若干思考［J］．农业经济，2007（3）．

② 王仁彧．生涯教育：教师专业精神培育与乡村教育振兴的关键——兼论免费师范生教育可持续发展之路［J］．当代教育科学，2016（9）．

③ 王巨禄．改革创新与乡村振兴［J］．中国政协，2018（8）．

④ 贾磊，刘增金，张莉侠，方志权，覃梦妮．日本农村振兴的经验及对我国的启示［J］．农业现代化研究，2018（3）．

为实施乡村振兴战略，为新时代中国农业农村的改革与发展指明了方向。如何科学制定乡村振兴战略的制度框架和政策体系，是推动该战略取得进展的关键问题。日本于20世纪60年代实施了农村振兴战略，对日本农村振兴的由来及具体方法进行系统分析将能为中国提供可借鉴的经验。经分析可知，日本农村振兴战略的主要内容包括开展农产品品牌营销、开发与活用地域资源、创新农业技术、推广农业六次产业化等，活跃了农村经济并取得了农民增收与城乡一体化协调发展的成效，但在增加农业劳动力供给和提高粮食自给率上还存在可改善的空间。

三、乡村振兴的关键在振兴

乡村振兴的最终目标，就是要不断提高村民在产业发展中的参与度和受益面，彻底解决农村产业和农民就业问题，确保当地群众长期稳定增收、安居乐业，而乡村振兴的关键在“振兴”。

1. 时间维度

实施乡村振兴战略站在了新时代历史起点上，这是新的时代背景。中国特色社会主义进入新时代，我国社会主要矛盾已经转化为人民日益增长的美好生活需要和不平衡、不充分发展之间的矛盾。我国改革开放事业发轫于农村改革，改革开放以来，我国农业生产力获得极大提高，但农业现代化却落后于其他现代化，农民日益增长的美好生活需要和不平衡、不充分发展之间的矛盾成为主要矛盾。因此，乡村振兴战略的提出，既体现了长期以来党和政府把“三农”工作作为全党工作重中之重的延续，不忘本来；又体现了新时代党和国家对解决“三农”问题发出的新号召，面向未来。

2. 空间维度

乡村振兴战略站在了新的空间维度上。实施乡村振兴战略是党中央在充分统筹考虑农业农村农民之间新空间结构、乡村与城市、农业农村现代化与其他“三化”（即中国特色新型工业化、信息化、城镇化）协调发展，充分统筹国际国内两个大局的基础上提出的新型发展战略。党的十九大指出，要推动新型工业化、信息化、城镇化、农业现代化同步发展；要不断坚持和扩大对外开放，主动参与和推动经济全球化进程。一方面，乡村振兴是和国内经济社会发展紧密相关的，是城乡共生共荣的发展，是“四化”同步和“五位一体”的发展；另一方面，我国的乡村振兴战略不能独立于国际社会之外，农业发展、产品对外贸易、农村治理等问题，不仅仅是国内问题，在一定程度上也是全球性问题，我国乡村振兴是全球治理体系一个有机组成部分，实施这一战略完全可以借鉴国际上许多国家乡村发展的成功经验和做法。

3. 理念维度

乡村振兴战略贯彻“创新、协调、绿色、开放、共享”新发展理念的集中表现。其一，提出优先发展。该战略延续党和政府在“三农”问题“重中之重”的定位，而乡村振兴战略不仅再次重申“三农”问题作为全党工作的重中之重，而且首次提出“要坚持农业农村优先发展”，“优先”体现的是重点支持，着力缩小城乡差距，保证农民在共建共享发展中有更多获得感，体现的是新发展共享理念。其二，提出融合发展。近年来，城乡差距缩小，农村贫困人口减少，近几年我国贯彻协调新理念的结果。乡村振兴战略由统筹城乡到城乡融合发展，这进一步体现了协调的发展新理念。其三，乡村振兴战略有别于过去许多针对某一具体农业或者农村、农民的发展对策。“振兴”追求乡村全面振兴，这既包括了农村，也包括了乡镇，体现的是村、乡镇和城市发展格局，追求的是城乡融合发展，体现城乡互动、城乡协调、相互促进、相互融合的发展理念。

四、丽江市产业发展现状

2016 年，农业生态产业建设成效明显，以烤烟、玛咖、螺旋藻、中药材、花卉、雪桃、芒果、花椒为主的经济林果等特色农产业不断发展壮大，农产业结构进一步优化。工业受水电行业市场价格下滑、弃水窝电现象严重的影响，工业化率有所下降，工业增加值占 GDP 的比重为 21.42%，比上年下降 1.18 个百分点。非公有制经济稳步发展，非公有制经济增加值为 168.84 亿元，比上年增长 7.6%，占 GDP 的比重为 54.4%，与上年持平，对 GDP 增长的贡献率为 59.6%。从以上数据可以看到，丽江的农业经济在快速发展，为丽江整体经济的发展奠定了一定的基础。但是丽江第二产业相对比较薄弱，而第三产业比较发达。丽江乡村振兴计划的实施，要结合丽江的产业结构，如何通过第二产业的发展，如何把农业与第三产业结合，是丽江市实施乡村振兴计划的关键所在，也需要政府和企业去创新发展，建设丽江特色的乡村振兴模式。

五、丽江市乡村经济发展现状

2013 年丽江市首批 226 家家庭农场，截至 2014 年底已发展为 1294 户家庭农场，其中 866 户种植业经营户，270 户养殖业经营户，113 户种养结合经营户，以及 45 户其他经营户。从这些数字可以看到，丽江市家庭农场的发展势头较好，特别是在种植业方面，多以种植玉米、土豆、烟草、玛咖等粮食和中药材等经济作物为主，丽江市农民增收明显，大大改善了农民的生活水平，初步实现了丽江市农业发展的产业化和信息化。

2016 年，丽江市全年完成农业总产值 869299 万元，比上年增长 5.9%，增速比上年回落 0.1 个百分点。完成农业增加值 488309 万元，比上年增长 5.8%。全年农作物总播种面积 18.91 万公顷，比上年下降 0.6%。粮食播种面积 13.49 公顷，比上年增长 0.9%。粮食产量再创历史新高，总产量达到 52.4 万吨，比上年增加 1.25 万吨，增长 2.4%。全年肉类总产量 15.5 万吨，比上年增长 9.1%。其中，猪肉产量 12.16 万吨，增长 10.8%。禽蛋产量 5682 吨，增长 4.7%。牛奶产量 8740 吨，下降 10.8%。年末大牲畜存栏 63.6 万头，比上年增长 1.4%；生猪出栏 142.4 万头，比上年增长 0.5%。

坚定不移抓产业发展，内生动力不断增强。在发展壮大文化旅游产业的基础上，确定并大力培育清洁载能产业、高原特色农产业、生物医药和大健康产业。接待游客从 1599 万人次增加到 4069 万人次，年均增长 20.5%；旅游总收入从 211 亿元增加到 821.9 亿元，年均增长 31.3%。文化旅游产业深度融合发展，推出《丽江千古情》等文化旅游演艺品牌，丽江被列为首批国家文化消费试点城市。金融、物流、信息等现代服务业加快发展。全力推进38844人水电移民工作，金沙江中游六级水电站建成投产，丽江成为国内重要的清洁能源生产基地之一。华坪工业园区被列为云南省清洁载能产业示范园区、培育和打造成为全国首批105个增量配电业务改革试点之一，西安隆基股份年产5GW高效单晶硅棒项目落户华坪工业园区，上海斐讯大数据产业园落户金山高新技术产业经济区。建成生态产业基地473.4万亩，全市5个县（区）被认定为“云药之乡”，“程海螺旋藻”“华坪芒果”等获国家地理标志产品。

坚定不移推进城乡一体化发展，美丽丽江建设取得新成效。城镇化率从31.4%提高到38.6%。城市建成区绿化覆盖率33.1%、绿地率23%。国家节水型城市创建成功。华坪创建为省级园林县城。城镇污水集中处理率84.8%、生活垃圾无害化处理率86.7%。建成廉租住房和公共租赁住房3100套，实施棚户区改造15500户、农村危房改造和抗震安居工程72139户，建设美丽宜居乡村250个。深入开展七彩云南保护丽江行动、滇西北生物多样性保护工程和“森林丽江”建设，重要生态系统和主要物种得到有效保护，森林覆盖率达68.48%。

可以看到，近年来，丽江市在乡村发展方面已经取得了一定的成绩，但是，由于丽江地处中国偏远山区，贫困面较重，经济基础比较薄弱，丽江市乡村经济与发达地区相比还有较大差距，丽江的乡村振兴还有很长的路要走。

六、丽江市乡村振兴未来发展策略

1. 全面深化农村改革，通过机制创新促进乡村振兴

习近平同志指出，新形势下深化农村改革，主线仍然是处理好农民与土地的关系。党的十九大报告强调，保持土地承包关系稳定并长久不变，第二轮土地承包到期后再延长30年。这一重大决策意味着农村土地承包关系从第一轮承包开始保持稳定长达75年，彰显了中央坚定保护农民土地权益的决心。土地承包期再延长30年，时间节点与第二个百年奋斗目标相契合，既可

以稳定农民预期，又为届时进一步完善政策留下空间。实行土地所有权、承包权、经营权“三权分置”，是我国农村改革的重大创新，实现了土地承包“变”与“不变”的辩证统一，回应了社会关切，满足了土地流转需要。要按时完成农村土地承包经营权确权登记颁证工作，探索“三权分置”多种实现形式，真正让农户的承包权稳下去、经营权活起来。体制机制是社会发展活力的总开关，体制顺了，机制活了，乡村社会才会涌现活力。首先，要巩固和完善农村基本经营制度，深化农村土地制度改革，完善承包地“三权”分置制度，保持土地承包关系稳定并长久不变，第二轮土地承包到期后再延长30年，给农民吃下一颗“定心丸”，为农业经营的各类主体提供稳定预期。其次，要深化农村集体产权制度改革，切实保障农民财产权益，不断壮大集体经济。最后，要发展多种形式适度规模经营，培育新型农业经营主体，健全农业社会化服务体系，实现小农户和现代农业发展有机衔接。

2. 促进乡村产业发展，通过产业促进乡村振兴

产业是农村各项事业可持续发展的基础，实施乡村振兴必须发展和壮大乡村产业，因地制宜发展农村优势特色产业。我国各地农村地区的自然条件、经济状况、农村产业发展存在较大差异，因此发展乡村产业必须坚持因地制宜的原则，根据不同地区特点选择优势产业和特色产业，形成优势互补、各具特色、良性循环的农村产业结构的新格局。特别是贫困农村地区，要结合精准扶贫精准脱贫，立足当地资源优势，发展特色种养业、农产品加工业和乡村旅游、电子商务等农村服务业。推进农村一二三产业融合发展。农村产业融合是拓宽农民增收渠道、构建现代农业产业体系的重要举措，是加快转变农业发展方式、探索中国特色农业现代化道路的必然要求。要牢固树立创新、协调、绿色、开放、共享的发展理念，主动适应经济发展新常态，以市场需求为导向，以新型城镇化为依托，推进农业供给侧结构性改革，着力构建农业与第二、第三产业交叉融合的现代产业体系，形成城乡一体化的农村发展新格局，促进农业增效、农民增收和农村繁荣，为乡村振兴和全面建成小康社会提供重要支撑。

3. 城乡融合发展之路，破解城乡二元结构

当前，我国最大的发展不平衡是城乡发展不平衡，最大的发展不充分是

农村发展不充分。农业发展质量效益不高，农民增收后劲不足，农村自我发展能力弱，城乡差距依然较大，是制约我们如期全面建成小康社会和基本实现现代化、实现国家长治久安的最大短板。“三农”问题的体制性根源在于城乡二元结构。为了从根本上解决这一问题，习近平总书记多次强调，任何时候都不能忽视农业、不能忘记农民、不能淡漠农村；中国要强，农业必须强；中国要美，农村必须美；中国要富，农民必须富。党中央从全局和战略高度明确提出要坚持农业农村优先发展，以推进城乡融合发展来破解城乡二元结构，把城乡融合发展作为推进中国特色社会主义乡村振兴的重要途径，纠正了我国城镇化进程中存在的制度和政策偏差，是对中国城乡关系、城乡变化趋势、城乡发展规律的深刻认识和正确把握。

实施乡村振兴战略，走城乡融合发展之路，必须将工业与农业、城市与乡村、城镇居民与农村居民作为一个整体纳入全面建成小康社会和现代化建设的全过程。要从根本上改变乡村长期从属于城市的现状，明确乡村在全面建成小康社会和现代化建设中的突出地位和在城乡关系中的平等地位；从根本上改变以工统农、以城统乡、以扩张城市减少农村减少农民的发展路径，明确城乡融合发展是实施乡村振兴战略推进农业农村现代化的有效途径。进一步理顺工农城乡关系，按照产业兴旺、生态宜居、乡风文明、治理有效、生活富裕的总要求，建立健全城乡融合发展体制机制和政策体系，统筹推进农村经济建设、政治建设、文化建设、社会建设、生态文明建设和党的建设。加快推进乡村治理体系和治理能力现代化，加快推进农业农村现代化，走中国特色社会主义乡村振兴道路。在干部配备上优先考虑，在要素配置上优先满足，在资金投入上优先保障，在公共服务上优先安排，以补齐农业农村发展的短板，缩小城乡差距，实现城乡平衡充分发展。

4. 坚持农业农村优先发展

实施乡村振兴战略既有鲜明的目标导向，又有鲜明的问题导向。当前我国最大的发展不平衡是城乡发展不平衡，最大的发展不充分是农村发展不充分。一方面，农业发展质量效益和竞争力不高，农民增收后劲不足；另一方面，农村自我发展能力较弱，城乡差距依然较大。党的十九大报告明确提出，农业农村农民问题是关系国计民生的根本性问题，要坚持农业农村优先发展。当前和今后一个时期，我们要在制度设计和政策创新上想办法、求突破，进一步调整理顺工农城乡关系，在要素配置上优先满足，在资源条件上优先保障，在公共服务上优先安排，加快农业农村经济发展，加快补齐农村公共服务、基础设施和信息流通等方面的短板，显著缩小城乡差距，真正把农业农村优先发展的要求落到实处。坚持农业农村优先发展，既要以完善产权制度和要素市场化配置为重点，激活主体、激活要素、激活市场，着力增强改革的系统性、整体性、协同性，还要加快完善相关法律法规和监管机制，优化农业农村发展环境。此外，提高农业支持保护政策的效能，也是重要着力点所在。近年来，我国在推动农业农村基础设施建设、持续改善农村人居环境、加强农村社会保障体系建设、加快建立多层次农业保险体系等方面出台了不少政策，取得了不少成效。未来，要继续瞄准农业供给侧结构性改革的重点领域和关键环节，加大引导支持力度，促进农业降成本、提效率。

参考文献

[1] 路光，王龙生．发展蚕桑生产　振兴乡村经济——珥陵乡发展蚕桑生产的回顾［J］．江苏蚕业，1984（3）．

[2] 王树义．发展乡村企业是振兴北陵经济的支柱［J］．新农业，1989（5）．

[3] 胡天才．振兴少数民族经济的一点启示——对新生鄂伦春民族乡发展乡村企业的调查［J］．黑龙江民族丛刊，1990（3）．

打造丽江空中经济走廊

——建设丽江航空特色小镇的思考

一、丽江航空特色小镇建设的现实意义

特色小镇是具有明确产业定位、文化内涵、旅游功能、社区特征的空间载体。特色小镇是产业发展载体，而不是行政区划单元；是同业企业协同创新、合作共赢的企业社区，而不仅仅是产业园区；是企业为主体、市场化运作、空间边界明确的创新空间、创业空间，而不是政府大包大揽的行政平台。

理解特色小镇概念关键是把握既“特”又“小”，“小”凸显的是一种空间限制，一般规划面积控制在3万平方千米以内，人口聚集数量1万~3万人，且不受原有行政区划局限的“小”地方；“特”主要是产业、历史、环境等诸多因素融合而成的独特之处，包括文化独特、生态环境独特、产业独特等。

丽江航空特色小镇可以依托丽江航空飞机场和白沙机场，发展航空产业以及相关服务业，并结合丽江独特的地域文化和丽江旅游发展，促使丽江产业升级，还可以在小镇形成独特的产业文化，打造出以航空为中心的、独特的人文气息，成为展示丽江新文化的新名片。

二、丽江航空特色小镇建设的实现条件

1. 政策优势

国务院办公厅曾发布《关于促进通用航空业发展的指导意见》，明确到2020年，全国要建成500个以上通航机场、通用航空器达到5000架以上，年

飞行量200万小时以上。国家发展改革委印发的《关于建设通用航空产业综合示范区的实施意见》则指出，到2020年，建设50个通用航空产业综合示范区，自主研制的通用航空器对新增市场的贡献率达到50%，带动建成50个以上通用机场，力争实现通用航空产业经济规模5000亿元，成为区域经济发展的新增长极和产业转型升级的新引擎。

2. 历史条件

1944年，约瑟夫·洛克到华盛顿参与绘制“驼峰航线”的地图。之后丽江的白沙机场成了驼峰航线重要的中转站，为抗击法西斯发挥了巨大作用。丽江玉龙雪山脚下有一条荒废的飞机跑道，是“二战”时期驼峰航线上重要的补给线。2012年10月21—22日，根据国家林业局西南航空护林总站“十二五”建设规划，为推进丽江站白沙森林航空消防直升机机场建设项目的实施，西南航空护林总站党委书记、总站长郝佩和，副总站长史永林，副总站长吴灵及计财处负责人组成的调研组亲临丽江，就丽江站白沙直升机机场建设项目进行了调研，并与丽江市人民政府及相关单位进行洽谈。丽江市政府将白沙老机场土地以无偿划拨方式提供给丽江站，用于森林航空消防直升机机场项目建设，希望通过白沙直升机机场项目的建设，提高应急抢险救灾的综合能力。

3. 区位条件

2018年10月16日，丽江市规划局公布了《关于〈丽江空港经济区总体规划〉的批后公告》。公告显示，丽江空港经济区总体规划已于2018年10月11日经丽江市人民政府批准实施。丽江空港经济区规划的四至范围包括东至在建丽鹤高速公路，西至三义机场改扩建规划范围线西侧，南至七河镇行政界限，北至拉石湾村，规划总面积约为9.97平方千米（约合14955亩），其中三义机场功能片区规划面积（2045年）约为7.33平方千米，临空产业、综合商贸等功能片区面积约为2.64平方千米。

4. 市场基础

在国家“一带一路”倡议及云南省“五网建设”战略的引领下，围绕打造面向南亚、东南亚辐射中心的新定位，丽江机场4E改扩建已于2016年正式拉开帷幕，本次4E改扩建按近期满足2025年旅客吞吐量1100万人次、远期满足2045年旅客吞吐量2200万人次进行规划建设，飞行区等级由4D升级为4E。

5. 产业资源

近些年来，中共丽江市委、市政府高度重视产业发展，不断优化一产，着力推进高原特色农业产业，在云南省率先建设农旅结合、一二三产业融合的示范区。不断深化二产，加强培育清洁载能产业，把金沙江流经丽江境内河段建成我国最大的“西电东送”基地之一，把清洁能源产业着力打造成丽江国民经济的重要支柱性产业。强化三产，助力发展民族文化旅游产业，以建成“全域旅游示范区”和“中国国际民族文化旅游目的地”为契机，推动丽江旅游供给侧结构性改革，实现丽江旅游产业的大升级、大发展。融合一二三产业，培育生物制药大健康产业，以民族文化旅游产业为依托，高原特色农业产业为基础，推进农业优势特色产业与旅游、教育、文化、康养等产业深度融合，打造一批集绿色种植、生态养殖、精品加工、生物制药、幸福康养为一体的最美休闲乡村。

6. 空间资源

丽江机场位于丽江市区以南28千米，现有整个机场占地1800亩，自1995年7月13日正式通航以来，丽江机场主要业务量的增长速度很快，年旅客吞吐量达到了200万人次，现已成为云南省内最繁忙的航空港之一，在全国中小机场中也处于前列。但随着旅客人数的快速增长，机场硬件资源紧张的矛盾日益突出，丽江机场扩建势在必行。目前，丽江正在加快推进丽江机场4E改扩建工程建设步伐，扩建竣工后丽江机场的停机坪将由现在的6个增加到18个，容纳量将由现在的200万人扩大到450万人。到那时，扩建完工的新机场将成为东南亚一颗璀璨的明珠，为云南经济社会的发展，为丽江崛起、腾飞铺设了一条快速发展的“黄金跑道”。

三、丽江航空特色小镇建设的蓝图构想

（一）功能定位

规划依托“丽江航空”通航基地建设，紧紧围绕“通航+”理念，以通

航飞行运营服务和航空主题旅游为双核驱动，以航空博物馆、小型飞机驾驶员培训、无人机组装、康养、休闲运动、科普博览、会务、商务旅游、会议旅游、专项旅游培训为特色，以体育赛事和航空体验为抓手，将小镇打造成为具有民族风情的高端休闲运动旅游区、西南地区有名的民航科普教育基地。

（二）多元复合，主题融入

1. 产业+航空特色小镇

借助特色小镇建设，结合丽江通航机场扩建，将小镇打造成为丽江乃至西南地区新型产业高地。规划将切实依据丽江自身优势，重点发展无人机组装、小型飞机驾驶员培训等。

2. 旅游+航空特色小镇

结合“通航+旅游”“通航+运动”“运动+旅游”发展模式，积极开展航空运动、航空科技博览、航空休闲、航空体验等活动。小镇将突出其“康养”的旅游定位，积极开展以“体验”为核心的通航休闲旅游项目，打造西南地区知名的、独具特色的通航休闲旅游目的地。

3. 文化+航空特色小镇

基于白沙机场现有文化资源较为薄弱的现实基础，在小镇开发时，尤其注重挖掘丽江丰富多彩的民族文化建设。规划将深入挖掘和打造小镇“航空文化”“民族文化”两大文化主题，通过航空体验馆、航空博物馆、民航科普教育基地、民族文化等项目建设，让游客更好地感知小镇文化内涵。

以“丽江之美，世界共享”为主题，整合丽江空气洁净、水质干净、气候宜人、环境优美等众多优势资源，形成养眼的蓝天、养肺的空气、养生的食品、养心的环境健康体验，进一步将丽江打造成为人间的天堂、康养的福地。

参考文献

［1］钟娟芳．特色小镇与全域旅游融合发展探讨［J］．开放导报，2017，

4 (2).

［2］石英，曹迎军. 河南航空特色小镇建设初探［J］. 中国市场，2017 (7).

［3］曾光，许自豪，吴颖. 国内航空小镇规划建设经验及其对江西的启示［J］. 城市，2017 (12).

后　记

《丽江市经济发展研究》是经丽江市委宣传部立项，丽江市经济发展研究中心实施的重大课题成果，历时一年半，终于付梓出版。

《丽江市经济发展研究》是以习近平新时代中国特色社会主义思想为指导，以丽江市委崔茂虎书记提出的“丽江怎么了！我们怎么办?”为主题，进行“思想大解放、思想大讨论”展开研究。就市委提出的“五大战略”“三廊一圈”“五地建设”“二区一地”等一系列的丽江市发展新定位为研究方向。丽江市经济发展研究中心主任张洪波教授，以高校服务地方经济发展为抓手，精心构思、谋篇布局，从智慧旅游、文化产业、县域经济、园区经济和社会发展五大方面作为《丽江市经济发展研究》的主要研究内容。在编撰期间，丽江市委宣传部江勇、刘佳晨、何玉兰等市领导多次过问并指导本书编撰工作。丽江市社科联和文平主席、陈洪金秘书长积极参与审稿，并提出了大量的指导意见。丽江市委党校安排杨卓等同志参与编撰，并做了大量的基础性工作。丽江市旅发委、丽江市农业局、丽江市文化广电新闻出版局、丽江市工商局、丽江市工商联、古城保护管理局、老君山管理局、泸沽湖管委会、玉龙雪山管委会、古城区委办、玉龙县委办、永胜县委办、华坪县委办、宁蒗县委办、金茂丽江文化产业创意园区、南口工业园区管委会、金山高新技术产业经济区管委会、七河国际空港经济区管委会、华坪县工业园区管委会、永胜县工业园区管委会、宁蒗县工业园区管委会等部门主要领导及相关人员为此书的前期调研工作给予了大量的帮助和支持，并提供了第一手的数据及资料，为此书的出版奠定了坚实的基础，在此一并表示感谢！

《丽江市经济发展研究》是集体智慧的结晶，是丽江市高校新型智库科研团队、专家学者充分发挥智囊团和思想库作用，积极投入、主动作为，紧紧围绕丽江市委、市政府提出的发展思路，群策群力、深入研究、建言献策的有益尝试及成果展示。此书编撰期间，同时也参考、引用了一些专家学者及领导的见解和研究成果，在此深表谢意！

由于水平所限，书中难免有错漏之处和很多不完善的地方，敬请读者批评指正。

杨 琦

2018 年 11 月 30 日于丽江古城